CONCRETO ARMADO EU TE AMO PARA ARQUITETOS

Blucher

Eng. Manoel Henrique Campos Botelho

CONCRETO ARMADO
EU TE AMO
PARA ARQUITETOS

De acordo com a nova norma de concreto armado
NBR 6118/2014 e com boas práticas profissionais.

Texto didático, produzido de acordo com as normas 6118/2014 e 14931 da ABNT e com boas práticas profissionais, com linguagem simplificada e ilustrado, para se tornar uma leitura fácil e prazerosa.

3ª edição revista

Texto aprovado didaticamente
pelo

INSTITUTO
DE ARQUITETOS
DO BRASIL

DEPARTAMENTO
DE SÃO PAULO

Concreto armado eu te amo para arquitetos

1ª reimpressão - 2018
Editora Edgard Blücher Ltda.

Fotos de Alexandre Incontri

Blucher

Rua Pedroso Alvarenga, 1245, 4º andar
04531-934 - São Paulo - SP - Brasil
Tel.: 55 11 3078-5366
contato@blucher.com.br
www.blucher.com.br

Segundo o Novo Acordo Ortográfico, conforme 5. ed. do *Vocabulário Ortográfico da Língua Portuguesa*, Academia Brasileira de Letras, março de 2009.

DADOS INTERNACIONAIS DE CATALOGAÇÃO
NA PUBLICAÇÃO (CIP)
ANGÉLICA ILACQUA CRB-8/7057

Botelho, Manoel Henrique Campos
Concreto armado eu te amo para arquitetos / Manoel Henrique Campos Botelho; fotos de Alexandre Incontri. - 3. ed. - São Paulo: Blucher, 2016.

ISBN 978-85-212-1034-4

1. Concreto armado I. Incontri, Alexandre. II. Título.

16-0141 CDD-620.137

Índices para catálogo sistemático:
1. Concreto armado: Normas: Engenharia 620.137

PREFÁCIO

Os livros da Coleção Concreto Armado Eu te Amo volumes 1 e 2 foram muito bem aceitos pelo mercado. Escritos por este autor (Manoel Henrique Campos Botelho) em parceria com o Eng. Osvaldemar Marchetti, para jovens profissionais, têm o objetivo de iniciação técnica.

Face ao sucesso dos livros, recebemos muitas cartas de estudantes de arquitetura e arquitetos pedindo um livro de concreto armado mais panorâmico e que usasse mais a comunicação visual e menos o cálculo numérico dos detalhes.

Esses pedidos refletem a realidade profissional na qual o arquiteto atua, com menos ênfase no projeto detalhado de estruturas. O autor, MHCB, decidiu então escrever este novo livro, inclusive por que ele será útil para estudantes, jovens profissionais de engenharia e tecnólogos.

Os autores procuraram seguir as trilhas didáticas do livro "Ao pé do muro", de Robert L. Hermite, e traduzido para o português por Luiz Alfredo Falcão Bauer. Esse livro utiliza intensamente a comunicação visual para explicar técnicas da Construção Civil.

O presente livro é um documento didático e procura seguir as novas normas NBR 6118 e 14931 da ABNT, e seguir também boas práticas profissionais. Por ser um livro com finalidade didática, por vezes, na busca de clareza e enriquecimento da compreensão, algumas explicações são repetidas.

O autor e a editora na época da 1ª edição tiveram a satisfação de celebrar acordo com o Instituto de Arquitetos do Brasil, Departamento de São Paulo, via seu presidente, Arq. Paulo Sophia, que organizou um grupo de jovens arquitetos para fazer uma *auditoria didática* do trabalho.

O autor
dezembro, 2005

Notas:

1) A norma 6118/2014 é, na prática, a mesma norma 6118/2003, dentro dos limites de interesse deste livro. Atenção para aumento da espessura de lajes com ênfase para as lajes marquises.
2) Este livro foi criado a partir de uma sugestão que o professor Mario Leidinger fez em 1984.

NOTAS DA 3ª EDIÇÃO

A norma ABNT nº 6118 ("Projeto de estruturas de concreto – Procedimentos") na sua edição 2014 restringiu, dentro dos horizontes limites deste livro, o uso do concreto com fck (resistência média estatística à compressão) para 20 MPa (200 kgf/cm^2). O concreto de fck de 15 MPa só pode ser usado para obras provisórias ou para concreto não estrutural.

Essa nova edição da norma aumentou a restrição para a espessuras mínimas de vários tipos de lajes.

Agradeço à colega Arquiteta Paula Cristina Pereira, os elogios a este livro, distribuídos, de forma generosa, via internet.

O autor,
fevereiro 2016

Nota: Não nos esqueçamos, o dia 15 de dezembro é o Dia do Arquiteto e Urbanista. Boas festividades...

CARTA DO ARQ. PAULO SOPHIA, PRESIDENTE DO IAB – SP GESTÃO 2005

Atendendo, dentre seus muitos pressupostos estatutários, ao de apoiar o desenvolvimento técnico e científico na área da construção civil, suas tecnologias e os desdobramentos destas na qualidade da arquitetura, bem como a própria formação dos arquitetos, o Instituto de Arquitetos do Brasil – Departamento de São Paulo, aceitou prontamente o convite para colaborar, apresentando aqui seus comentários para mais esta obra do dedicado Eng. Manoel Henrique Campos Botelho, com esta versão para arquitetos de seu consagrado livro *Concreto armado eu te amo*.

Nos identificamos com tão destacável propósito em prol do estreitamento das relações entre a tecnologia do concreto armado e da própria arquitetura. Verdadeiro compêndio do concreto para arquitetos, aqui podem ser encontradas respostas para as mais correntes dúvidas.

É interessante a análise apresentada das estruturas de construções históricas – referência; da evolução das técnicas, em geral, até o surgimento da chamada "pedra artificial", em particular: criativa analogia que denota a grande versatilidade com a qual o concreto – e, posteriormente, concreto armado, com sua imersão em barras de aço – tem sido usado, não apenas como elemento estrutural, mas também com um componente da linguagem arquitetônica. Entendido como uma tentativa de fazer uma pedra artificial, porém com a vantagem de ter: forma, resistência e dimensão que se queira.

Em *Concreto armado eu te amo para arquitetos*, o espectro de abrangência dos temas abordados é vasto, a linguagem empregada é simples e didática, diferentemente dos livros de concreto armado que tratam apenas do cálculo em si. Esta obra tem como enfoque as estruturas de concreto, concebido no projeto arquitetônico e estrutural, como parte do sistema de uma construção, do arcabouço resistente, materializado através de formas, armaduras e concreto. Assuntos que são sempre tratados em diferentes abordagens para engenheiros e arquitetos, não sendo dada, na maioria das vezes, a devida unidade entre essas matérias interdisciplinares.

Sendo, portanto, técnico o bastante para esclarecer assuntos relacionados com: projeto, cargas e comportamento estrutural, dando uma ordem de grandeza dos elementos construtivos, em conformidade com as normas vigentes; apresentando as principais terminologias técnicas, cálculos de pequenas estruturas por meio de tabelas práticas, vantagens e desvantagens dos diversos sistemas; alertando sobre soluções estruturais críticas; explicando os famosos números mágicos de previsão de consumo de materiais;

obviamente, explicitando a tecnologia de produção do concreto armado, detalhes construtivos, bem ilustrados, com exemplos da boa técnica e controle. Contribuindo, assim, para o desenvolvimento de um posicionamento crítico do arquiteto em relação à estrutura de concreto.

Por todos esse fatores, temos certeza que esta obra terá vida longa e profícua no seu papel de disseminar o conhecimento do concreto no Brasil, que ainda tem muito espaço para evoluir e se aperfeiçoar, contribuindo para o seu desenvolvimento e para a formação de novos arquitetos cada vez mais capazes e melhor preparados, interesse fundamental e precípuo das ações do Instituto de Arquitetos do Brasil – Departamento de São Paulo.

Arq. Paulo Sophia
Presidente do Instituto de Arquitetos do Brasil,
Departamento de São Paulo

Arq. Ricardo dos Santos Arnaldo de Alencar
Mestrando da Escola Politécnica de São Paulo – USP

Dezembro de 2005

Analista pelo IAB – Departamento de São Paulo:
Arq. Ricardo dos Santos Arnaldo de Alencar

Colegas convidados diretamente pelo autor, na fase de preparação deste texto:
Arq. Daniela Diz Rocha
Arq. Rogério Campos Magalhães
Eng. Cicero Catalano
Eng. Paulo Winters

CONTEÚDO

I

As construções, os esforços: apresentamos a tração, a compressão, a flexão, o cisalhamento e a torção

Ao analisarmos a estrutura de uma pequena casa, podemos reconhecer que as suas diferentes partes sofrem esforços de vários tipos e de várias intensidades e que, para resistir a esses esforços, as partes das estruturas devem ter formas e dimensões diferentes, além de atender à economia. Atender à economia pode ser entendida, numa primeira abordagem, como economia de uso de materiais e mão de obra.

Entender os tipos de esforços e como escolher e dimensionar as dimensões são as essências da arte de construir.

Vejamos os esforços:

Tração – ocorre tração numa estrutura quando suas partes sofrem estiramento, afastamento. Uma corda sofre tração quando é esticada.

Compressão – ocorre compressão numa estrutura quando suas partes sofrem encurtamento, aproximação; um pilar sofre compressão quando em trabalho.

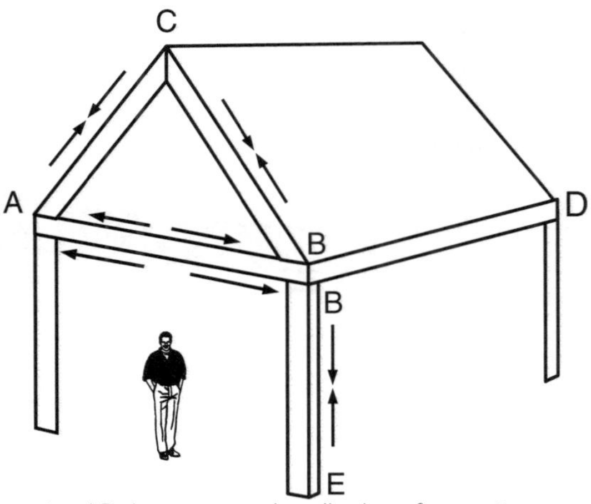

O trecho AB da estrutura do telhado sofre tração e o trecho BE sofre compressão.

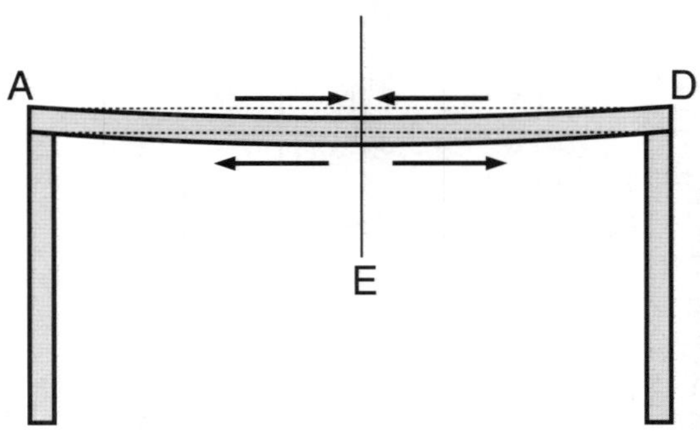

Na seção E da laje em flexão, ocorre tração (tentativa de afastamento das partículas da viga) no seu trecho inferior e compressão no seu topo.

O solo sofre compressão

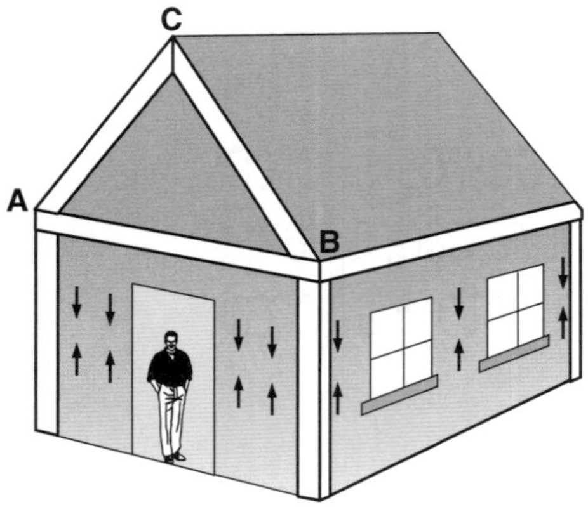

As paredes sofrem compressão (tentativa de aproximação das partículas)

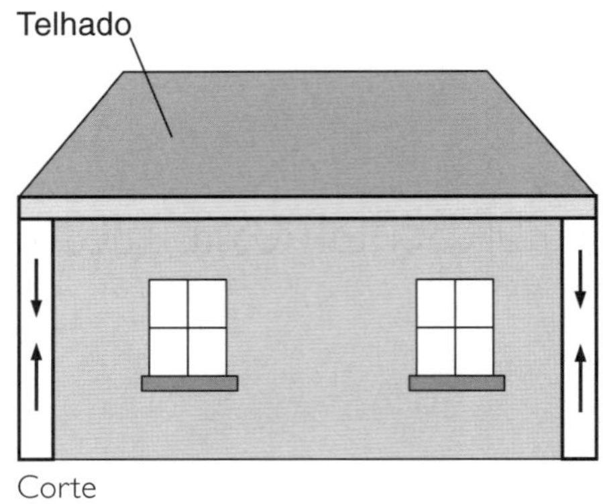

Os pilares sofrem compressão

Flexão – ocorre flexão (dobramento) quando numa estrutura agem forças distribuídas longitudinalmente ao longo do eixo e forçam a estrutura a sofrer dobramento (flexão).

Torção – ocorre torção (girar em torno do eixo) quando numa estrutura agem forças forçando a estrutura a girar em torno do seu eixo de simetria.

Escadas helicoidais tem torção. A famosa e linda Passarela (rampa) do Palácio das Indústrias no Parque Ibirapuera, projeto de Oscar Niemeyer, sofre torção e flexão.

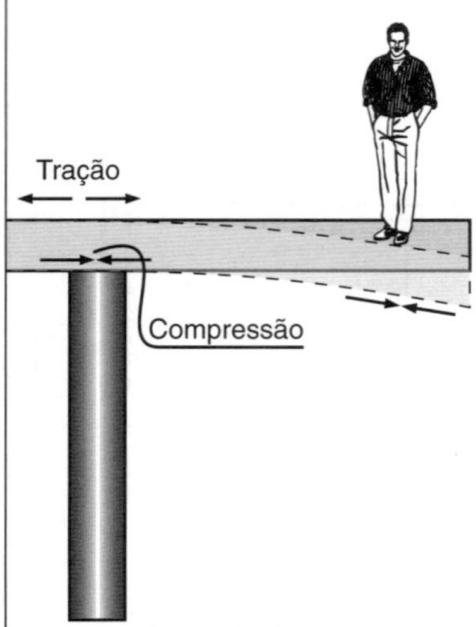

Ponta de viga em balanço

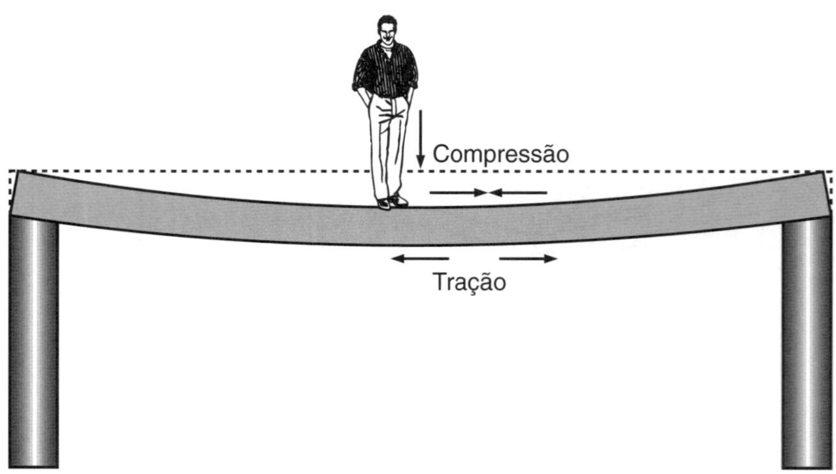

Viga (exageradamente) deformada por flexão

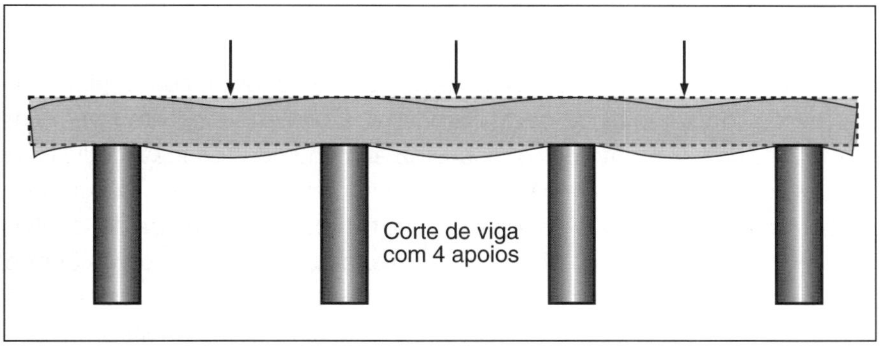

É evidentemente exagerada a deformação mostrada neste desenho, mas a finalidade é que se compreenda a tendência à deformação do concreto, sendo então necessários todos os esforços para evitar este acontecimento.

Cisalhamento – acontece cisalhamento quando existe uma tendência de cortar uma estrutura. A ação de uma faca cortando um pedaço de queijo é o que chamamos de corte puro. Na flexão de uma viga, as lamelas (de existência teórica) sofrem a ação de tendência de separação uma das outras, gerando o efeito de "cisalhamento na flexão".

Efeitos dos esforços que também ocorrem nas estruturas:

a) Deformação – peças que se deformam, sem se romper, podem ser indesejáveis, como, por exemplo, a flecha exagerada de uma laje.

b) Vibração – peças sofrendo tração podem vibrar como certas peças leves de alumínio com a ação do vento. Em instrumentos musicais, a vibração pode ser o objetivo, como as cordas de um violão. Na construção civil, se construirmos lajes muito pouco espessas, podem acontecer vibrações com a passagem de pessoas ou cargas. Solução: usar lajes mais espessas ou diminuir os vãos das lajes com o uso de vigas de rigidez.

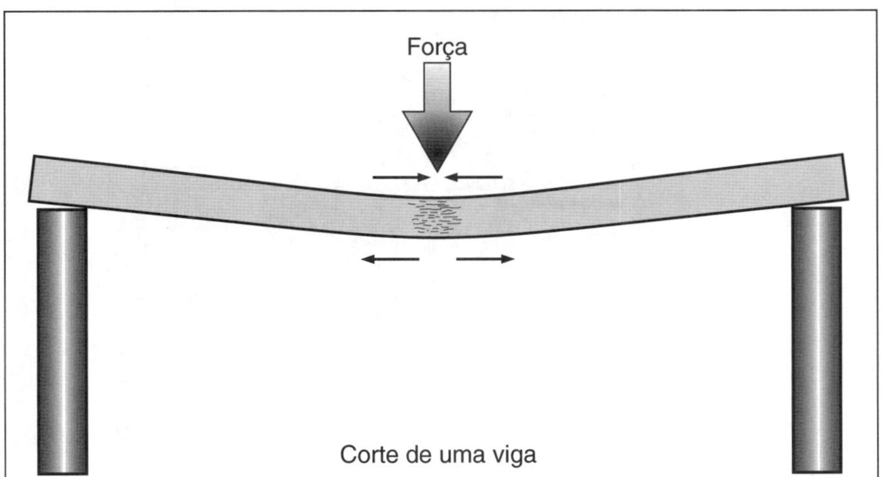

As lamelas superiores estão comprimidas e as lamelas inferiores estão tracionadas.

c) Flambagem – peças sofrendo compressão podem chegar a ruína por falta de rigidez. Serrotes que dobram, pregos que dobram quando comprimidos, colunas de estantes de aço que dobram com o efeito do peso são exemplos de peças flambadas. Combate-se a flambagem em pilares pelo aumento de sua robustez, aumentando todas as medidas da seção transversal, pois não adianta aumentar uma medida, deixando a outra muito esbelta. Até vigas sofrem flambagem, chamada de flambagem lateral. Um outro elemento decisivo para aumentar as condições de flambagem é a altura de um pilar. Só que essa variável resulta de partidos arquitetônicos e pouco o projetista da estrutura pode modificar.

No uso das estruturas existem ainda os aspectos de custo e durabilidade.

As estruturas da construção civil, face aos materiais que usam e por serem peças estáticas (sem movimento), caracterizam-se, regra geral, pela grande durabilidade.

As pirâmides do Egito têm mais de 4.000 anos, as pirâmides da América Central e as obras romanas tem mais de 2.000 anos.

O Prédio Martinelli, no Centro de São Paulo, ficou pronto no início dos anos 30, do século XX. O prédio de apartamentos em que o autor está escrevendo este livro tem estrutura de concreto armado com mais de 30 anos de vida, sem nenhuma manutenção estrutural. Bom, não?(*)

Exemplo de flambagem. Isso também acontece com pilares quando a carga é excessiva, além da capacidade programada.

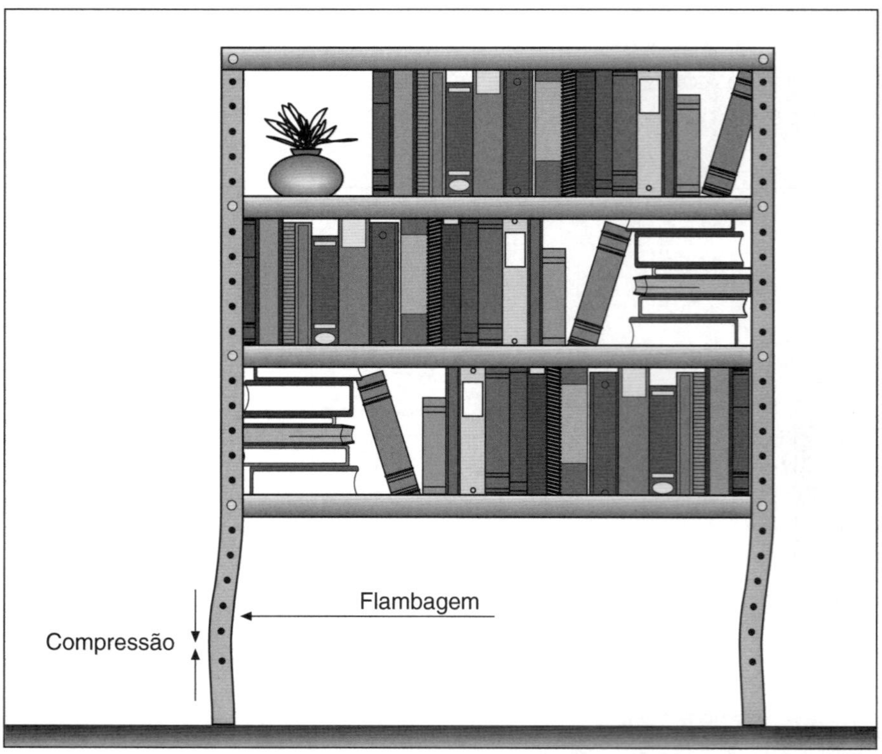

(*) O que vale para o concreto com revestimento não vale para o concreto aparente. Concreto aparente, para manter sua bela aparência, exige lavagens técnicas periódicas.

2

Os materiais de construção civil para estruturas de edificações

Analisemos sumariamente alguns materiais de construção típicos, usados no Brasil e na história da humanidade:

Pedra – Tem enorme durabilidade, grande resistência à compressão e se encontra em muitos lugares. É difícil de cortar e esculpir e por isso tem-se dificuldade de dar a forma que se deseja. Nas esculturas usa-se mais as pedras menos duras, como o calcáreo (mármore), por exemplo, mas o tempo de execução do trabalho de estruturas com pedras é incompatível com a atividade de construção de edifícios.

O tempo ataca certas pedras como os mármores e ataca muito menos os granitos.

Todas as pedras têm grande resistência à compressão e baixa resistência à tração.

O mármore tem diversas utilidades, além de proporcionar uma nobre beleza em qualquer ambiente, ainda é muito usado para esculturas e pisos muito apreciados.

Nota: Exceção brasileira, a cidade de São Tomé das Letras, MG, tem a maior parte de suas casas feita de pedaços de pedra.

O material mais versátil, a madeira, nos é fornecido pela natureza em variadas cores, texturas, durezas e tamanhos, dependendo da idade e do tipo da árvore.

Madeira – Tem enorme facilidade de uso, pois:

- é fácil de cortar;
- existe em quase todos os lugares;
- é renovável;
- tem boa resistência à compressão e tração;
- igrejas budistas do Extremo Oriente e galeões espanhóis dão uma ideia da versatilidade da madeira como material de construção.

A madeira tem como grandes desvantagens:

- pega fogo (é combustível);
- é atacada por microrganismos.

Velhas igrejas e castelos quando pegam fogo não é a pedra ou tijolo que pega fogo. São as partes compostas por madeira velha e muito seca.

A madeira pela sua facilidade na construção foi e é usada no Brasil pelas populações pobres e nos estados sulistas (PR, SC e RS) em belas construções para classe média.

Nota: Para saber mais sobre madeiras e suas aplicações, ler o livro sobre o especialista em arquitetura de madeira José Zanine Caldas "Zanine, sentir e fazer", de Suely Ferreira da Silva, Editora Agir, Rio de Janeiro, RJ.

Argila (barro) – Existe em vários locais. Se usada crua, sem cozimento, com água, gera argamassa de assentamento. Usada em muros e paredes, sofre a ação de chuvas. Moldada e cozida, temos os tijolos, que têm alguma resistência à compressão. A cidade de Ouro Preto usa muito a argila e tem obras centenárias.

A maioria das casas nesta cidade histórica são feitas de barro. Material muito usado no interior do Brasil, serve para fazer paredes de casas de pau-a-pique dos cablocos mais rústicos.

Aço – É produzido em usinas fazendo-se a retirada de impurezas e do carbono do minério de ferro. Resiste muito bem à compressão e tração.

É produto caro. Sofre a ação do tempo com a umidade. Resulta a corrosão (ferrugem). A Torre Eiffel é um exemplo do uso de estrutura de aço.

A ponte pênsil Hercílio Luz, em Florianópolis, SC, (usa corrente ao invés de cabos de aço) também é um exemplo do uso do aço na Construção Civil.

Hoje em dia, cada vez mais, as estruturas metálicas estão em uso. Apesar do custo maior e da complexidade construtiva, o tempo de execução e montagem é significativamente mais curto do que a obra em concreto armado.

Vergalhões para construção em concreto armado. Notar as ranhuras, cuja finalidade é a fixação das barras no concreto.

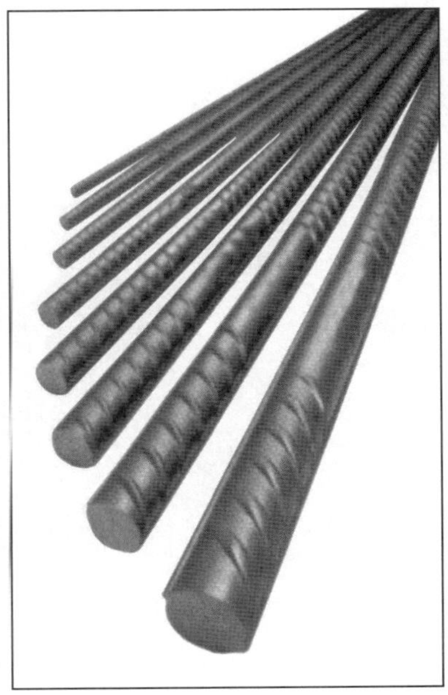

Concreto – Pedra artificial, constituída da mistura de pedras de um ou dois tamanhos, areia, cimento e água. Tem boa resistência à compressão e fraca resistência à tração. Tem a grande vantagem de ser moldável na forma que se queira, usando-se para isso as formas.

O material concreto usado sozinho, como nos blocos e em pequenos tubos, é chamado de concreto simples. Se imergimos no concreto, em locais adequados, uma estrutura de aço (barras de aço), teremos o **concreto armado**.

Nota: No concreto protendido a armadura principal está tracionada e com isso, comprime o concreto.

Se essa estrutura de aço tiver, antes de sua utilização, uma tensão externa de compressão, chamamos isso de **concreto protendido**. Neste livro não estudaremos com mais informações esse material.

Vamos nos deter nas estruturas de concreto armado, ou seja, junção do concreto (pedra artificial) e armaduras de aço que serão usadas em:

- lajes;
- vigas;
- pilares
- e fundações.

Uma obra deste maravilhoso arquiteto, Oscar Niemeyer. O Memorial da América Latina, em São Paulo, SP, é um exemplo de que o concreto armado presta-se a diversas funções, não apenas para prédios e na mão de um artista...

3

Análise de algumas estruturas de construções históricas

Analisemos estruturalmente algumas construções.

As pedras (mármore, no caso) resistem bem à compressão e muito mal à tração e à flexão. Logo, as colunas de mármore podem ser bem altas (grande pé-direito) gerando altas tensões de compressão. Mas tudo bem, o mármore resiste.

Estrutura da cultura grega usando pedras calcáreas

Colunas gregas, um sistema de construção muito antigo, não mais usado. As colunas deviam ficar muito próximas umas das outras, porque as vigas apoiadas sobre as colunas eram de pedra, que não tinham resistência a flexão, daí a necessidade da pouca distância entre colunas.

Nas vigas onde ocorrem a flexão e a tração, o vão deve ser extremamente reduzido. Para vencer vãos maiores, vigas de eixo reto de pedra não servem (os gregos que o digam). Solução portuguesa mineira herdada dos romanos. Vencer os vãos usando arcos de pedra, em que o único esforço é a compressão.

Nota arquitetônica: A estabilidade de um arco só se estabelece quando é colocada a última pedra, chamada de pedra de fecho ou pedra de ouro. Hoje não se usam muitos arcos com sua pedra de fecho, mas essa pedra, pelo seu simbolismo, continuou a ser não mais colocada, mas, sim, esboçada. Assim, em velhos prédios vemos em detalhes de pseudo-arcos sobre janelas, mas como homenagem, a colocação central de uma peça, sugerindo a existência dessa pedra de equilíbrio.

Mesquita de Djenné, Mali, construção toda feita em barro. Os pontaletes visíveis são peças de madeira e serviam como armadura, já que o barro sozinho não tinha rigidez suficiente. Serve também como andaime. (Ref. "Arquitetura da Terra")

São João del Rey, MG. Ponte em arco com pedras.

A estrutura desta ponte, que já conta com mais ou menos 300 anos, é muito simples: no arco, as pedras apoiam-se umas nas outras, este arco é apoiado nas laterais pelas pedras assentes na base. Assim, uma vez encaixadas estas pedras, temos uma construção duradoura.

Em Minas Gerais, acompanhando a tecnologia da Velha Roma, ou seja, construindo pontes com pedras com simples encaixes. Não usa cimento nem armadura de aço.

Em Ribeirão Preto, SP, nas proximidades da estação rodoviária, existe uma ponte construída em arcos de tijolos, ainda em uso, inclusive com a passagem de carros.

Onde há compressão, a pedra é usada e funciona muito bem.

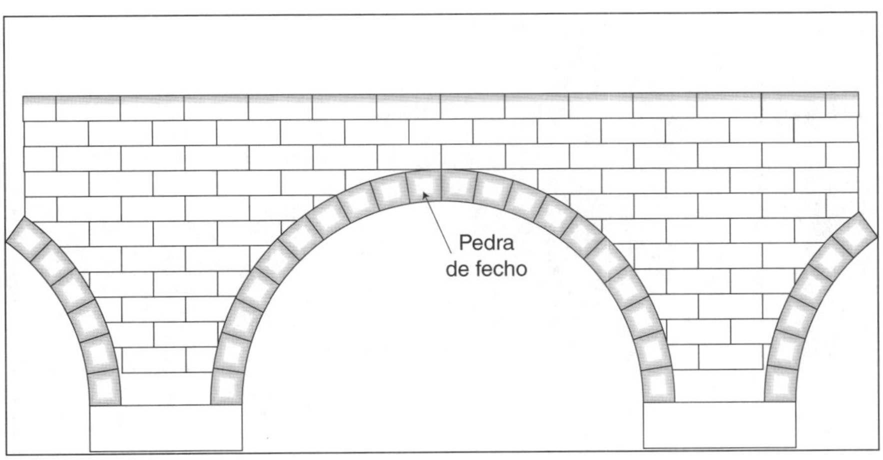

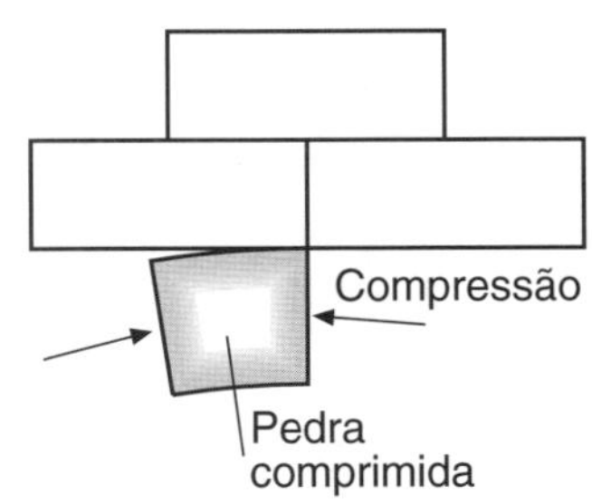

Nas pedras do arco só existem esforços de compressão.

A Mãe Natureza imita as obras romanas?

Tem gente que entende que a Mãe Natureza tem que obedecer as leis inventadas pelos homens. Claro que é o homem que descobre as leis naturais e as adota. As obras da natureza seguem essas leis naturais. Vejam o caso interessante a seguir. Antes de se descobrir o concreto armado, os romanos, na época de Cristo, criaram uma maneira de vencer vãos com a técnica de arcos usando pedras. Nessas obras com arcos, as pedras estão sempre em compressão e nessa situação elas resistem bem.

Para quem observa a natureza pode-se ver que ela a própria usa a técnica de arcos para vencer vãos.

Exemplo I – Obras romanas

Aqueduto Du Gard: aqueduto (canal de água) que levava água de fontes de montanha até as cercanias de Paris. Ano I d.C.

Coliseu (Roma): local de espetáculos, onde ocorriam até mesmo lutas entre homens e leões.

Exemplo 2 – A natureza imita as obras romanas

Fica uma dúvida existencial, irônica sem dúvida.

Foi a Mãe Natureza que imitou as obras romanas ou foram os romanos que imitaram a natureza? Detalhe – as obras romanas têm cerca de 2.000 anos de existência e as obras da Mãe Natureza têm mais de 2.000.000 de anos...

As grutas feitas em pedreiras calcárias, como os grande salões da Gruta de Maquiné, em MG, podem ter vãos de centenas de metros pelo fato de serem grandes arcos (abóbadas). As coberturas de grandes igrejas da Europa usaram a técnica das abóbadas (arcos interligados) na sua construção.

O trabalho de construção nos períodos medievais encontrou na pedra um ótimo material de construção, usando uma argamassa resultante de uma mistura de cal, areia e água. Um batalhão de pedreiros, mestres e serventes construíam castelos como esse, verdadeira fortaleza. Ref. "Construção de um Castelo", D. Macaulay, Martins Fontes, São Paulo, SP.

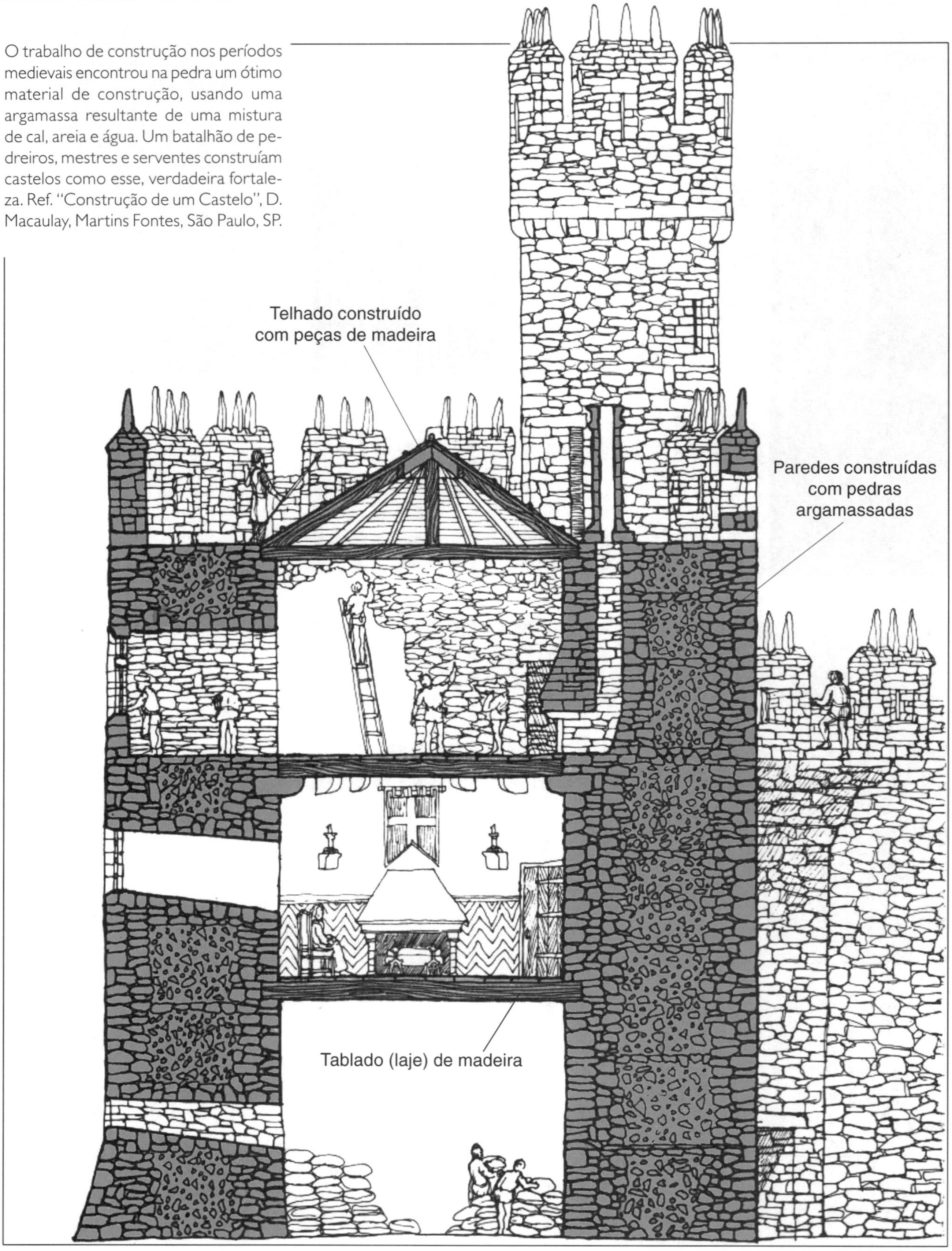

Lajes de material misto

Uma das primeiras tentativas de fazer lajes (tablados) que não de madeira (madeira pega fogo e transmite ruído) foram as abobadilhas, misto de vigas de aço e tijolos em arco. A sede do Sindicato dos Arquitetos na cidade de São Paulo, na Rua Mauá, Vila Inglesa, ainda hoje (ano 2011) é um sobradinho com lajes abobadilhas.

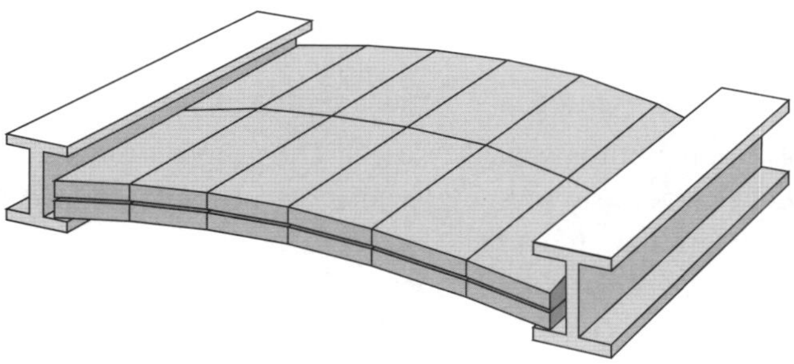

Abobadilha, com laterais em perfil metálico ou peças de madeira, com enchimento das lajes em ladrilhos.

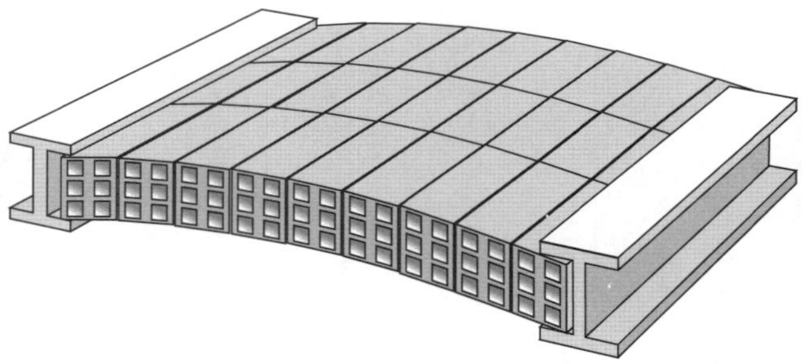

Abobadilha, com laterais em perfil metálico ou peças de madeira, com enchimento das lajes em tijolos.

Estrutura da estátua do Cristo Redentor, Rio de Janeiro, RJ

Estrutura de concreto armado dos anos 1930 é conhecida no mundo inteiro pela sua beleza e tamanho. Revestimento com pedra sabão.

Ref. bibliográfica n. 9

Edifico Martinelli, São Paulo, SP

Estrutura convencional de concreto armado (lajes, vigas e pilares) e alvenaria de tijolos. Construído nos anos 30, do século XX. Atenção para a origem dos materiais e mão de obra (foto a seguir):

- cimento – vinha da Europa embarcado em navios e embalado em barricas;
- aço – vinha da Europa;
- instalações – fios elétricos, tubos de água e esgoto, vinham da Europa;
- madeira de forma, areia e água – fornecimentos locais;
- mão de obra – imigrantes espanhóis e italianos, além de mão de obra local e de origem simples. O projeto estrutural foi feito em São Paulo pelo Eng. Italo Martinelli, e o projeto arquitetônico é de Willian Fillinger (referência bibliográfica n. 9).

Edifício Martinelli, construído em 1928. É constituído por: 27 andares; 105 metros de altura; 40.000 m^2, com 1.180 salas.

Desenho de Roberto Lacombe, 1929

Ponte sobre o Rio Camanducaia, Bairro Fazenda Modelo, Amparo, SP

Uma das primeiras obras (1911) de concreto armado no Brasil. Foto de Walda Incontri.

Um prédio em construção (foto a seguir)

Analisemos sua estrutura de concreto armado e alvenaria:

- Os andares baixos (do primeiro ao sexto andar) – a estrutura e a alvenaria de blocos de concreto já estão colocadas.
- Os andares mais altos (do sétimo ao nono andar) – a estrutura de concreto armado já está pronta e só falta colocar a alvenaria.
- Está em execução o décimo andar, já tendo sido colocados o escoramento (apoio das formas) e as formas. Falta colocar o concreto. As armaduras de aço já devem estar posicionadas.

Este prédio possui a trindade de ouro: lajes, vigas e pilares. Há prédios sem essa trindade.

Prédio em construção com estrutura de concreto armado.

Muro de arrimo todo construído com tijolos. Avenida 23 de Maio, São Paulo, SP.

Há uma tradição: a mão de obra era de operários calabreses e os tijolos também seriam italianos, vindo como lastro dos navios.

4

As estruturas dos prédios. A trindade de ouro: lajes, vigas e pilares. Analogia com a mesa de escritório

Analisemos, para entender melhor, duas edificações: um sobradinho de alvenaria no bairro de classe média, Vila Mariana, em São Paulo, e um sobrado estruturado em concreto armado com lajes, vigas e pilares (cerca de 150 m^2).

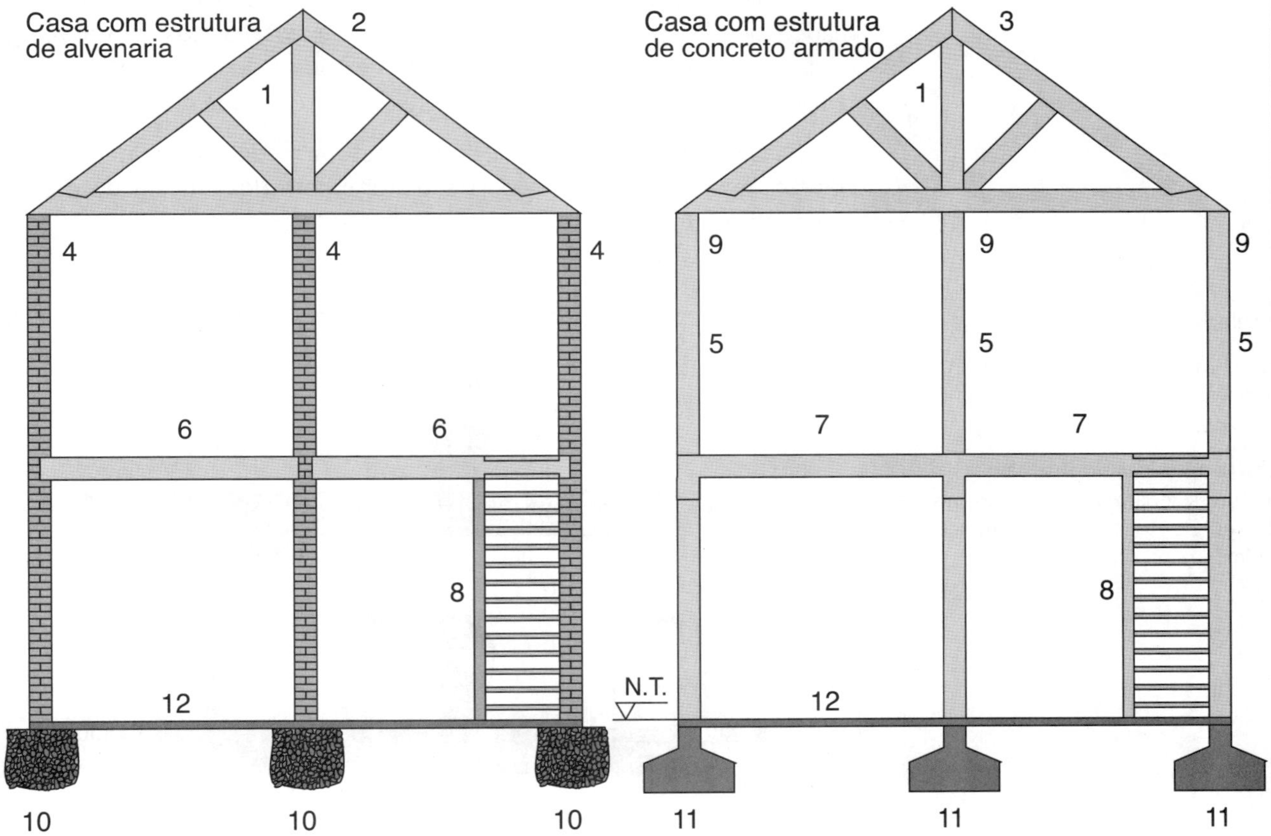

1 Telhado de madeira
2 Telhas cerâmicas
3 Telhas cerâmicas
4 Paredes de alvenaria rejuntadas com argamassa de barro
5 Paredes de alvenaria rejuntadas com argamassa de cimento, cal e areia
6 Assoalho de madeira sobre vigas de madeira
7 Laje de concreto armado sobre vigas de concreto armado
8 Escada de madeira
9 Pilar em concreto armado
10 Alicerce composto de pedras
11 Sapatas de concreto armado
12 Piso de madeira

O sobradinho foi construído nos anos 30, do século XX. As paredes são de tijolos maciços. O telhado tem estrutura de madeira e as telhas são de barro e do tipo Marselha (francesa). O piso superior é de tábuas apoiadas em grandes vigas de madeira. A escada é de madeira.

O peso do telhado apoia -se nas paredes. O peso das pessoas e móveis se apoia no piso de madeira, que o transfere às vigas de madeira. As vigas de madeira apoiam-se nas paredes de alvenaria.

Os grandes inimigos dessa estrutura podem ser:

- umidade, podendo atacar toda a madeira, por ação de microrganismos;
- cupim, atacando madeiras mais moles, por exemplo do telhado, e com isso deixando entrar águas de chuva que irão apodrecer o resto da estrutura de madeira, e consequentemente, a pintura é atacada e acontece uma deterioração geral.

Analisemos agora a segunda edificação. A estrutura é de concreto armado (lajes, vigas e pilares) e a alvenaria é de tijolos maciços, tem lajes, vigas e pilares. O ano de construção é 1950. A escada é de concreto armado. O telhado é de telhas francesas e sua estrutura é de madeira.

Para entender a estrutura de concreto armado da segunda residência, façamos agora uma analogia estrutural com duas mesas de madeira superpostas.

Analogia:

Duas mesas de madeira superpostas lembram uma estrutura de concreto armado.

Os tampos da mesa seriam as lajes, as traves seriam as vigas, e os pés, os pilares. Os vasos exemplificam pessoas ou móveis.

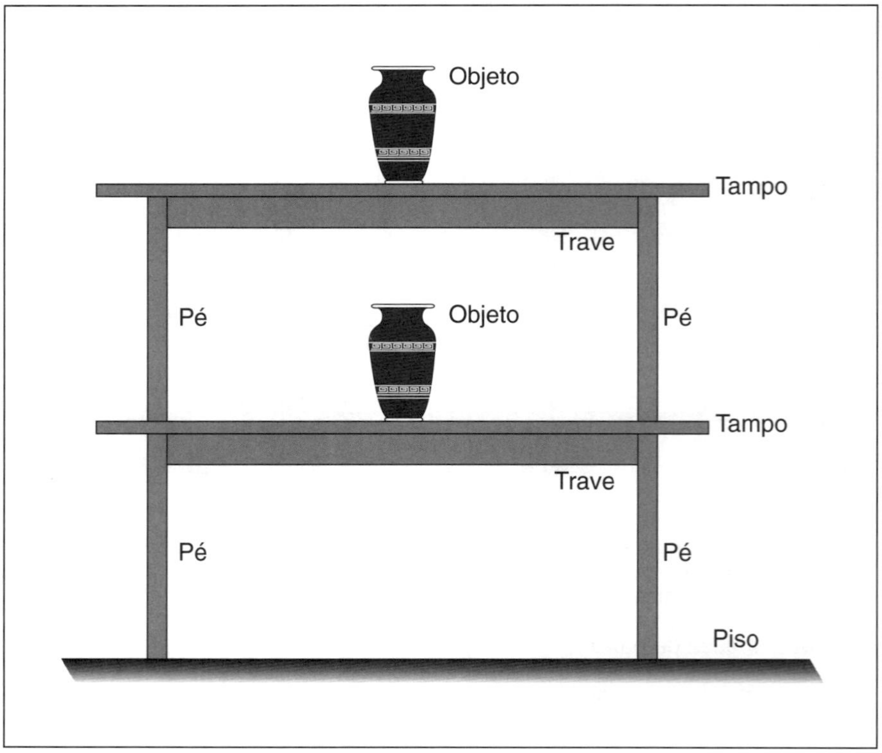

Mesa de madeira	Casa anos sessenta com estrutura de concreto armado
Objeto como carga	Carga de pessoas, móveis etc.
Tampo	Laje
Trave	Viga
Ligação com pregos e encaixes	Trabalho solidário da estrutura de concreto armado
Pé	Pilar

É raro encontrar mesa sem traves. A trave dá rigidez à mesa. Também é pouco comum encontrar estruturas de concreto armado com pilares e sem vigas. Quando existem, cuidados devem ser tomados. São as lajes-cogumelo. O conjunto laje, viga e pilar é a "trindade de ouro" dos edifícios de concreto armado.

Apresentamos os componentes da trindade de ouro. A laje.

A laje (nos casos mais comuns) se apoia em vigas.

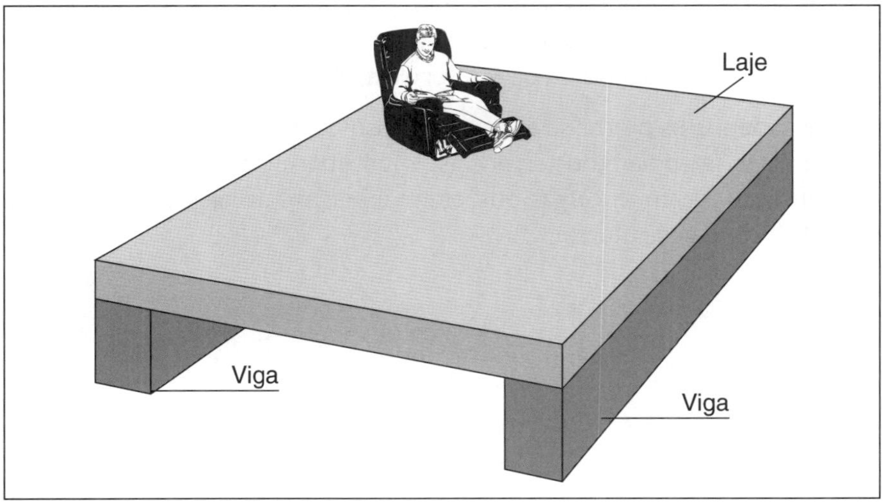

As vigas (nos casos mais comuns) se apoiam em pilares.

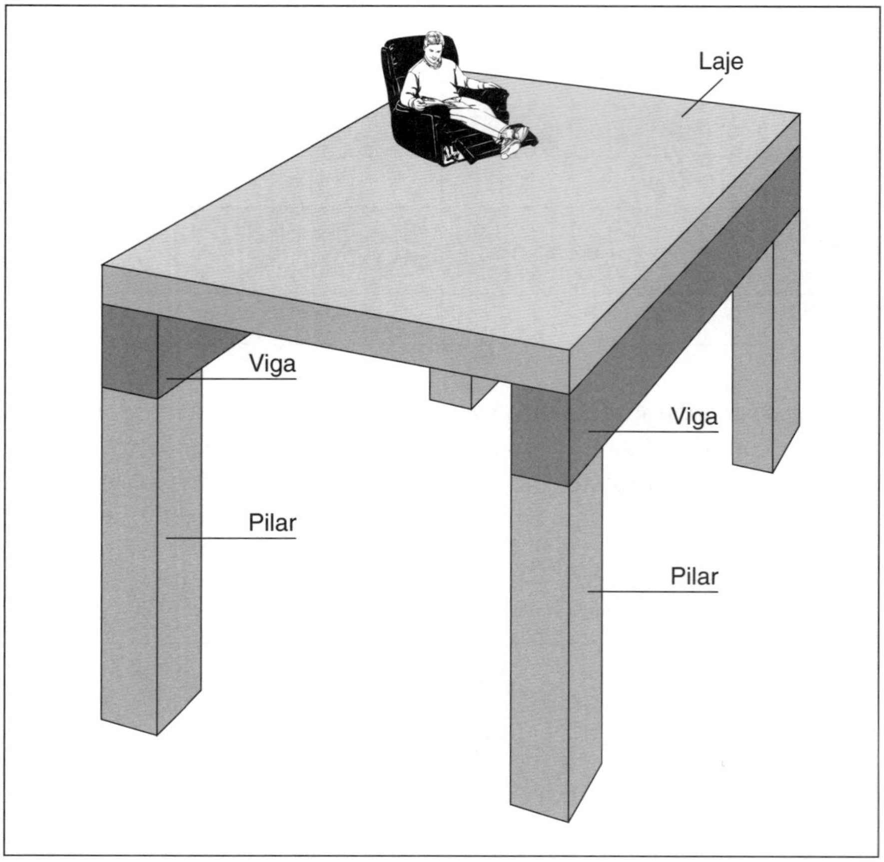

Às vezes, no andar térreo de prédios para dar maior, limpeza arquitetônica e maior visibilidade, colocamos as vigas invertidas (como que puxando as lajes). Veja no desenho da página seguinte.

Finalmente, os pilares se apoiam e transmitem as cargas para as fundações e estas se apoiam no terreno (solo), destino final de todas as cargas da edificação, sejam as cargas que eram apoiadas nas lajes, assim como o peso próprio da estrutura.

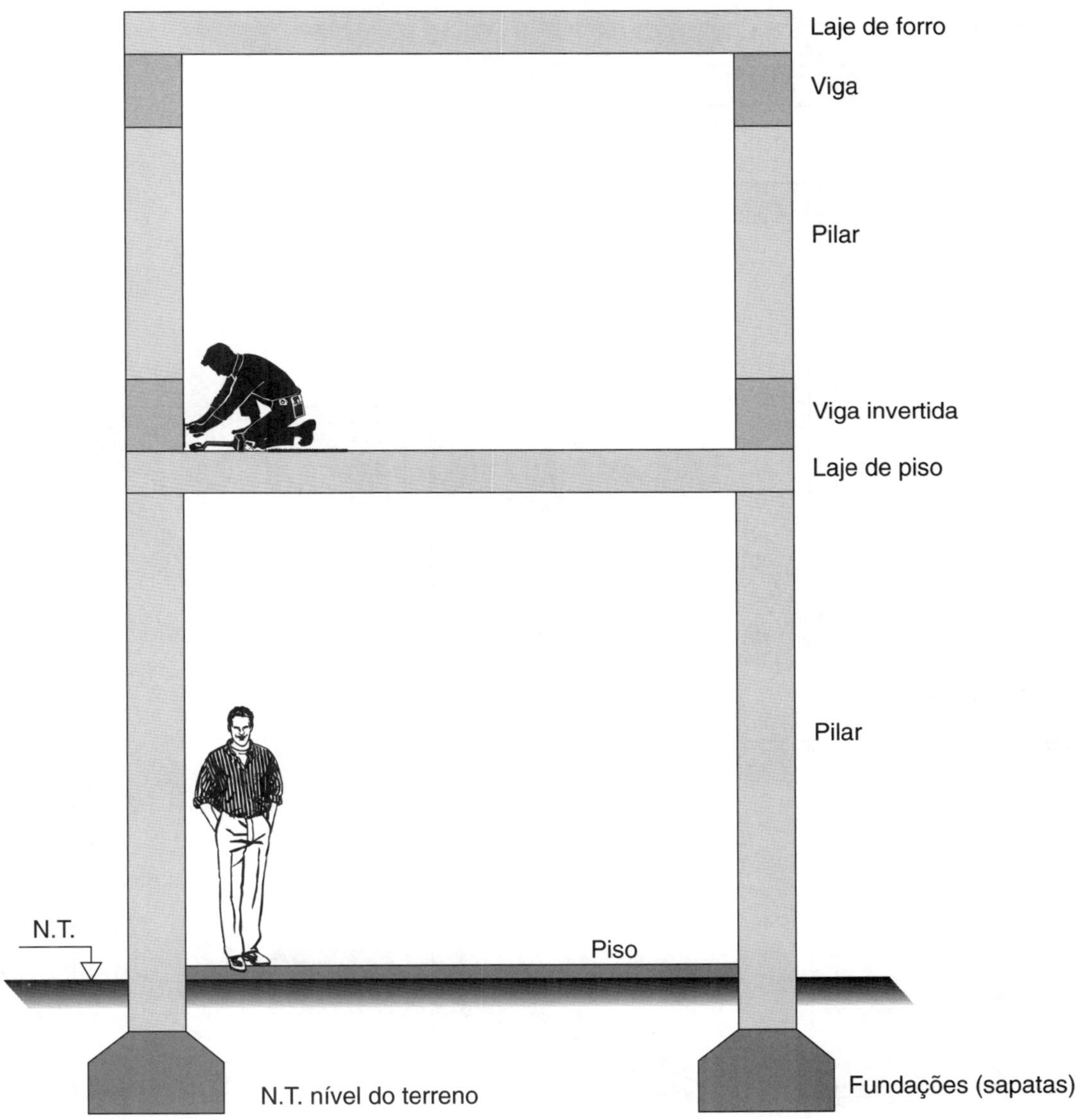

Corte da estrutura de concreto armado de uma edificação

Nota: Por razões didáticas visuais, a espessura das lajes está aumentada.

Vejamos a perspectiva da estrutura do sobrado com estrutura de concreto armado. Conjunto de parede de alvenaria, lajes maciças, vigas e pilares.

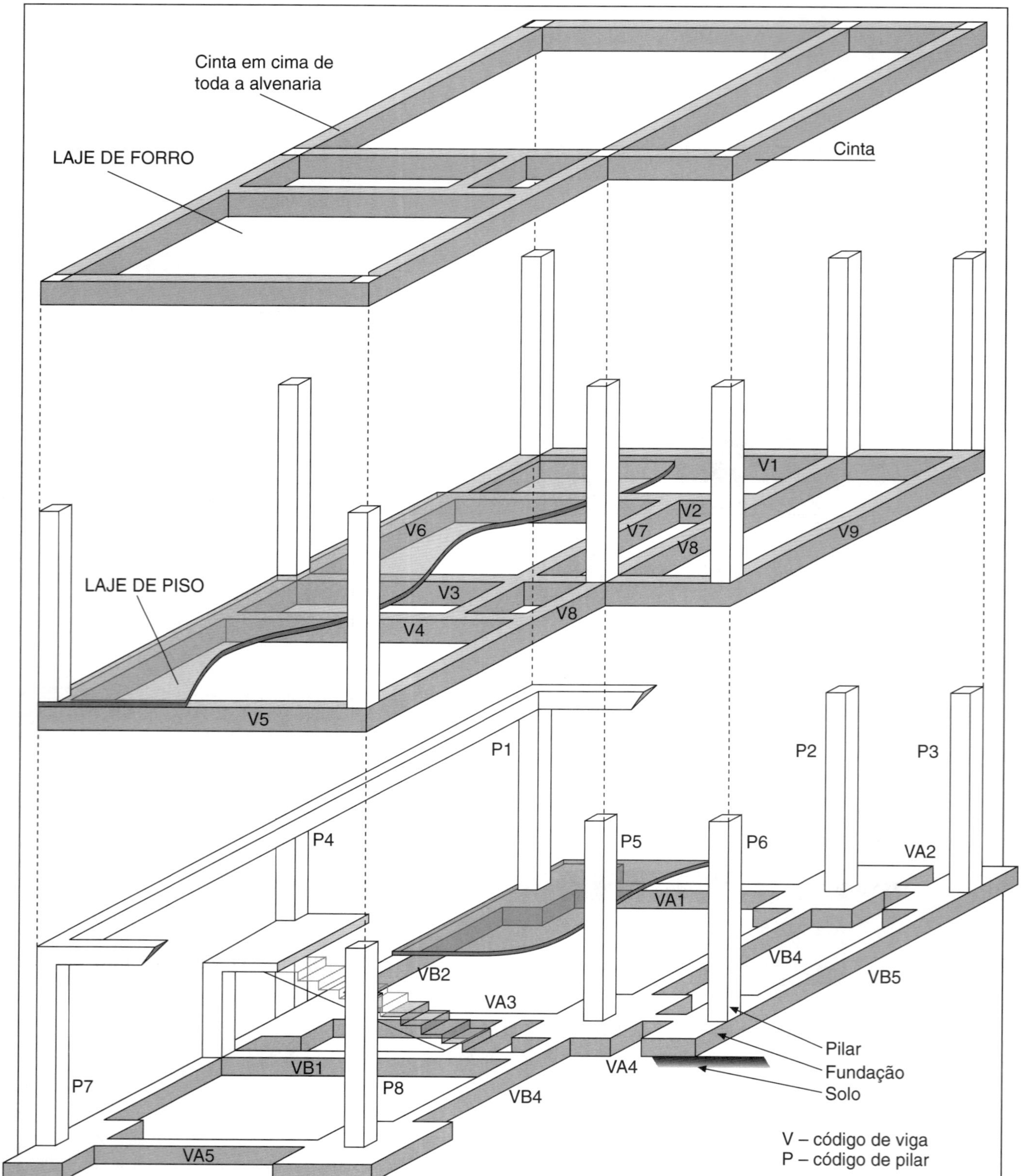

Analisemos, em mais detalhes, uma parte da estrutura de concreto armado convencional.

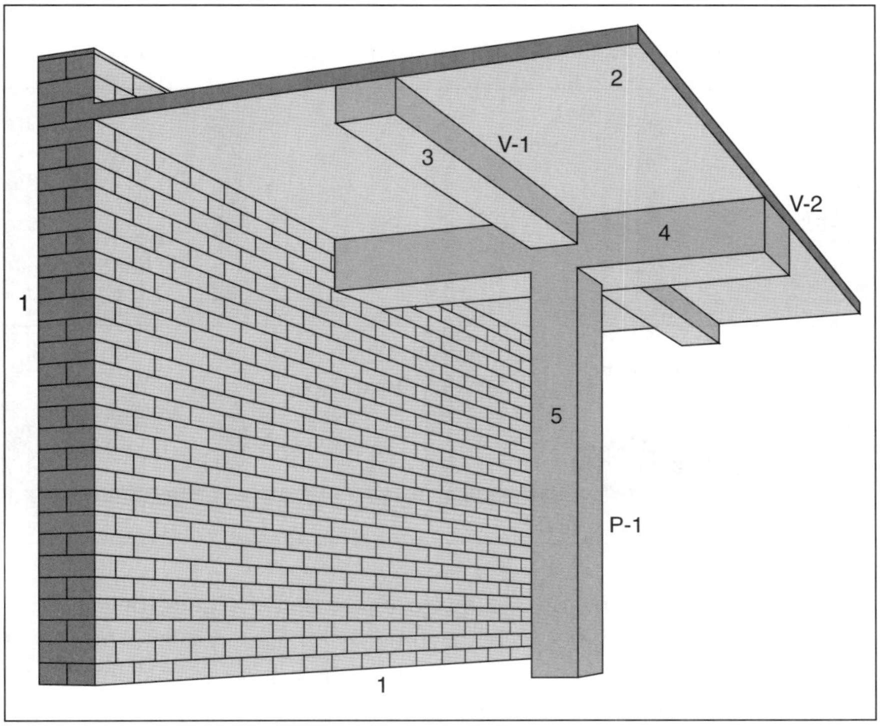

Esquema estrutural com laje maciça, vigas, pilares e a alvenaria de tijolos.

As paredes de alvenaria podem ser construídas de várias formas. Quando forem usados tijolos, temos usualmente estes três modos de construção:

1. tijolo em espelho, espessura entre 5 a 10 cm.
2. meio-tijolo, espessura entre 10 a 20 cm.
3. um tijolo, espessura de 20 a 30 cm.

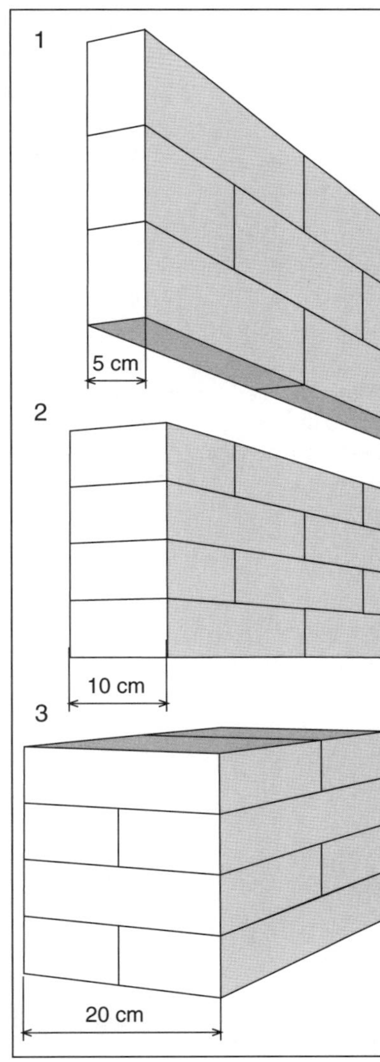

Veja o que é:

1 parede de alvenaria;

2 laje maciça de concreto armado – espessura variando de 5 a 20 cm;

3 viga V-1 de concreto armado suportando lajes, largura variando de 5 a 20 cm;

4 viga V-2 de concreto armado suportando a carga de parede superior e a carga da própria laje. Tem maior altura que V-1;

5 pilar P-1 de concreto armado – recebe a carga de paredes, lajes, vigas e as cargas de uso (denominadas cargas acidentais), seção retangular com lados variando de 15 a 30 cm (residências);

As dimensões das peças estruturais citadas são para dar ao jovem leitor uma ordem de grandeza das peças. Com alguma frequência, as dimensões podem variar dos valores dados.

Notas:

1) Pilar, ou se apoia em fundações, ou se apoia em outros pilares, ou, em casos excepcionais, se apoia em vigas de alta responsabilidade, chamadas de vigas de transição, fato comum em garagens e em locais que precisam de alta visibilidade, como lojas ou salões. Veja o desenho a seguir.

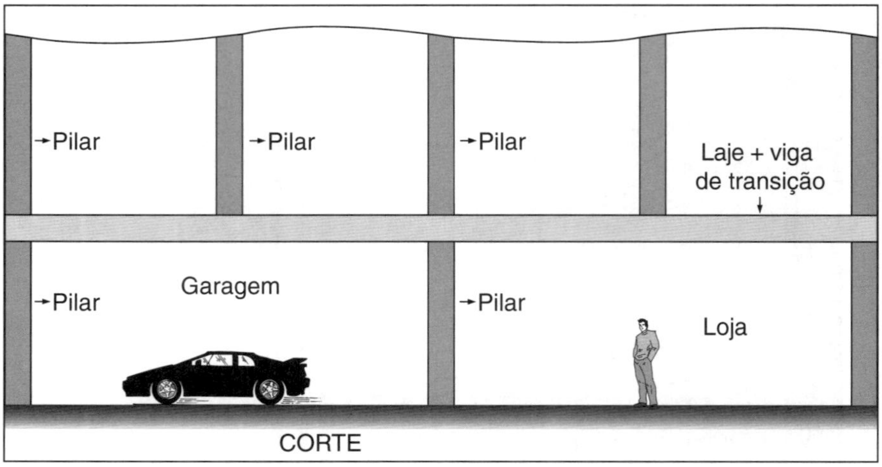

2) Falemos de um tipo de laje muito interessante arquitetonicamente. São as lajes-cogumelo. Lajes-cogumelo são lajes que não têm vigas e descansam diretamente em pilares. É uma solução mais complexa e cara, pois, se as lajes comuns têm espessura em volta de 7 a 10 cm, as lajes-cogumelo têm espessura mínima de 14 cm, e lajes são o componente estrutural de maior consumo de concreto num prédio convencional.

O uso de lajes-cogumelo ou laje lisa evita o uso de vigas e deixa visualmente o espaço mais livre.

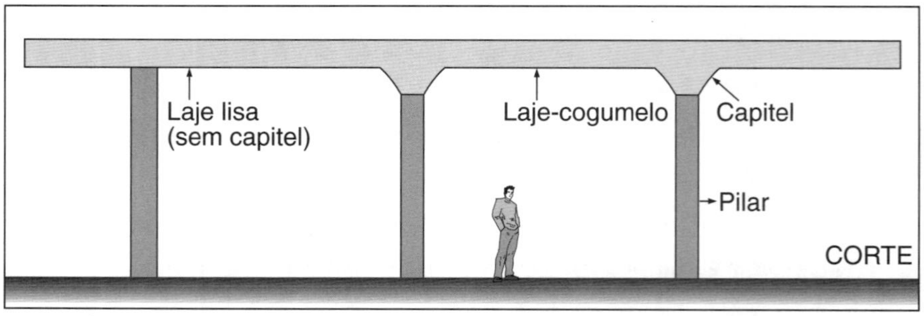

O prédio do Ministério da Educação, Rio de Janeiro(*), prédio histórico da arquitetura brasileira, usa lajes-cogumelo pela limpeza visual que essa solução propicia.

Há uma nomenclatura que a norma de concreto atual adota:

- laje-cogumelo – laje que se apoia em pilares sem vigas mas usa capitel (para distribuir as tensões, evitando concentrações dessas tensões),
- laje lisa – um tipo derivado da laje-cogumelo e que não tem capitel.

(*) Participação dos arquitetos Oscar Niemeyer e Le Corbusier.

3) Como todo o peso da laje se concentra nos pilares, sem a distribuição de carga pelas vigas, a norma é taxativa na espessura mínima das lajes-cogumelo e lajes lisas comparada a uma laje comum (apoiada em vigas):

- laje de piso comum – espessura mínima: 8 cm;
- laje-cogumelo – espessura mínima: 14 cm;
- laje lisa – espessura mínima: 16 cm;
- laje comum de cobertura não em balanço: 7 cm.

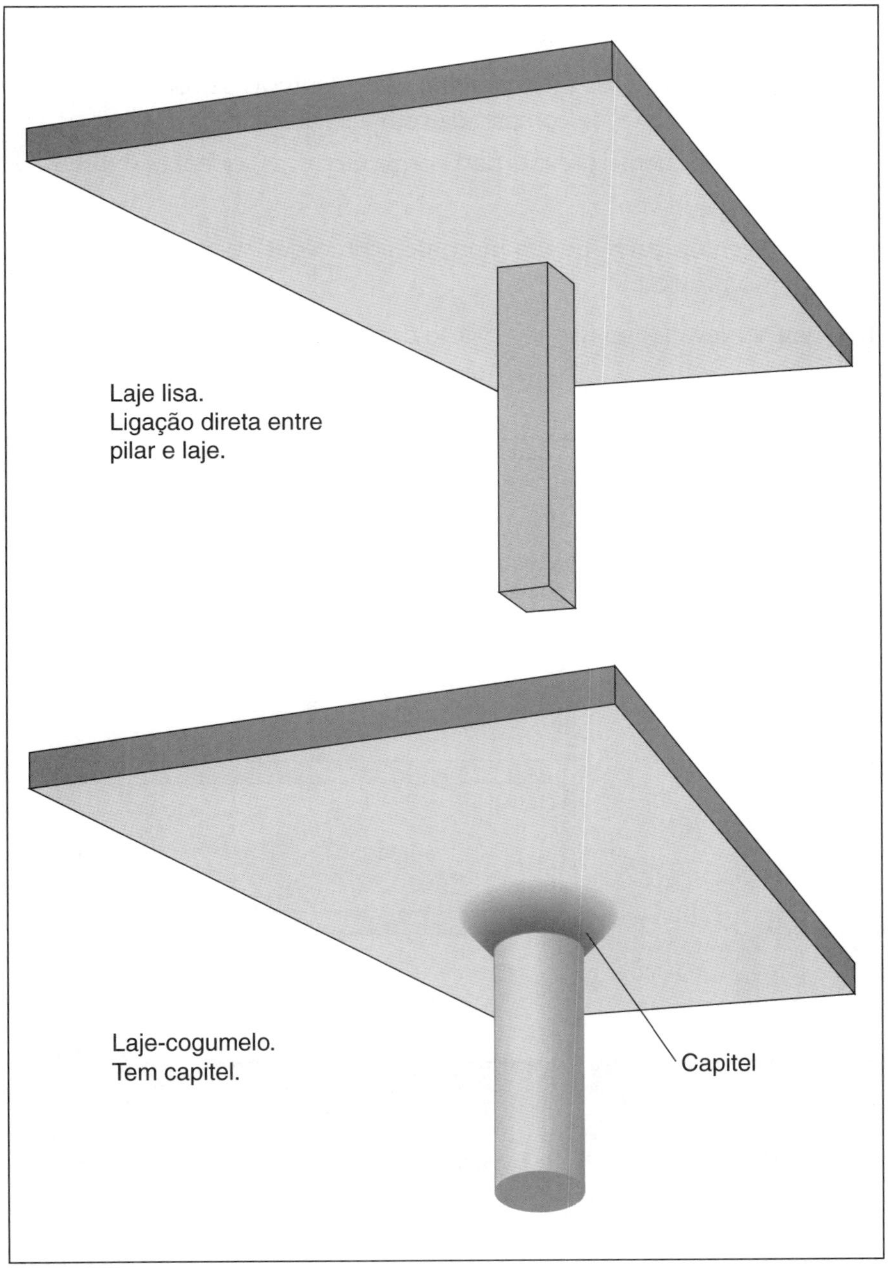

Laje lisa e laje-cogumelo

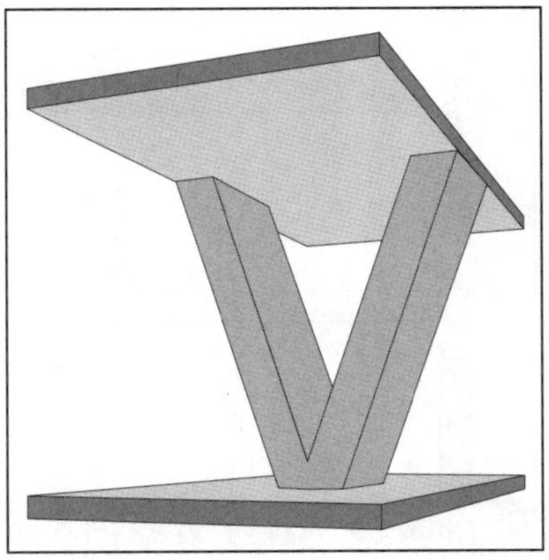

Nota: Normalmente, os livros de concreto armado mostram sempre os pilares em posição vertical. Um grande arquiteto brasileiro usa, com maestria, pilares (duplos) em formato V.

5

Breve introdução da relação estrutural e seu apoio final no solo

As cargas dos prédios têm, no final, que ser transmitidas ao terreno. Ou sejam, as cargas correspondentes à:

- peso próprio da estrutura (que nas estruturas de concreto armado é significativa, se comparada com a solução alternativa em aço);
- carga acidental prevista pela norma de cargas acidentais (NBR 6120);
- carga do vento;
- eventual carga de um muro de arrimo que se apoia na estrutura do prédio etc.,

tem que ser levadas ao terreno e lá se dissipar com poucos problemas.

Exemplos de fundações. À esquerda, tipo de fundação usando sapatas, e, à direita, o uso de estacas.

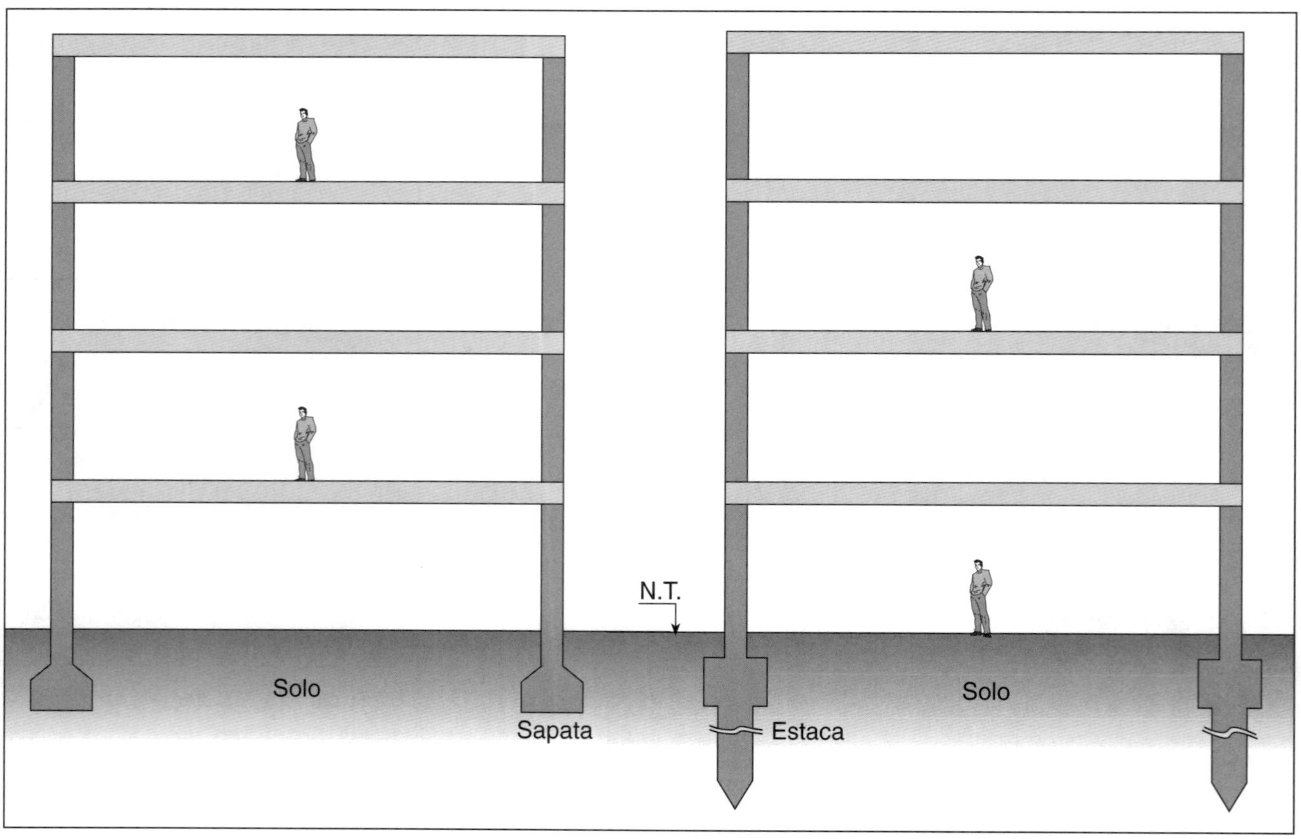

Se o solo for muito resistente (rocha, argila dura), simples sapatas resolvem o problema. Prédios como o "Sobre as Ondas"(*), no Guarujá, SP, o Hotel do Sesc, na Ilha do Boi, em Vitória, ES, ou ainda a estrutura do Cristo Redentor, no Rio de Janeiro, descarregam o peso diretamente em rocha. Nesses casos, o problema de dissipação de tensões não existe, pois as cargas do prédio são insignificantes em relação à resistência das rochas-suportes.

Quando o solo é algo resistente, mas não rochoso, podemos ter que usar:

- sapatas;
- *radier*, que é uma laje de grande extensão (largura), fruto da junção de muitas sapatas.

Se o solo resistente estiver mais fundo, podemos usar ou pequenas estacas, chamadas de brocas, ou estacas de concreto armado ou de aço, ou de madeiras. Se as cargas forem grandes (prédios muito altos), usaremos a solução tubulão, descarregando a carga total num solo mais resistente e de uma forma mais distribuída;

Por vezes, usamos o atrito do solo para apoiar um prédio num solo. É o caso do uso de:

- estacas de aço;
- estacas pré-moldadas de concreto armado;
- estacas moldadas *in loco*;
- pequenas estacas (moldadas no local) de concreto armado, denominadas de brocas;
- estacas de madeira.

Os fatores que governam a escolha da fundação são:

- cargas;
- tipo de solo, cujas características são estimadas pelas sondagens geotécnicas;
- aceitação ou não da estrutura quanto a recalques (afundamentos);
- custo, prazo de execução, possibilidade de danos a obras próximas etc. (Em Ouro Preto, MG, ninguém pode pensar em usar estacas cravadas com o choque de um pilão, com transferência de muita vibração ao terreno, face aos danos possíveis de causar aos velhos sobradões coloniais).

As obras de edifícios sempre produzem recalques, ou seja, a obra afunda depois de pronta. Afunda de milímetros a decímetros. Às vezes, leva anos afundando (caso de solos argilosos). Solos arenosos têm recalques quase que imediatos.

(*) Arq. Jayme Campello Fonseca Rodrigues, final dos anos 1940. Construtora Richter e Lotufo.

Do ponto de vista estrutural, chamam a atenção:

- recalques homogêneos (tudo afunda por igual), que não trazem consequências de esforços adicionais à estrutura;
- recalques diferenciais, quando uma parte afunda mais que a outra. Esse tipo de recalque introduz esforços não previstos nas estruturas, inclusive com trincas nas alvenarias, problema de funcionamento nos elevadores etc.

Combatem-se esses recalques com projetos adequados das fundações e da estrutura. Prédios de Santos, SP, ficaram famosos pelos problemas de recalques diferenciais causados pela mútua interferência no solo, das cargas de prédios muito próximos.

O caso de recalque diferencial da Torre de Pisa é de conhecimento universal.

Nota: Nos anos 1970, o autor, "jocosamente", com o dedo "equilibra" a Torre de Pisa.

Notas históricas:

Aconteceram, de conhecimento destes autores, no estado de São Paulo, dois casos monumentais de recuperação de prédios com recalque diferencial que preocupavam. O primeiro caso foi nos anos 1930 e chegou-se a usar o congelamento do solo para reforçar e refazer a fundação do prédio.

Na virada do século XX para o século XXI, na cidade de Santos, SP um prédio de alto padrão, que, por décadas, viveu o problema de graves recalques diferenciais, conseguiu voltar a vertical por sofisticado estudo de engenharia, usando reforço estrutural e uso de macacos. Hoje, o prédio está perfeito.

Informações, fruto de sondagens do solo

Trata-se de uma sondagem SPT (*Standard Penetration Test* – teste padrão de penetração). Resultam dois tipos de informações desse teste geotécnico:

- informações do local quanto à dificuldade (número de golpes) para o amostrador penetrar no solo;
- amostras do solo em várias profundidades que vão para o laboratório da empresa de sondagens para fazer uma classificação granulométrica do material da amostra.

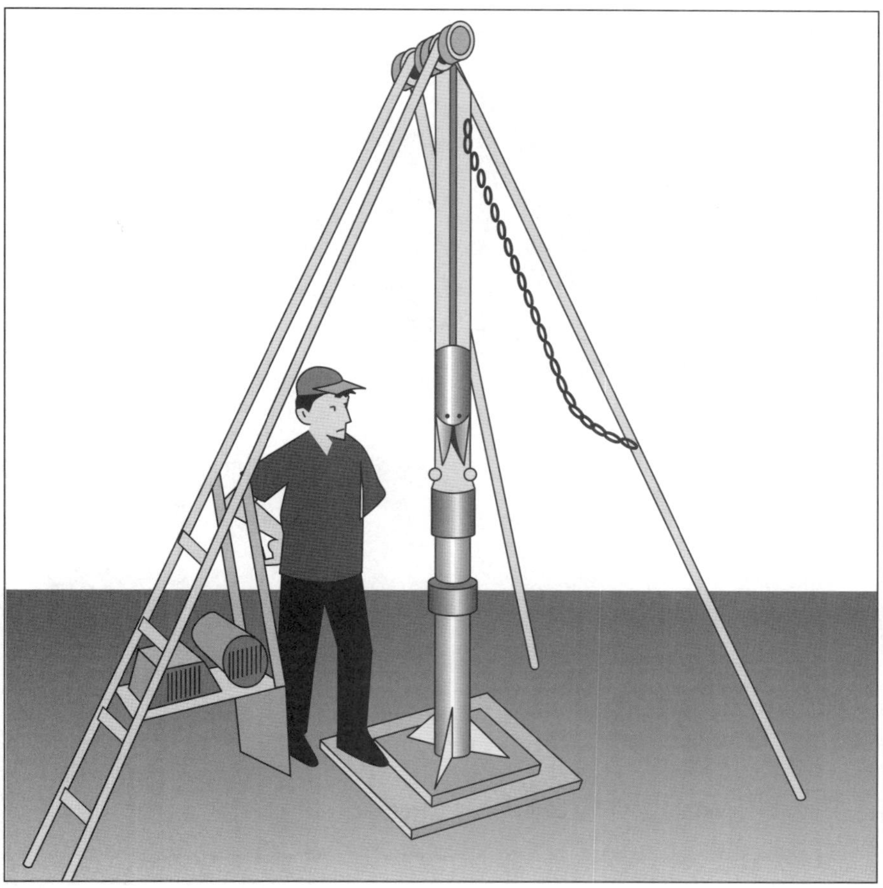

Ref. livro "Ao pé o muro".

6

Os importantes relacionamentos entre peças, apoio simples e engastamento

Como aprendido na Resistência dos Materiais, o tipo de apoio das estruturas tem enorme importância no funcionamento dessas estruturas.

No campo do estudo das estruturas de concreto armado temos dois tipos principais de apoio:

- apoio simples, que representa o descansar de uma peça em dois ou mais apoios;
- o engastamento (encaixe), quando existe uma maior solidariedade (encaixe, colagem, amarração etc.) entre a peça a ser suportada e o seu apoio.

Casos reais de apoios simples

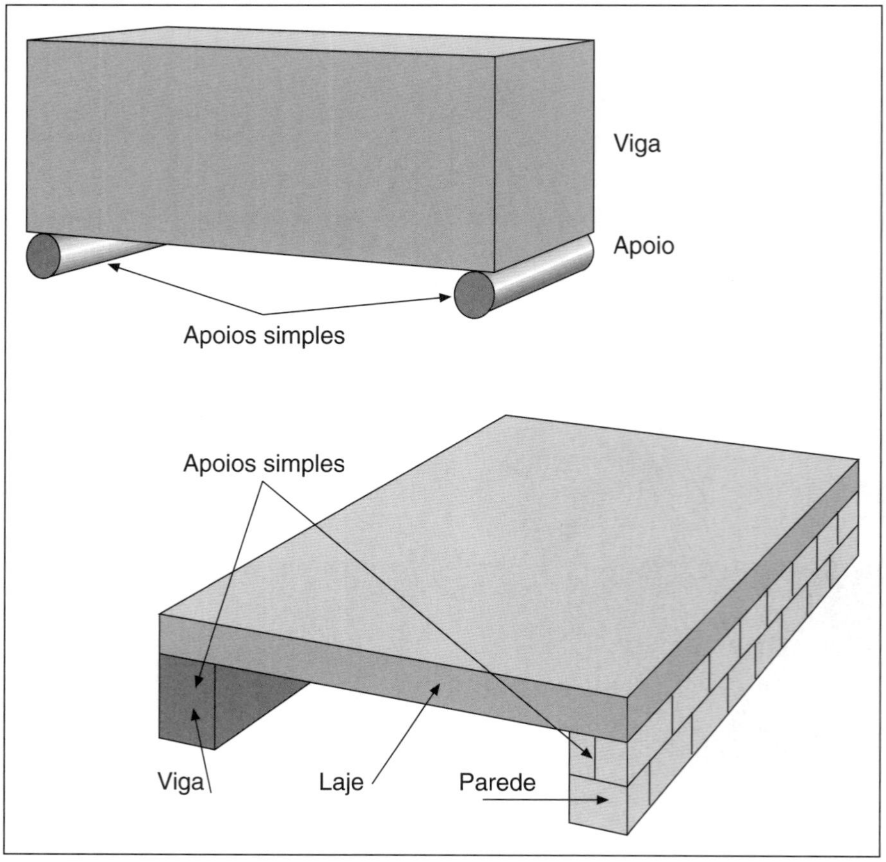

Duas lajes contíguas e de mesmas dimensões seria um caso de engastamento laje com laje. Todavia, sempre consideraremos neste livro, nos encontros de lajes, como apoio simples, e faremos prever uma armadura mínima negativa para dar solidariedade à estrutura e prevenir fissuras na parte da junção dessas lajes. Fazemos isso por razões didáticas. Na prática, as lajes maciças situadas no mesmo plano, e atendidas outras exigências, são consideradas como uma engastada (presa, amarrada) na outra.

No caso de vigas, também por razões didáticas, consideraremos cada trecho (tramo) como independente e com apoio simples em suas extremidades.

Essas simplificações facilitam o estudo e apresentação inicial do funcionamento e cálculo das estruturas. Seguindo esse caminho, teremos uma estrutura que atende às nossas necessidades de segurança e durabilidade, mas poderemos estar gerando estruturas mais caras.

O importante no momento é entender os conceitos. Na vida profissional, devemos usar situações mais elaboradas e inclusive programas de computador no estudo dessas estruturas.

Viga engastada em parede (encaixe)

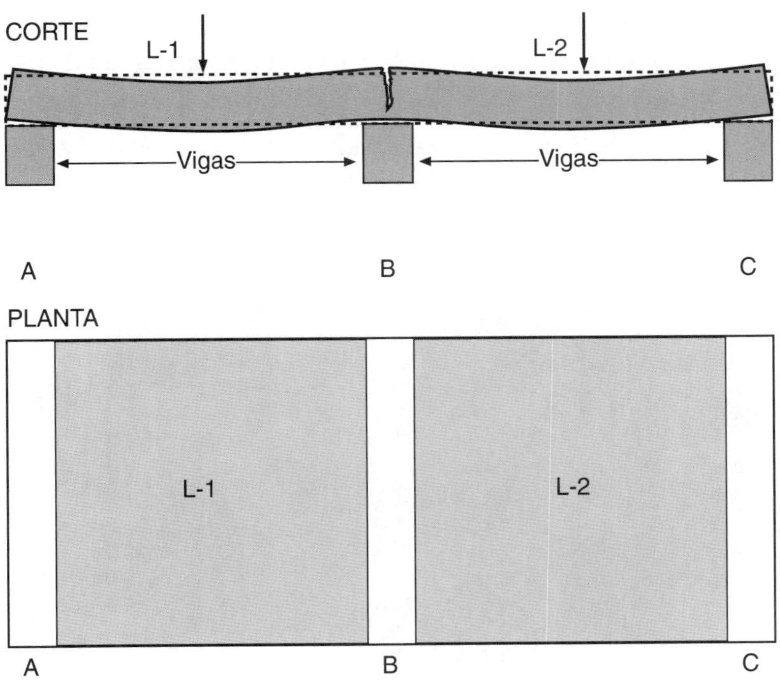

Ideia de como concebemos o funcionamento de duas lajes

7

O material concreto e seus componentes: pedra, cimento, areia, água e forma, o fck, os fck recomendados

O concreto é uma tentativa de fazer uma pedra artificial com a vantagem enorme de ter a forma, resistência e dimensões que se queira.

Usa-se para produzir o concreto a mistura de:

- pedra, usualmente de dois tamanhos, de maneira que a pedra de menor diâmetro ocupe o espaço da pedra de maior tamanho, gerando uma mistura bem densa (poucos vazios);
- areia, que ocupará os espaços entre as pedras;
- cimento, que é um material industrial pulverulento, que, depois de molhado, começa a ganhar resistência e age como cola;
- água, que hidratará o cimento, transformando-o em uma cola, e a água dá plasticidade à mistura;
- formas, que darão forma e dimensões à mistura ainda plástica e que serão removidas depois. Normalmente, as formas são de madeira ou aço;
- escoramento, que dá estabilidade às formas, enquanto essas protegerem o concreto, ainda plástico.

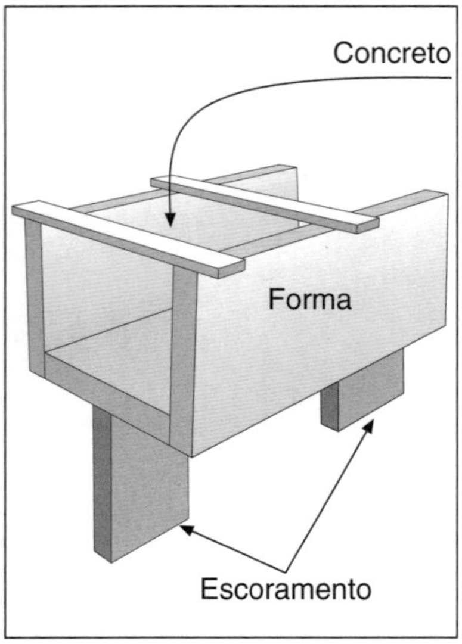

Caminhão-betoneira transportando concreto já pronto da usina para a obra.

Nota:

Há uma tendência de se apresentar as formas de concreto sempre com formas geométricas lineares. No caso de lajes, vigas e pilares comuns é assim mesmo. Lembremos, todavia, que a arquitetura poderá exigir formas sinuosas, afinal fazemos esculturas com concreto armado, e a arquitetura brasileira que o diga. Claro que aí o trabalho das formas é então decisivo e dessa maneira fazemos qualquer forma com o concreto armado.

Voltemos ao assunto preparação do concreto.

- Depois de lançado o concreto nas formas, ele ainda ficará plástico por minutos. Depois de algumas horas, ele ganhará uma resistência que irá aumentando com o passar dos dias.
- Tão logo o concreto seja lançado nas formas, devemos fazer sua acomodação, usando vibradores mecânicos ou até manuais. É para expulsar o ar que ficou preso e que, se não for expulso, com o tempo gerará vazios, que diminuirão significativamente a resistência à compressão do concreto.
- Depois de horas de lançamento do concreto nas formas e quando ele ganhou alguma resistência, devemos manter sua superfície exposta bastante úmida, operação essa chamada de cura. A cura prolongada do concreto, seja por esborrifamento, seja pelo uso de superfícies molhadas etc., melhora bastante a resistência do concreto à compressão, que é sempre o grande parâmetro de análise da qualidade do concreto. Devemos fazer cura pelo menos por sete dias.

Como dito, uma das mais importantes características do concreto é sua resistência à compressão. Normalmente o concreto costuma ter as seguintes resistências à compressão (classes (fck) do concreto):

- 100 kgf/cm^2 (10 MPa) muito usada no passado;
- 150 kgf/cm^2 (15 MPa) mínima resistência aceitável para um concreto estrutural, e hoje só pode ser usada em obras provisórias;
- 200 kgf/cm^2 (20 MPa) resistência mínima estrutural do concreto a partir da nova norma de concreto NBR 6118;
- 500 kgf/cm^2 concretos especiais chamados de CAD, concreto de alto desempenho ou mais.

A melhor prova de que o concreto é uma pedra artificial, de fraca resistência, se comparada com as pedras mais comumente encontradas, é que estas têm resistência à compressão variando de 800 kgf/cm^2 a mais de 2.000 kgf/cm^2.

Cada resistência do concreto exige uma determinada mistura dos componentes e depende das características dos componentes. Para se alcançar a resistência desejada há que se descobrir a mistura (dosagem) correta. Uma dosagem muito usada é a relação volumétrica:

C : A : P, ou seja, 1 : 2 : 2,5,

ou seja, para um volume de cimento misturam-se dois volumes de areia e dois e meio volumes de pedra.

Há vários tipos de cimento no mercado e o mais comum é o CP 32. Outros podem ser usados.

A expressão 200 kgf/cm^2 é equivalente a 20 MPa, unidade mais moderna em termo de expressão, ou seja, 10 kgf/cm^2 equivale a 1 MPa.

O concreto pode ser produzido (misturado) manualmente, em betoneiras e em usinas centrais de concreto, sendo transportado por caminhões-betoneiras. O uso de concreto usinado cresce muito, pois tem grande confiabilidade técnica quanto à qualidade do produto entregue e retira da obra o espaço necessário de armazenagem de areia, pedra e cimento.

O concreto, seja feito na obra por mistura manual, ou em pequenas betoneiras, seja comprado de usina, tem grande variabilidade na sua resistência à compressão. Face a isso, criou-se o conceito de fck, que é uma *medida estatística da resistência à compressão do concreto.* Preparado um lote de concreto, tiram-se dele amostras (corpos de prova) que são moldadas em cilindros e deixadas à sombra e depois em laboratório, durante 28 dias. Depois disso, os corpos de prova são rompidos em prensa (compressão) e anotados os resultados. Define-se como fck do lote do concreto o valor tal que no máximo cinco por cento dos corpos de prova tenham valor inferior. Na prática, não se tiram centenas de corpos de prova, mas com apenas alguns exemplares e baseado nessas regras estatísticas, é possível se ter o valor do fck. Um alerta: o fck é sempre bem inferior à média aritmética dos resultados do teste de compressão dos corpos de prova.

Vários fatores influenciam o fck de um lote de concreto, mas os mais importantes são:

- teor de cimento por m^3 do concreto;
- relação água-cimento da mistura.

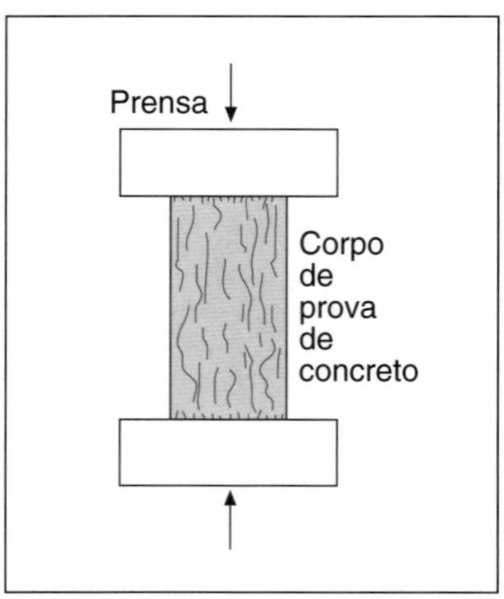

O cimento é o componente mais caro do concreto e há sempre o interesse econômico de usar o mínimo desse componente.

O uso de água na mistura auxilia a produção de um concreto mais plástico e mais trabalhável, e, portanto, é muito tentador colocar muita água no concreto; mas isso tem um enorme problema, pois reduz significativamente a sua resistência. Um adequado estudo da mistura produz:

- um concreto econômico;

- um concreto razoavelmente plástico e adequado para ser colocado nas formas, evitando a ocorrência de bicheiras (vazios);
- um concreto resistente (alto fck).

O concreto, como visto, é chamado de concreto simples e é usado depois com armadura de aço, chamado de concreto armado.

O concreto sem armadura, ou seja, o concreto simples é usado:

- na fabricação de blocos de concreto;
- na construção de brocas de fundações;
- na construção de tubulões;
- no cimentado de pisos etc.

Hoje, no Brasil, o concreto pode ser misturado pelos seguintes processos:

- Processo manual para pequenas obras. Boa parte do povo brasileiro mora em simples residências, nas periferias das grandes capitais, em casas construídas com concreto virado manualmente,
- Concreto misturado em betoneiras da obra. O prédio onde está sendo escrito este livro foi construído com concreto de betoneira de obra.
- Concreto comprado de centrais de concreto e transportado em caminhões-betoneiras.

Os fabricantes de cimento relatam que um enorme cliente deles é o pequeno construtor que compra cimento em pequenas lojas, para fazer pequenas obras com concreto misturado manualmente. Esse é o Brasil não oficial.

Produzindo o concreto de casas e prédios até os meados do século passado, misturando o concreto (cimento + areia + pedra + água) em uma betoneira elétrica.

Nota:

Existem no mercado os cimentos: *portland*, *portland* comum, *portland* composto, *portland* de alto forno, *portland* pozolânico, de alta resistência inicial, resistente aos sulfatos, de baixo calor de hidratação, *portland* branco, e para cimentação de poços petrolíferos. No nosso caso, um livro de concreto armado para arquitetos e jovens engenheiros, podemos dizer: todos os cimentos *portland* servem para as obras comuns residenciais e comerciais, com exceção do cimento para cimentação de poços petrolíferos.

Resta analisar o custo de cada tipo de cimento.

Veja a terminologia:

Terminologia do mundo do concreto

Concreto: mistura de pedra grossa com pedra fina com cimento, areia e água. A pedra grossa costuma ser a pedra n. 2 e a pedra fina costuma ser a pedra n. 1.

Concreto armado: concreto + armadura de aço.

Argamassa: areia mais cimento mais água.

Pasta: cimento mais água.

Concreto magro: concreto sem função estrutural e com pouco cimento. É usado, por exemplo, como enchimento e camada de proteção.

Argamassa armada: cimento mais areia, mais água, mais armadura. A argamassa armada é usada em pequenas obras, como bancos de jardim, abrigo de ônibus, vasos e tanques de lavar roupa.

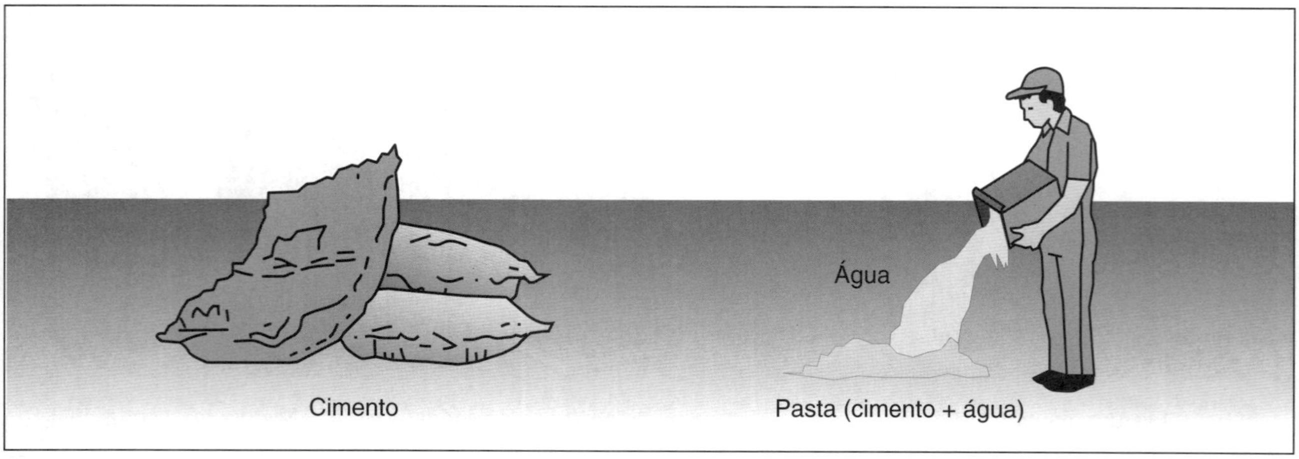

Cuidado na produção do concreto:

Antes de falar do cuidado com o concreto, vamos dar os tamanhos comerciais das pedras usadas no concreto:

areia grossa

pedra zero: dimensões variando entre 5 a 9,5 mm;

pedra um: dimensões variando 9,5 mm a 22 mm; } tipos mais usados

pedra dois: dimensões variando de 22 a 32 mm; } tipos mais usados

pedra três: dimensões variando de 32 a 50 mm.

No concreto, o termo genérico "pedra" refere-se mais comumente à mistura de pedra número 1 e pedra número 2.

ENTENDA:

pedra – termo genérico.

pedregulho – pedra arredondada existente naturalmente no leito dos rios (seixo rolado).

brita – produto da quebra mecânica de grandes pedras.

Nota: Segundo a Revista Arquitetura e Construção, agosto de 1986, menos de 30% do cimento produzido no Brasil vai para grandes obras e mais de 70% vai para o "consumidor formiga", na construção de pequenas obras (argamassas de assentamento, cimentado e pequenas edificações).

Recomendam-se os seguintes cuidados mínimos na produção do concreto:

- produzido o concreto, este deve até em uma hora ser colocado nas formas;
- retirada de formas das faces laterais, só depois de 3 dias do lançamento do concreto nas formas;
- retirada de formas de faces inferiores e tomando cuidado com os apoios (pontaletes), só depois de 14 dias;
- retirada total de formas e de proteção dos apoios (retirada de apoios), só depois de 21 dias;
- fazer vibração para expulsar o ar retido;
- fazer cura por, no mínimo, 7 dias.

Com 28 dias se analisam os resultados da resistência do concreto à compressão pelos resultados das análises dos corpos de prova que foram para laboratório para serem rompidos em prensa.

PERGUNTAS E RESPOSTAS

1) *Por que se usa o prazo de 28 dias para definir a resistência do concreto?*

— Após alguns dias de sua produção, o concreto tem grande variabilidade em termos de amostras para serem ensaiadas ao teste de compressão em prensas. A partir de algo como 30 dias, essa variabilidade diminui. Escolheu-se então 28 dias, que é o múltiplo de 7 dias. Como as concretagens costumam ser feitas em dias úteis, o rompimento dos corpos de provas também será em dias úteis. Verificar que outros prazos ligados ao concreto são sempre múltiplos de sete dias.

2) *O que significa fck?*

— Fck significa resistência média estatística de uma peça de concreto sendo comprimida em uma prensa. Fck usa símbolos da língua inglesa: *f* significa resistência, *c* significa concreto e *k* significa valor estatístico.

Forma com concreto recém lançado.

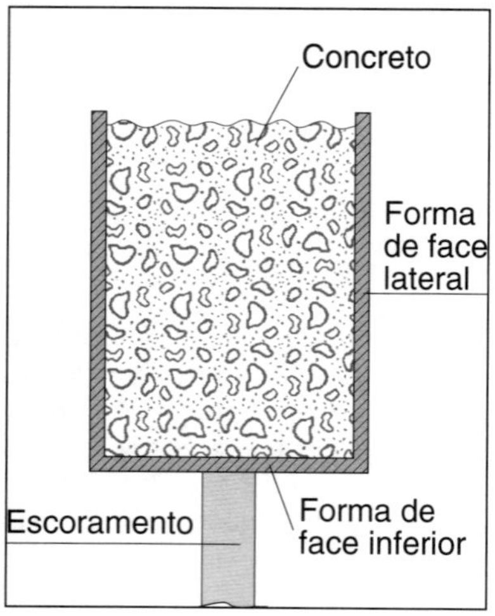

8

O concreto ganha armadura de aço: nasce o concreto armado

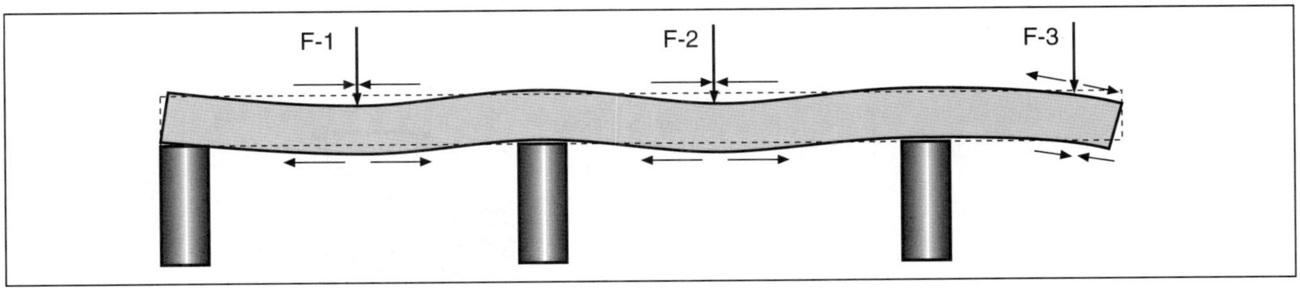

O material concreto, como pedra artificial que é, tem boa resistência à compressão e muito fraca resistência à tração (lembremos que no dobramento existe tração).

Face a isso, no final do século XIX, na Europa, generalizou-se a colocação (imersão) no concreto de barras de aço (que têm alta resistência à compressão e tração). Foram então construídos vasos e até um barco. Daí foi um pulo para a construção de edifícios. Nascia o concreto armado.

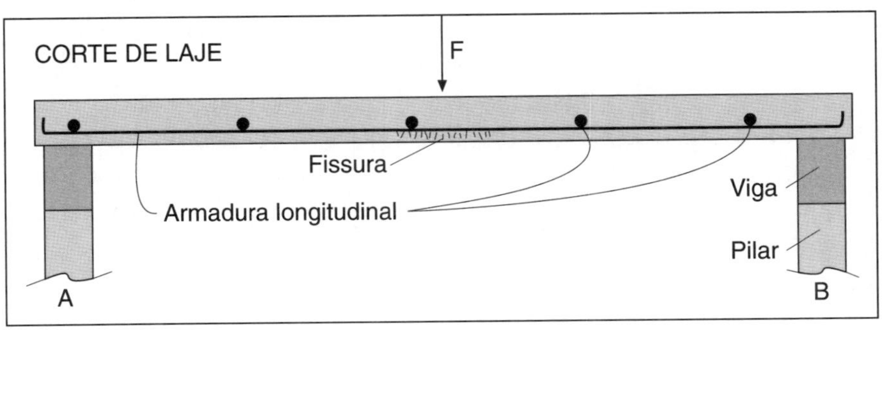

No concreto armado, a colocação da armadura:

- nas lajes é colocada armadura (barras de aço) nos pontos onde existe tração, e nesses pontos o concreto pode até fissurar, que o aço então resiste. As fissuras são de um tamanho no limite de uma muita atenta percepção visual (décimos de milímetros);
- nas vigas, semelhantemente às lajes, colocaremos barras de aço nos pontos onde existe tração, e nesses pontos o concreto pode até fissurar, que o aço resiste;
- nos pilares uma armadura principal longitudinal aumenta a resistência à compressão, e se acontecer alguma tração, em casos especiais, o aço resiste bem.

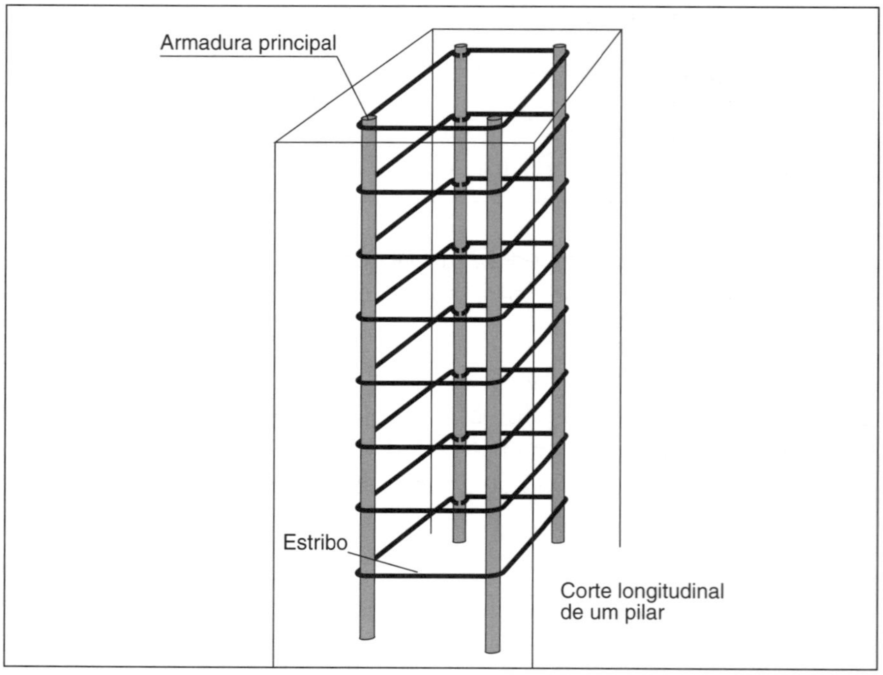

Importantíssimo

O concreto e a armadura nas estruturas de concreto armado trabalham juntos e solidários, mas com funções diferentes no tocante ao dimensionamento. Nesse funcionamento, a seção de concreto é uma aproximação grosseira da solução e a armadura principal é a aproximação fina, sensível. Face a isso, uma mesma seção de concreto pode atender a uma grande faixa de solicitações e será a taxa de armadura que fará o ajuste fino.

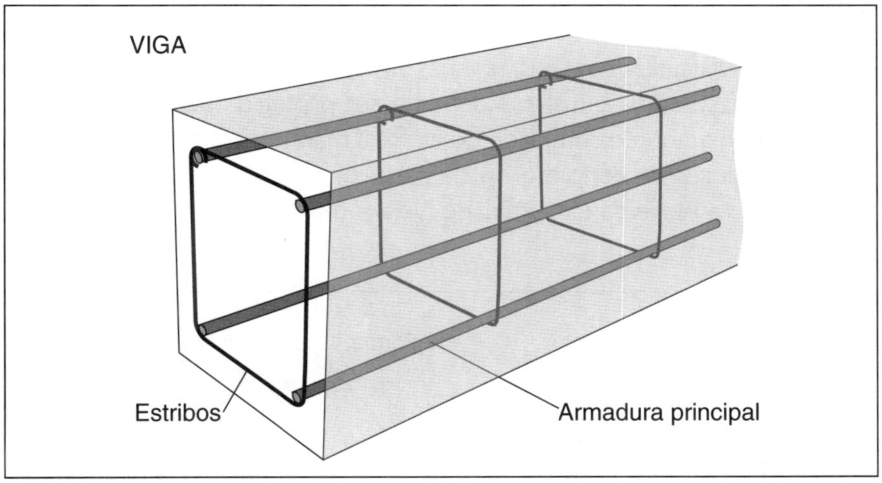

No caso de lajes maciças quadradonas, elas têm armadura em duas direções. Lajes tipo salsicha têm uma armadura principal e outra ortogonal secundária.

Falemos agora dos estribos, transversais às principais armaduras das peças (vigas e pilares).

Nos pilares, além da função de posicionar as armaduras principais, a armadura transversal tem a missão de combater a flambagem(*) (perda de estabilidade) das armaduras principais.

Nas vigas, os estribos têm a função de posicionar as armaduras principais e também de grampear a viga, combatendo os efeitos do cisalhamento.

Lajes não têm estribos, em geral, embora em alguns casos, muito especiais, necessitem e tenham estribos. Isso só ocorre em casos especiais de lajes de reservatórios, por exemplo.

O concreto armado é usado intensamente na construção de casas, edifícios, pontes e monumentos em geral.

A estrutura de concreto armado em ambientes não agressivos dura mais de cem anos e sem manutenção.

(*) Comprima uma régua de plástico ou de metal. Muito antes dela se romper ela se enverga (dobragem, flexão) enormemente. Se continuarmos, a peça flambada se rompe. Essa dobragem, que seria catastrófica num pilar de prédio (e às vezes acontece), chama-se de flambagem. Pelo menos uma vez na vida faça a experiência de flambagem de uma régua até o colapso, para tornar o fenômeno inesquecível.

Notas:

1) A armadura, seja nas lajes, seja nas vigas, seja nos pilares, deve sempre estar afastada da extremidade, para ser protegida pelo próprio concreto do ataque da umidade do ar. Para manter essa distância, usamos espaçadores de concreto ou de plástico, que garantem a posição da armadura longe da extremidade. Veja o desenho:

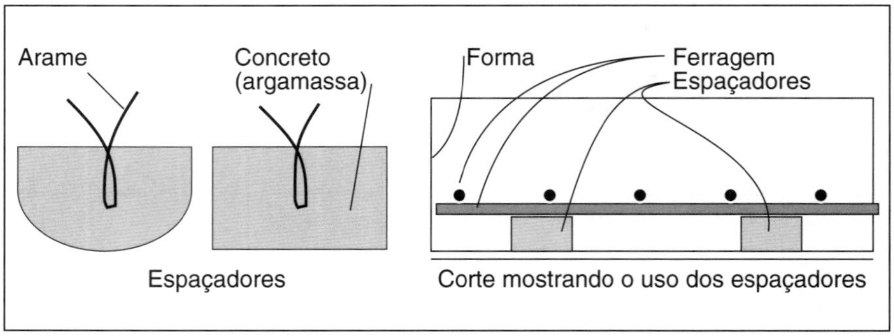

2) A armadura de lajes, vigas e pilares precisa trabalhar:
   - Atritada com o concreto. Para isso, essa armadura deve ser dividida em várias barras, aumentando assim a área exposta ao atrito aço concreto.
   - Com espaço entre as barras, para que o concreto possa penetrar por ela.

   Face a essas duas exigências, a norma exige para lajes, vigas e pilares:
   - espaço máximo entre as barras;
   - espaço mínimo entre as barras.

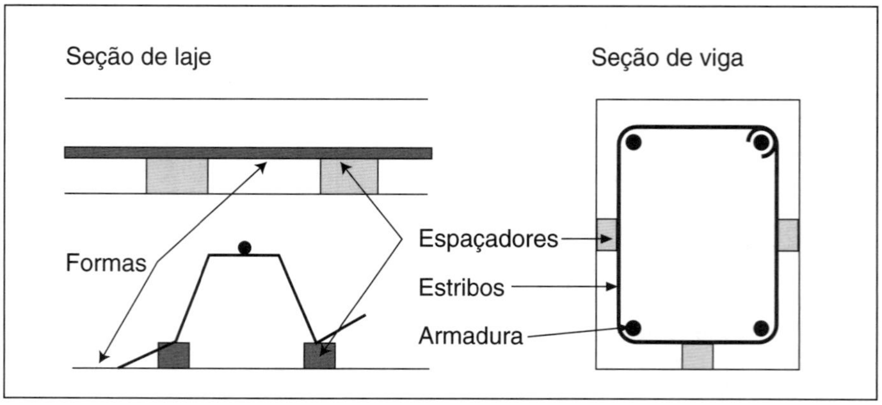

Atenção

Esta peça não é de concreto armado.

Crítica – as armaduras estão muito espaçadas e com isso é mínimo o atrito armadura-concreto. Toda a teoria e fórmulas do concreto armado preveem a necessidade desse atrito. Barras de aço só devem ser colocados na periferia da peça e não no centro.

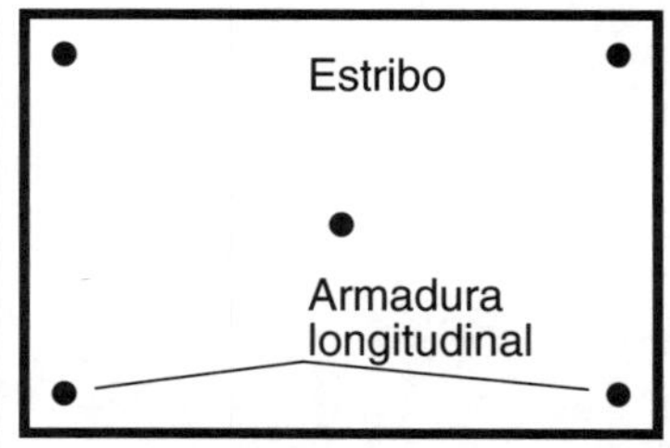

Seção de pilar

Atenção

Esta peça não é de concreto armado.

Crítica – as armaduras estão muito próximas e, na concretagem, as pedras do concreto não conseguirão penetrar por entre as barras.

Seção de pilar

Atenção

Esta peça é de concreto armado. Até que enfim!!!

Esta peça sim obedece a exigência de uma distância mínima e máxima entre as barras. Há adequado espaço entre as barras (para passar o vibrador) e entre as barras e as formas.

Seção de pilar

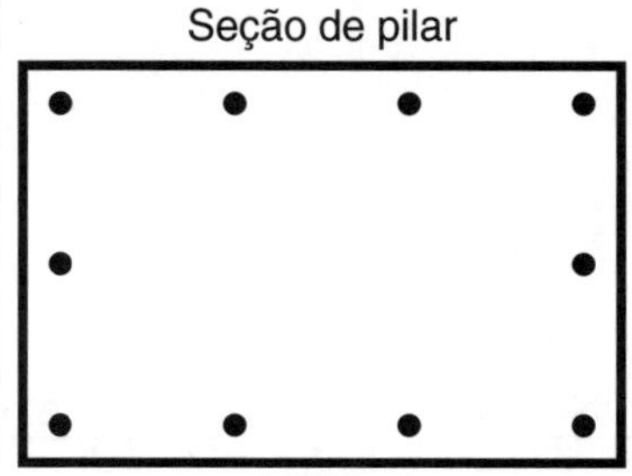

OK!
Isto é concreto armado!

Notas:

1) O diâmetro mínimo das barras da armadura de pilares, deve ser igual ou maior que 10 mm. Para estribos, $\varphi_{mín} \geq$ a 6,3 mm.

2) Ver também itens 18.4.2.1, 18.4.2.2 e 18.4.2.3, p. 151 da NBR 6118.

Atenção

Polêmica arquitetônica estrutural.

A Estação Ferroviária de Mayrink (SP), projeto de Vitor Dubugras, é ou não de concreto armado?

No início do século XX, era comum o uso de estruturas de aço revestidas de concreto. O concreto tinha então a única função de proteger trilhos e perfis de aço contra a corrosão. Veja a seção desses pilares feitos dessa forma. Isso não é concreto armado.

A dúvida: *Será de concreto armado ou estrutura de aço revestido de concreto?*

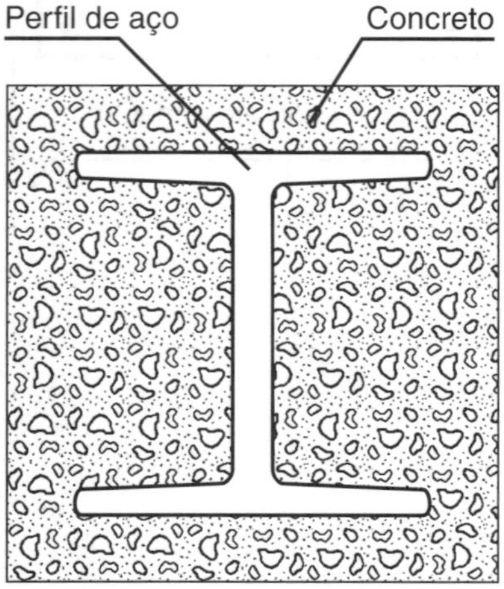

Seção de pilar. Não é concreto armado e, sim, um perfil de aço envolvido em concreto.

Vitor Dubugras, arquiteto nascido na França e formado na Argentina, chegou a São Paulo em 1891, tendo sido professor na Escola Politécnica da USP nos cursos de engenheiros civis e engenheiros arquitetos. Ref. Catálogo da exposição sobre o autor. O projeto da estação ferroviária é de 1906 e a data da construção é de 1911.

Caro leitor, não se limite a ler o livro, vá visitar essa estação ferroviária. É perto de Sorocaba, a menos de hora e meia de viagem de carro de São Paulo.

Assuntos complementares sobre armaduras

1. Cuidados para deixar no alto a armadura negativa. Chamamos de armadura negativa a armadura colocada no alto de lajes e vigas para esforços nos apoios. A armadura no meio do vão é chamada armadura positiva.
2. Amarração com arame 18 na ligação de duas barras. A ferramenta para ajudar a fazer isso é o torquês. A amarração tem que ser benfeita, usando arame e, com isso, garantindo a não movimentação das peças.
3. Pastilha feita com cimento, areia e água. Sua função é afastar a armadura da face interna das formas. Usa-se também pastilha de plástico. É proibido usar pastilha metálica, pois estas poderiam sofrer processo de corrosão (ferrugem).

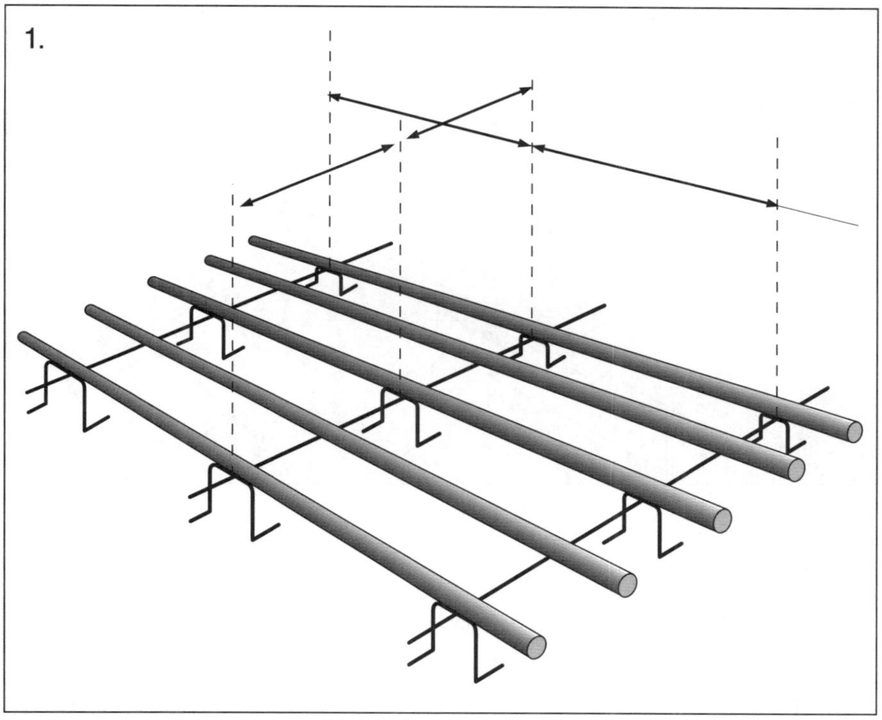

Chamamos armadura negativa à armadura colocada no alto das lajes e vigas, para esforços nos apoios. A armadura no meio do vão é a chamada armadura positiva.

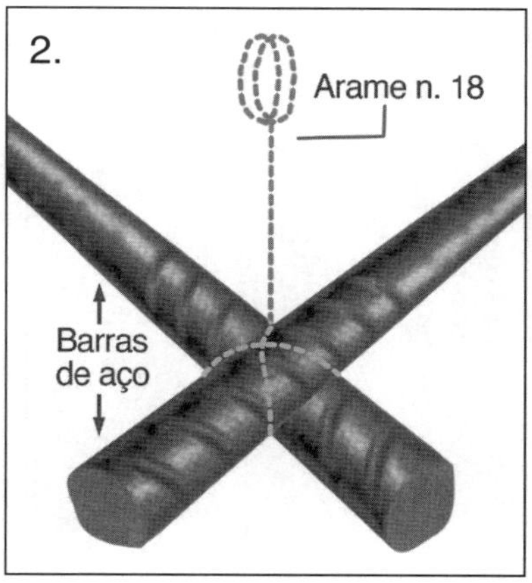

Maneira de fixar as barras de aço da armadura, usando fio de arame n. 18.

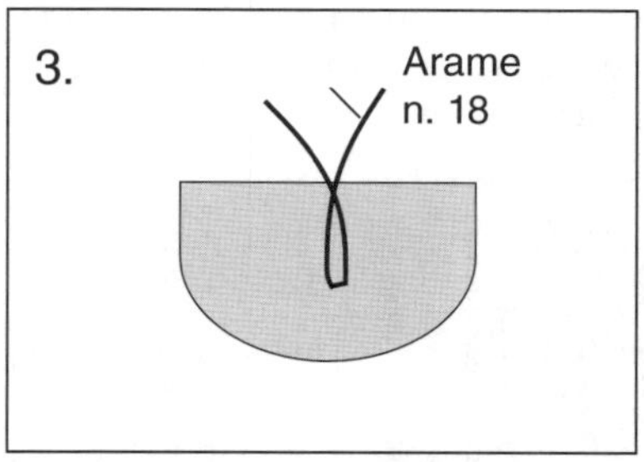

Pastilha feita de argamassa sem pedras, para posicionar a armadura, evitando que a mesma fique encostada na forma.

Peças de concreto, argamassa armada e concreto armado

Bloco – concreto simples

Tanque de lavar roupa – argamassa armada

Poste – concreto armado

Tampa de boca de lobo – concreto armado

Cimentado da área – argamassa de cimento e areia

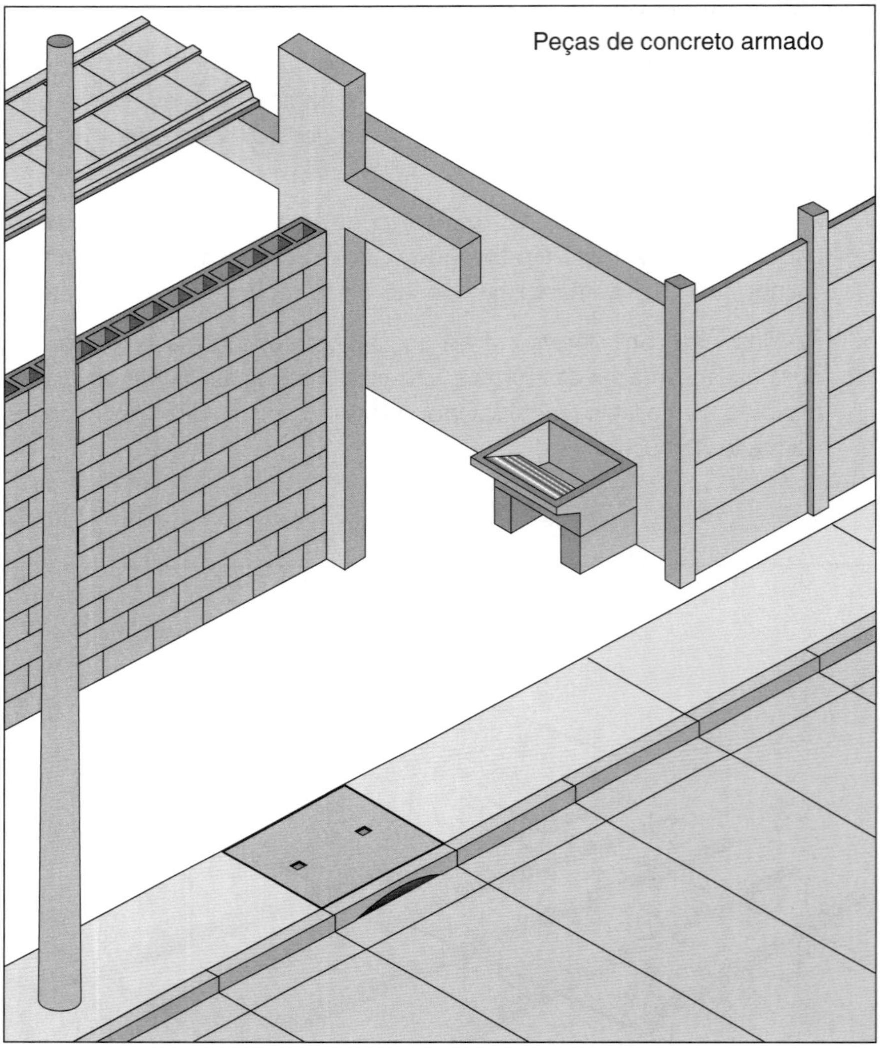

Fissuras

As estruturas de concreto armado podem fissurar na parte tracionada do concreto e aí deve haver uma armadura de aço para resistir. As fissuras aceitáveis são no limite da percepção visual humana, ou seja, algo próximo de 0,2 mm.

Tanto no pilar como na viga, a presença da armadura de aço é uma garantia necessária, pois a tração é suportada pela ferragem.

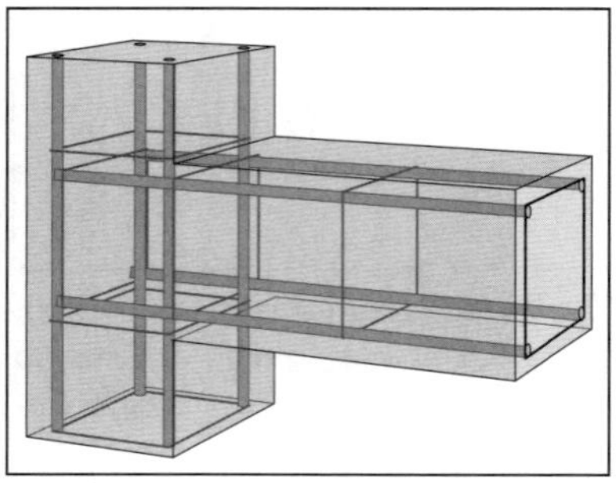

9

Entenda os termos, os símbolos e as unidades

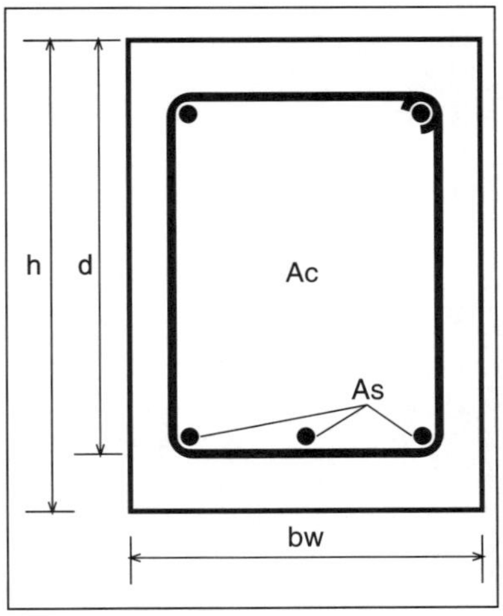

Para poder acompanhar o texto, é necessário entender os termos:

fck — resistência média estatística do concreto – f vem do inglês, c é indicativo do concreto e k indica valor médio característico (estatístico);

fyk — resistência média do aço à tração e à compressão;

s — é aço e vem do inglês *steel*;

As — área de aço (armadura);

Ac — área de concreto;

b — em geral, largura;

h — em geral, altura total;

d — em geral, altura útil;

bw — largura da viga;

γc — coeficiente de minoração da resistência do concreto;

γ_s — coeficiente de minoração da resistência do aço;

MPa — megapascal – unidade de pressão (tensão) equivalente a cerca de 10 kgf/cm^2. Um exemplo de resistência média do concreto é 25 MPa, que é quase igual a 250 kgf/cm^2;

kgf/m^2 — unidade de carga (peso por área). Exemplo – por norma, a carga acidental em uma sala de uso humano é de 200 kgf/m^2;

N — unidade de força Newton e vale aproximadamente 0,1 kgf.

Por razões práticas usam-se para medidas lineares:

mm — para diâmetro de aço;

cm — para medidas de peças de concreto e pequenas distâncias;

m — para medidas lineares de médio valor, como medida de distância entre cômodos (largura de quartos, comprimentos de salas, pé-direito de salões etc).

10

Os vários tipos de aço e o concreto armado: a Tabela-Mãe Métrica

O concreto armado usa barras de aço (liga de ferro com baixo teor de carbono) em:

- locais onde existe tração e o concreto não resiste;
- na periferia de pilares, reduzindo a seção do mesmo. Os pilares trabalham à compressão e então não precisaríamos usar armadura, mas a norma manda colocar um mínimo de aço;
- em estribos que amarram a estrutura e ajudam a deixar os aços longitudinais na posição desejada;
- eventualmente, em outras posições, como as vigas duplamente armadas, reforçando a viga.

Existem, no mercado brasileiro de aço, aços dos tipos:

Tipo de aço (classe)	Resistência média estatística fyk Vale para tração e compressão	Resistência média estatística dividida pelo coeficiente de segurança 1,15 fyk/1,15
CA25 só da categoria A (superfície lisa)	2.500 kgf/cm^2	2.170 kgf/cm^2
CA50 só da categoria A (superfície rugosa)	5.000 kgf/cm^2	4.350 kgf/cm^2
CA60 só da categoria B (superfície rugosa)	6.000 kgf/cm^2	5.220 kgf/cm^2

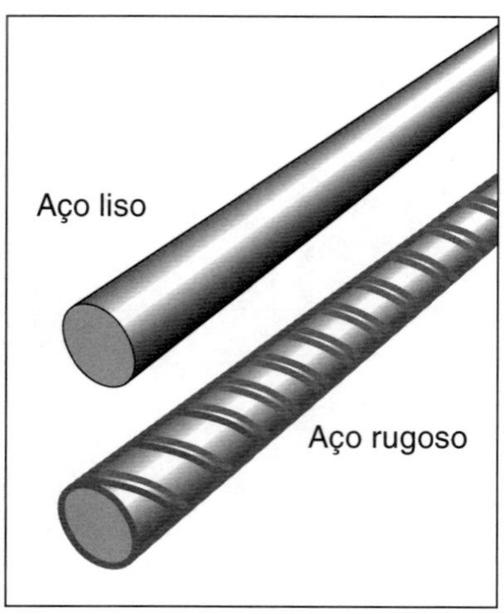

Antigamente, existia o aço CA50 B, hoje fora da norma. Não usar esse aço exatamente por estar fora de norma, embora ainda seja fabricado por algumas laminadoras.

As bitolas comerciais mais comuns das barras de aço em milímetros e sua correspondência em polegadas são:

mm (diâmetro)	5	6,3	8	10	12,5	16	20	22,2	25
" (polegada)	3/16	1/4	5/16	3/8	1/2	5/8	3/4	7/8	1

A barra de diâmetro 5 mm só é usada para estribos e só existe na categoria CA60.

Para aço de armadura principal de lajes, vigas e pilares, o diâmetro mínimo da norma é de 6,3 mm.

Para pilares, o diâmetro mínimo do aço longitudinal é de 10 mm (item 18.4.2.1 da NBR 6118).

A norma fixa critérios de uso dos vários diâmetros.

O aço CA25 tem superfície lisa e é usado só em pequenas obras, embora possa ser usado em qualquer obra.

Os aços CA50 e CA60 têm superfície rugosa ver item 8.3.2 da NBR 6118.

As barras de aço são fornecidas ou em barras de 11 metros de comprimento ou em rolos.(*)

O aço categoria A permite seu corte por fogo e para o da categoria B não se recomenda essa prática.

Usa-se nas obras, para amarrar barras, o arame, que é um tipo de aço. O arame mais usado é o n. 18. Disse-nos um velho construtor: "O arame é o produto mais democrático da obra. Usa-se para tudo e nunca sobra".

Para melhorar a aderência das barras tracionadas, pode-se dobrar a extremidade das barras. Surgem os ganchos. Há uma tendência atual de não usar ganchos nas barras tracionadas, embora permitido pela norma. A norma não permite ganchos em barras comprimidas.

Vamos entender, num exercício numérico, a resistência dos aços.

Seja uma carga vai ser levantada por barras de aço de concreto armado. a carga é de 8.300 kgf. Admitamos que usaremos o aço CA50 e com o diâmetro de 10 mm. Quantas barras teremos de usar?

Como vamos usar o aço CA50 barra de 10 mm de diâmetro, esta tem uma superfície de 0,8 cm^2. O aço CA50 resiste a uma carga de 4.350 kgf/cm^2.

Admitindo um coeficiente de segurança na carga de 1,5, a carga de dimensionamento vira 8.300 × 1,5 = 12.450 kgf.

A área necessária de resistência é de 12.450/4.350 = 3 cm^2

Como a barra de 10 mm tem área de 0,8 cm^2, precisamos usar quatro barras.

(*) Barras com diâmetro de até 10 mm são cortadas no canteiro da obra, com tesouras manuais. Barras com diâmetros maiores são cortadas com máquinas movidas à eletricidade (2 CV).

A Tabela-Mãe a seguir já dá os valores de áreas em função do diâmetro e número de barras.

Tabela-Mãe Métrica

Pelo seu uso intenso, chamamos a tabela a seguir de Tabela-Mãe. Ela indica os diâmetros das barras de aço em milímetros e mostra a antiga correspondência com a expressão da bitola em medidas americanas com o uso da expressão em polegadas.

TABELA-MÃE MÉTRICA

Diâmetro	Diâmetro		Seção transversal das barras, cm^2 Quantidade de fios ou barras						
	Fios (mm)	Barras (mm)	1	2	3	4	5	6	7
3/16"	5,0	5,0	0,20	0,40	0,60	0,80	1,00	1,20	1,40
1/4"	6,3	6,3	0,315	0,63	0,945	1,26	1,575	1,89	2,205
5/16"	8,0	8,0	0,50	1,00	1,50	2,00	2,50	3,00	3,50
3/8"	10,0	10,0	0,80	1,60	2,40	3,20	4,00	4,80	5,60
1/2"	-	12,5	1,25	2,50	3,75	5,00	6,25	7,50	8,75
5/8"	-	16,0	2,00	4,00	6,00	8,00	10,00	12,00	14,00
3/4"	-	20,0	3,15	6,30	9,45	12,60	15,75	18,90	22,05
7/8"	-	22,2	3,88	7,76	11,64	15,52	19,40	23,28	27,16
1"	-	25,0	5,00	10,00	15,00	20,00	25,00	30,00	35,00

Medidas usuais das bitolas (diâmetros) do aço para construção. Desenhos ao lado em tamanho natural.

Área da barra:

$$A_S = \frac{\pi d^2}{4}$$

$$\pi = 3,14$$

Exemplo de uso:

3 barrras de Ø 10 mm, tem uma área total de 2,40 cm^2.

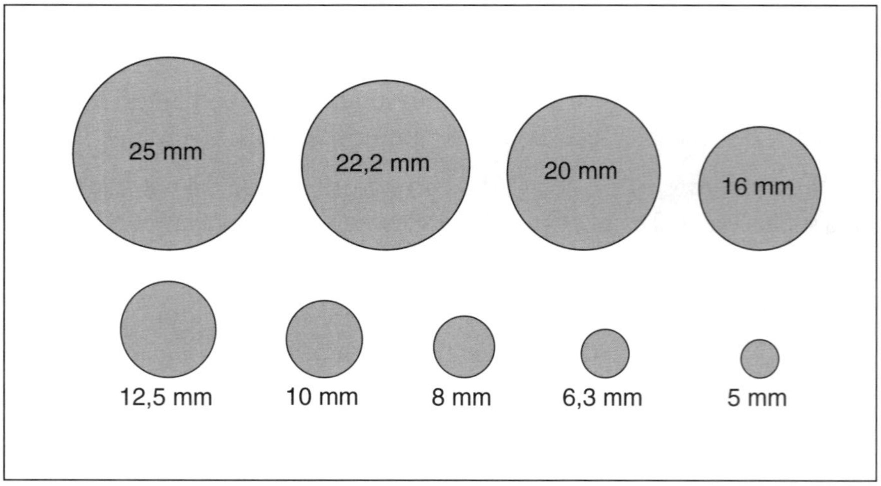

Nomes de profissionais e de ferramentas

Quem cuida numa obra das armaduras é o armador.

A ferramenta que dobra o aço é a chave de dobrar, uma para cada diâmetro, e para diâmetros maiores das barras, usa-se um braço, aumentando o momento de dobragem.

A ferramenta que dobra o arame n. 18 é o torquês.

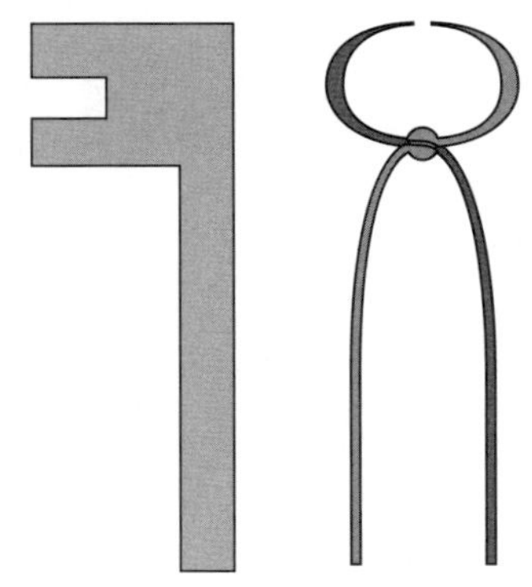

Chave de dobrar barra de aço — Torquês para dobrar arame 18

Engano em medidas

Depoimento sobre o relacionamento do Arquiteto Rogério Campos Magalhães com um excelente armador que entendia e insistia que duas barras de ∅ 10 mm perfaziam uma área de ∅ 20 mm.

A única maneira de mostrar ao armador o erro de cálculo que cometia, foi o uso de um desenho feito pelo arquiteto.

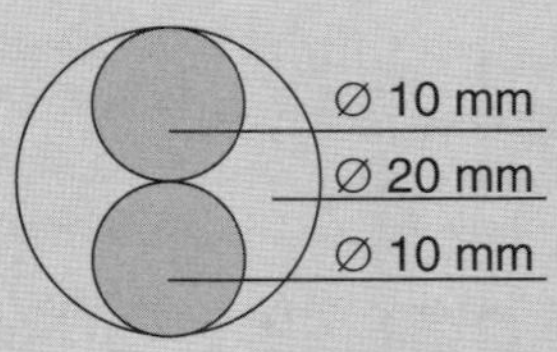

Com esse desenho, o armador (dos bons) passou a entender que a área de 1 ∅ 20 mm é maior que a soma das áreas de 2 ∅ 10 mm.

NOTA:

Pesos das barras de aço por metro								
∅ (mm)	5,00	6,3	8,0	10,0	12,5	16,00	20,0	25,0
kgf/m	0,16	0,25	0,40	0,63	1,00	1,60	2,5	4,0

11

Patologias de um prédio abandonado de concreto armado

O prédio abandonado, mostrado nas fotos a seguir, teve vários problemas na colocação de sua armadura, quando da sua concretagem, faz mais de vinte anos.

É visível que não foi usada a proteção da armadura, afastando-a da forma. O certo teria sido colocar espaçadores. Não tendo sido tomado esse cuidado, as armadura de lajes, vigas e pilares ficaram expostas e sofreram oxidação. Também a armadura foi mal amarrada e, com isso, alguns estribos de uma viga perderam sua verticalidade, diminuindo assim sua eficiência no grampeamento da viga.

Concreto péssimo – falta cobrimento da armadura com o concreto.

Informações sobre duas patologias típicas (muito comuns). Correções sugeridas:

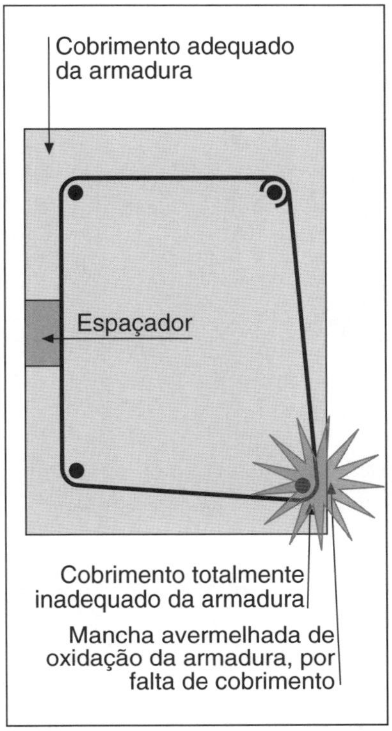

1) Mancha vermelha amarronzada no concreto

   Seguramente, a armadura ficou exposta muito próxima da atmosfera (cobrimento insuficiente) e a umidade do ar atacou a armadura, que tende, então, a se oxidar (enferrujar), e, com isso, pode se expandir e acelerar o processo de oxidação.

   Correção – é como a obturação de um dente. Limpar o local e adjacências, colocar a armadura para dentro e encher o espaço livre com argamassa rica (cimento + areia + água).

2) Bicheira, ou seja, buracos no concreto, onde as pedras chegam a ficar visíveis

   As causas podem ser:

   - deficiência de vibração, e, com isso, o concreto não conseguiu alcançar o espaço a ele designado;
   - as pedras do concreto são maiores que o espaço entre as barras ou entre uma barra e a forma;
   - lançamento do concreto com muita agitação, segregando (separando) a argamassa das pedras.

   Correção em qualquer caso – fazer o mesmo do caso 1. Se houver muitas bicheiras, consultar um especialista.

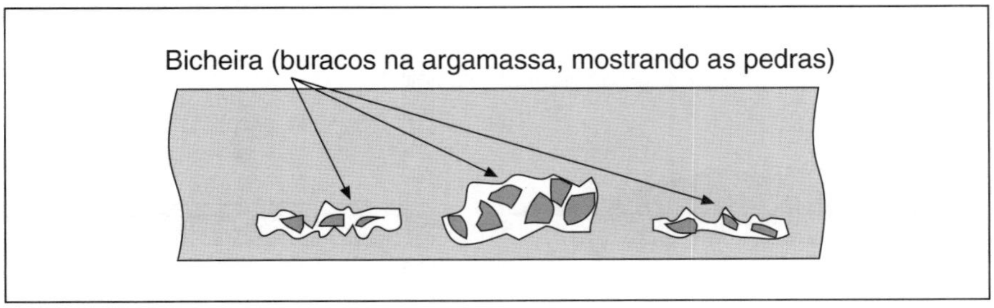

Cuidado com o pé dos pilares

A concretagem dos pés dos pilares pode causar bicheiras, pois sendo o concreto lançado do alto, a argamassa do concreto vai ficando presa nas formas e nas armaduras, e as pedras caem sem argamassa no pé dos pilares.

Para contornar isso, podemos adotar técnicas como funil de alimentação ou produzir argamassa adicional e lançá-la antes da concretagem, e essa argamassa irá esperar pela pedras sem argamassa, voltando a se ter um concreto bastante homogêneo, mesmo no pé dos pilares.

12

As alternativas de estruturação no mundo do concreto armado

Seja uma casa assobrada ou um prédio de apartamentos ou de escritórios. Existem muitas maneiras de se fazer a estrutura desses prédios. Admitamos que usaremos estrutura de concreto armado. Vejamos, com o uso desse material, as formas de estruturação possíveis.

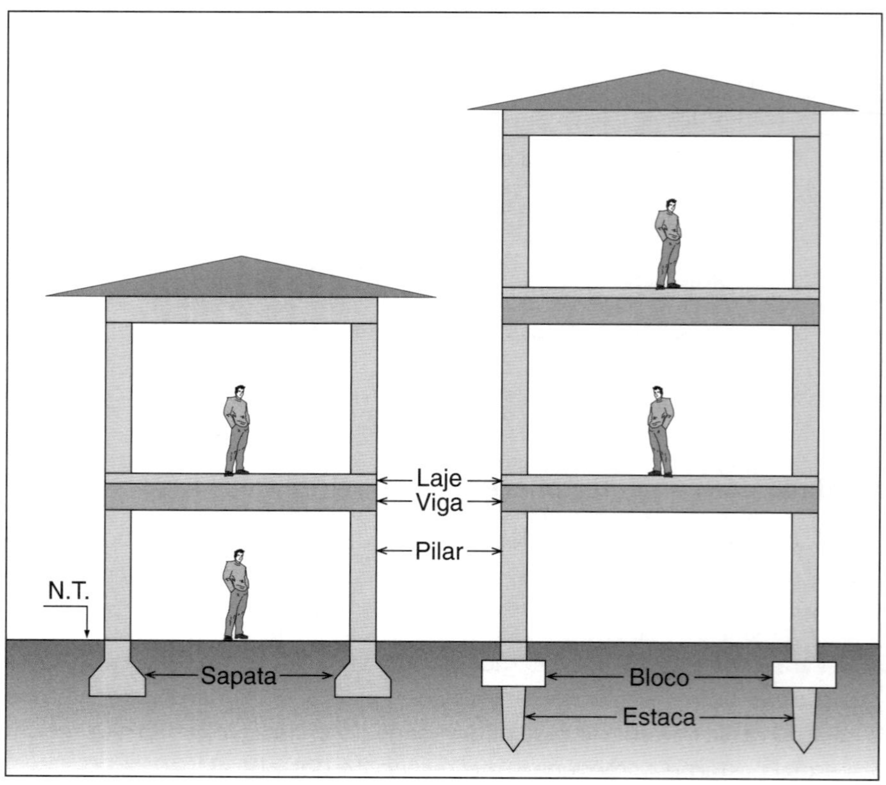

Normalmente:

- usaremos lajes para cobrir vãos e para poder usar o espaço superior a elas. É a evolução dos antigos pisos de madeira de sobrados ou castelos;
- usaremos vigas se for o caso, para as lajes nelas se apoiarem;
- usaremos pilares para receber a carga das vigas;
- usaremos alvenaria para fechar ambientes.

O conjunto laje, viga e pilar pode ser chamado de **Trindade de Ouro** das estruturas de concreto armado.

Todavia, há várias outras alternativas de estruturação. Vejamos as possibilidades de uso desses elementos estruturais.

Alternativa A – Estrutura convencional de concreto armado

É o tipo muito comum das estruturas de uso humano.

Na estrutura convencional de concreto armado usamos lajes de concreto armado recebendo as cargas de pessoas, móveis, cortinas, bibliotecas etc., e essas lajes se apoiarão em vigas de concreto armado. As lajes levarão o seu próprio peso e essas cargas para as vigas.

As vigas se apoiarão em pilares tanto na sua extremidade como em pontos médios. O peso transmitido pelas lajes e o peso próprio das vigas serão transferidos aos pilares.

Os pilares serão de concreto armado e descansarão em alicerces e fundações no solo.

Nesse tipo de obra, a alvenaria não tem função estrutural, e ela pode:

- ser construída durante ou depois da estrutura de concreto armado pronta;
- ser retirada parcialmente ou toda, durante toda a vida do prédio.

ALTERNATIVA A

Uma simples análise permite dizer que a alvenaria não é estrutural. A estrutura dos andares de cima mostra que a alvenaria não é estrutural.

Este prédio usa a Alternativa A de estruturação.

Alternativa B – Estrutura semiportante de concreto armado

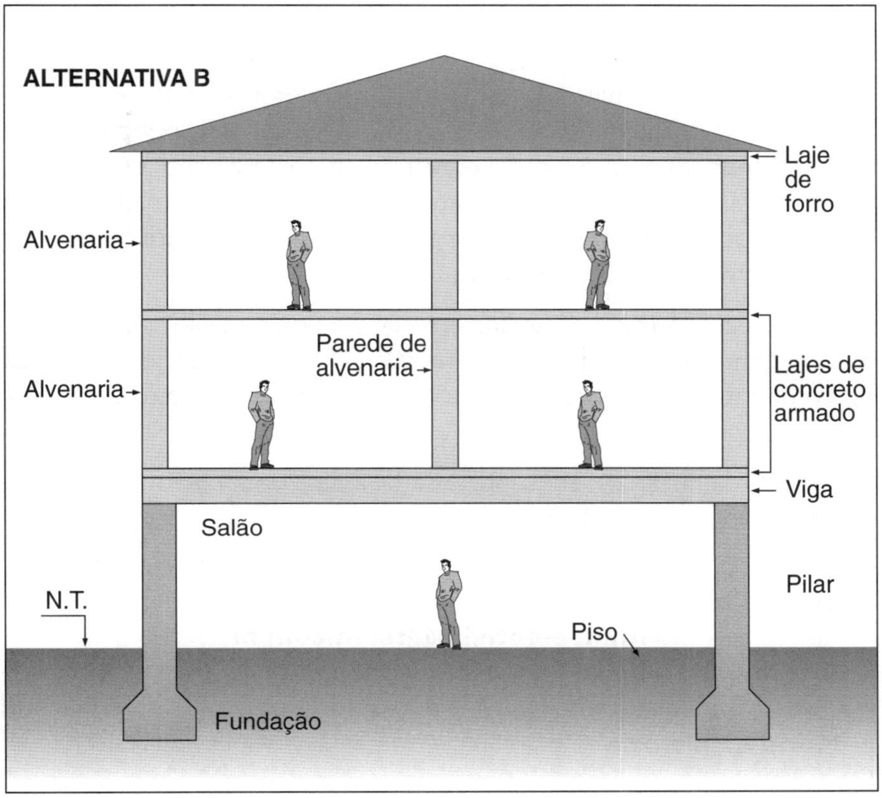

Estrutura muito usada em edificações de uso misto – humano e comercial.

O uso de lajes é o padrão.

Só que nesta alternativa as lajes não se apoiam em vigas e sim diretamente nas alvenarias.

Estas alvenarias passam a se chamar de alvenarias portantes e não devem, em hipótese nenhuma, serem retiradas.

Esse apoio das lajes nas alvenarias é válido nos andares superiores.

No andar térreo costuma-se criar vigas para eliminar paredes e assim criamos grandes vãos (suportados pelas vigas), e com isso temos salões de uso geral e comercial.

Crítica de um arquiteto a um projeto estrutural:

- Uma bela casa assobradada (dois pavimentos), com um belo projeto estrutural (uns 300 m^2 de área construída) foi realizada. Lamentavelmente, o arquiteto não foi contratado para acompanhar o projeto estrutural. O projetista da estrutura optou pelo uso da alternativa B, ou seja, as lajes do piso do andar superior descansam em cima de alvenarias. A casa tem poucas vigas e nenhum pilar. Assim foi construída e o infeliz proprietário dessa bela casa, ao tentar fazer uma modificação, foi informado que não poderia mexer em nenhuma parede. Mexer em paredes poderia significar trincas ou ruínas.

O arquiteto foi então chamado e, ao saber que a casa não tinha estrutura independente de concreto armado, mostrou o erro ao proprietário de não tê-lo contratado para acompanhar toda a construção da mesma, incluso aí o acompanhamento do projeto estrutural.

Moral da história – enquanto essa bela casa existir, não poderão ser feitas mudanças na sua disposição interna.

Qual a opinião do leitor? Casa de rico que não pode derrubar paredes? Se quiser opinar, favor mandar sua opinião para:

manoelbotelho@terra.com.br

Moral da história

Arquitetos devem conhecer projetos estruturais, e os proprietários devem procurar os serviços profissionais de arquitetos para uma integração de esforços entre todos os participantes.

Alternativa C – Estrutura com alvenaria portante

O prédio tem lajes e estas se apoiam nas alvenarias, e em todo o prédio não há vigas nem pilares. O andar térreo é igual ao andar tipo.

Paredes não devem ser eliminadas, sob o risco de haver danos e ruínas ao prédio.

Esse tipo de construção é muito comum em prédios para populações de baixa renda.

É parede sobre parede ao longo de todo o prédio.

Certos palácios tinham essa característica: paredes de pedra e pisos de madeira, sem lajes de concreto armado, sem vigas de concreto armado e sem pilares.

Esse é caso do Palácio do Catete, no Rio de Janeiro, edifício moradia do Presidente da República, até a inauguração de Brasília.

ALTERNATIVA C

Prédio de estrutura de concreto unicamente para laje. O resto quem responde e garante é a alvenaria.

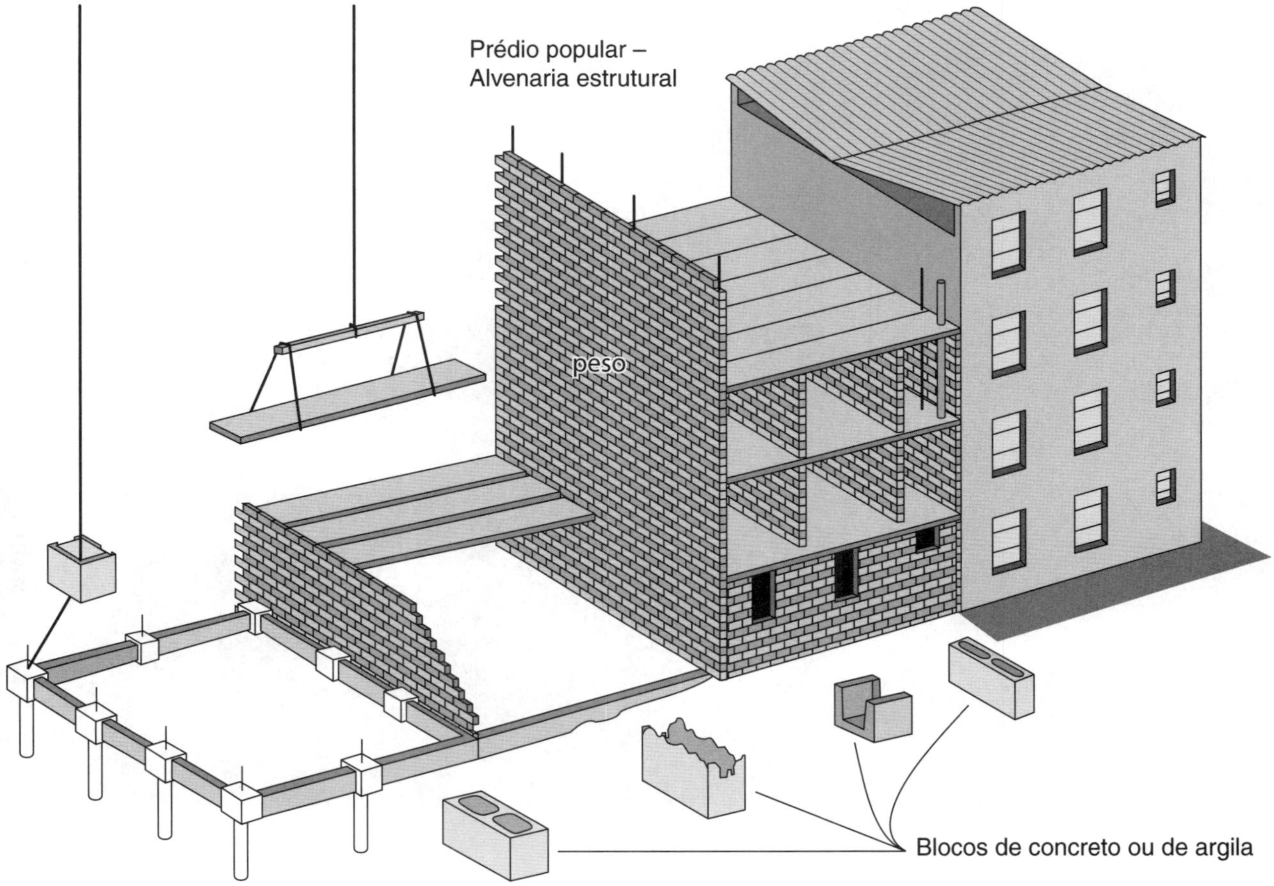

Ver o rigor do andar tipo, do mais alto ao mais baixo. Está sendo usada uma laje totalmente pré-fabricada. O prédio não tem vigas (as alvenarias recebem as cargas dos pilares). As paredes levam a carga ao solo; também não há pilar.

Nesse tipo de estrutura, em hipótese alguma, podem ser retiradas paredes ou fazer buracos nelas.

Nota curiosa:

Andar tipo – Para facilitar a produção em série de unidades, seja de apartamentos, seja de escritórios, foi adotada, faz mais de 80 anos, a ideia do "andar tipo", ou seja, a arquitetura da maioria dos andares se repete. Por vezes, só o andar térreo é que difere dos outros, pois tem um uso diferente dos demais.

No Largo do Arouche, em São Paulo, há um prédio misterioso. São seis andares sem andar tipo, ou seja, nenhum andar se repete. O prédio é dos anos 1920 e é tombado pelo Patrimônio Histórico e Artístico pela sua beleza e qualidade construtiva. O fato de não ter andar tipo nada tem a ver com seu tombamento.

Curiosidade arquitetônica estrutural

Prédio no Largo do Arouche, São Paulo, SP. São seis pavimentos, todos diferentes entre si. Não há o uso do andar tipo. É um fenômeno arquitetônico estrutural.

Esse prédio está tombado pelo Patrimônio Histórico e Cultural, pela sua beleza e estado de conservação. É dos anos 20, do século XX.

Face à variação de andar por andar, de posição de paredes, concluímos que este prédio usou a alternativa A de estruturação.

Prédio em construção parada

Notar que a alvenaria não foi totalmente colocada.

A estrutura é composta por lajes, vigas e pilares. O projetista gostava de mãos-francesas e isso é perfeitamente aceitável. O uso de mãos-francesas, que são algo como pilares inclinados, vai buscar cargas fora do alinhamento frontal. Usando mãos-francesas não usamos marquises como apoio de varandas projetadas para fora do alinhamento da frente do prédio.

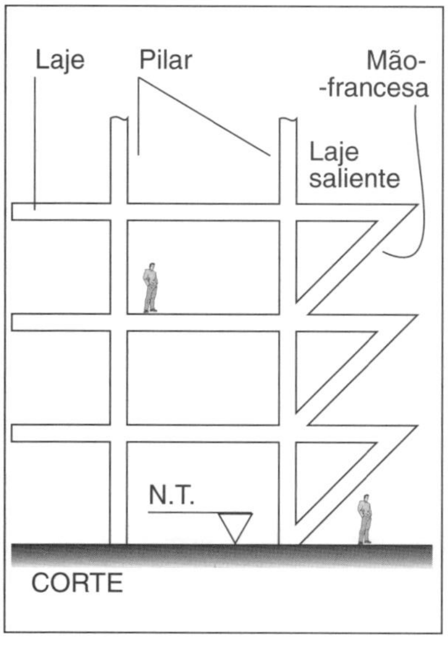

13

A estruturação de uma residência assobradada de concreto

Exemplo de uma estruturação

Contemos uma história hipotética. Recebemos uma residência para fazer o projeto estrutural de concreto armado (ver os desenhos de arquitetura a seguir).

Admitamos que já conversamos com o arquiteto e com o profissional de instalações. Valendo-nos dos desenhos feitos à mão livre pelo arquiteto (desejaria que todo engenheiro tivesse a técnica de desenho em perspectiva que têm os arquitetos), vamos lançar nossa estrutura (ante projeto de formas), abrangendo: lajes, vigas, pilares e escada.

Vamos usar a alternativa A de estruturação.

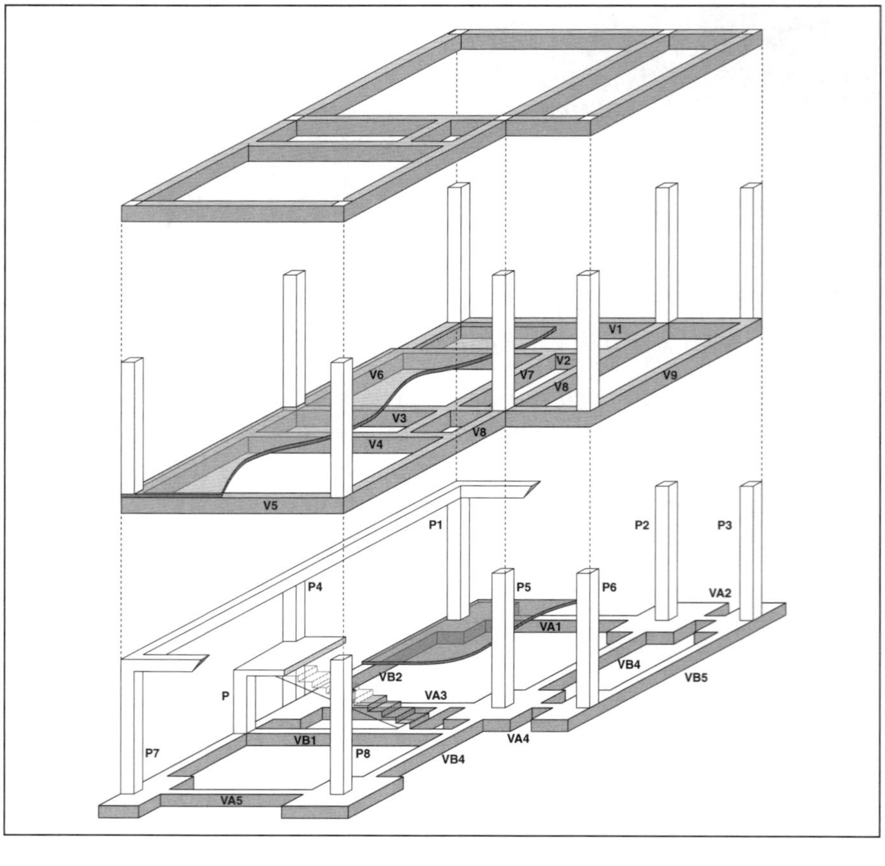

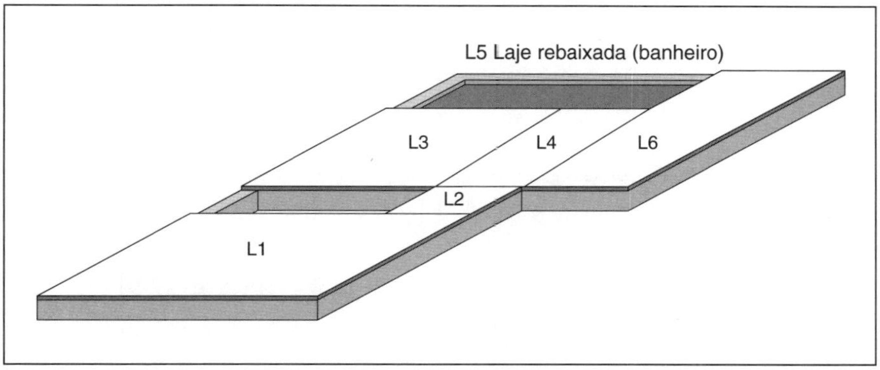

Lajes

Colocaremos lajes maciças correspondentes a cada ambiente de uso, com exceção do espaço reservado à escada. Dessa forma, teremos as lajes numeradas de 1 a 6.

As espessuras das lajes, nesta fase do pré-dimensionamento, foram admitidas com 8 cm, para todos os "paros", com exceção da laje L1 que será admitida com a espessura de 10 cm.

Note: a escolha de maior espessura não está ligada necessariamente à resistência, mas sim para evitar flecha (deformação) e combate à vibração.

A grande variável de limitação de flecha é a espessura da peça.

Vigas

Como critério geral, usaremos vigas em baixo de todas as paredes importantes. Notar que optamos não usar viga para suportar a parede de separação do *box* do chuveiro, do restante do banheiro, pois ela terá espessura (peso) reduzida. Admite-se que a laje L5 suportará essa carga. Avisar o arquiteto para projetar tal parede com essas características de espessura e peso reduzidos. Esse critério de não usar viga em baixo da parede do *box* é pessoal. Outro projetista poderia adotar outro critério.

A largura das vigas (base da viga = bw) foi adotada usando-se o critério dela ter a mesma espessura da parede que a contiver, para nada ficar saliente (recortado). Assim, as vigas das paredes internas terão 15 ou 12 cm (espessura de meio-tijolo + revestimento) e as vigas das paredes externas terão 20 ou 22 cm (espessura de um tijolo + revestimento).

A altura das vigas (altura = h) de cada tramo de viga varia em função do vão. Um critério muito utilizado é o de se adotar cerca de 10% do vão para a altura da viga (chamada de regra dos arquitetos).

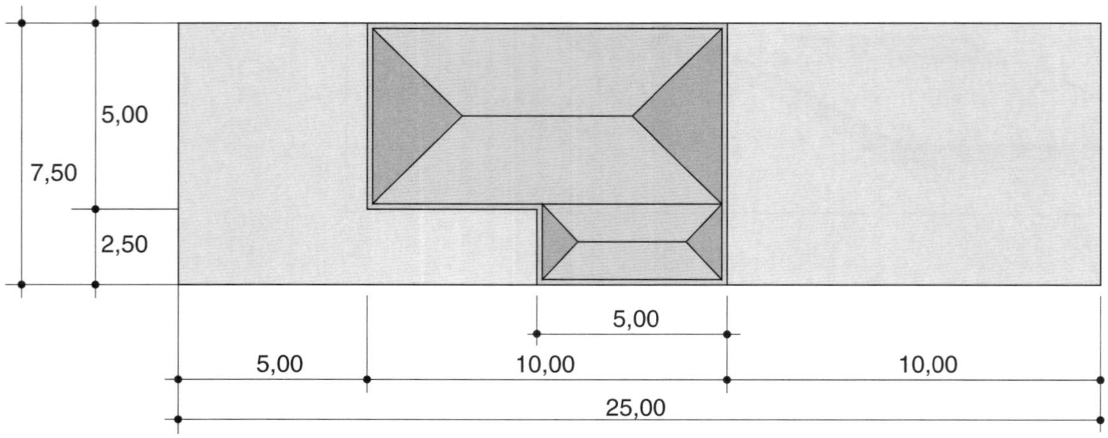

COBERTURA
esc 1:200

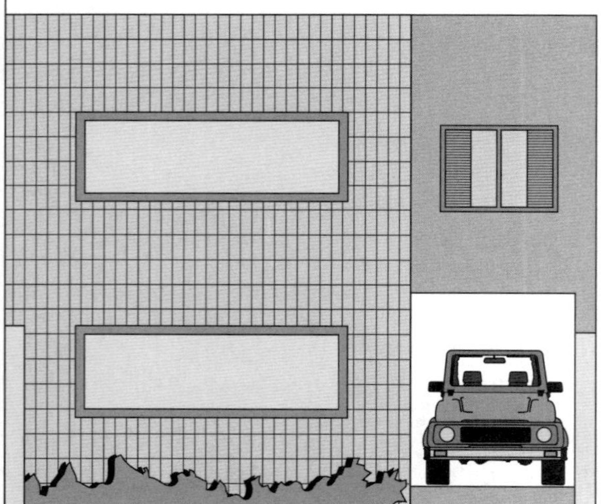

FACHADA
esc 1:100

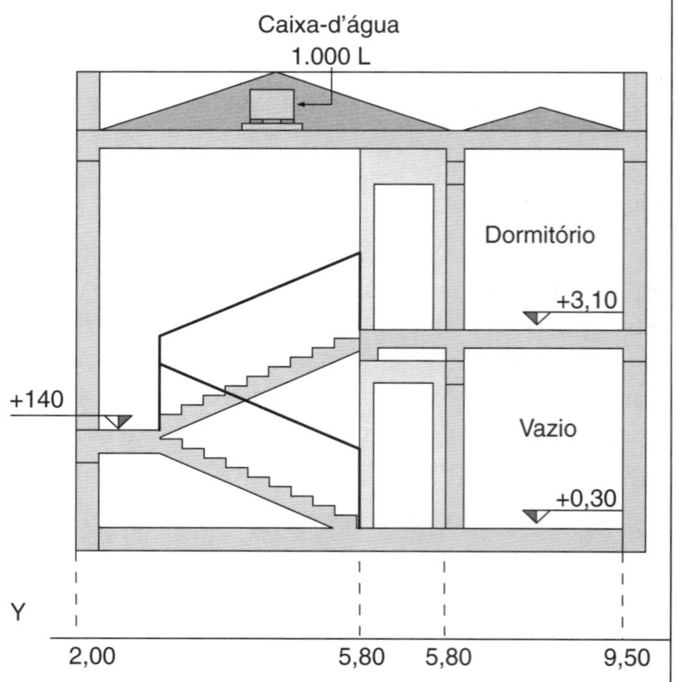

CORTE A - B
esc. 1:100

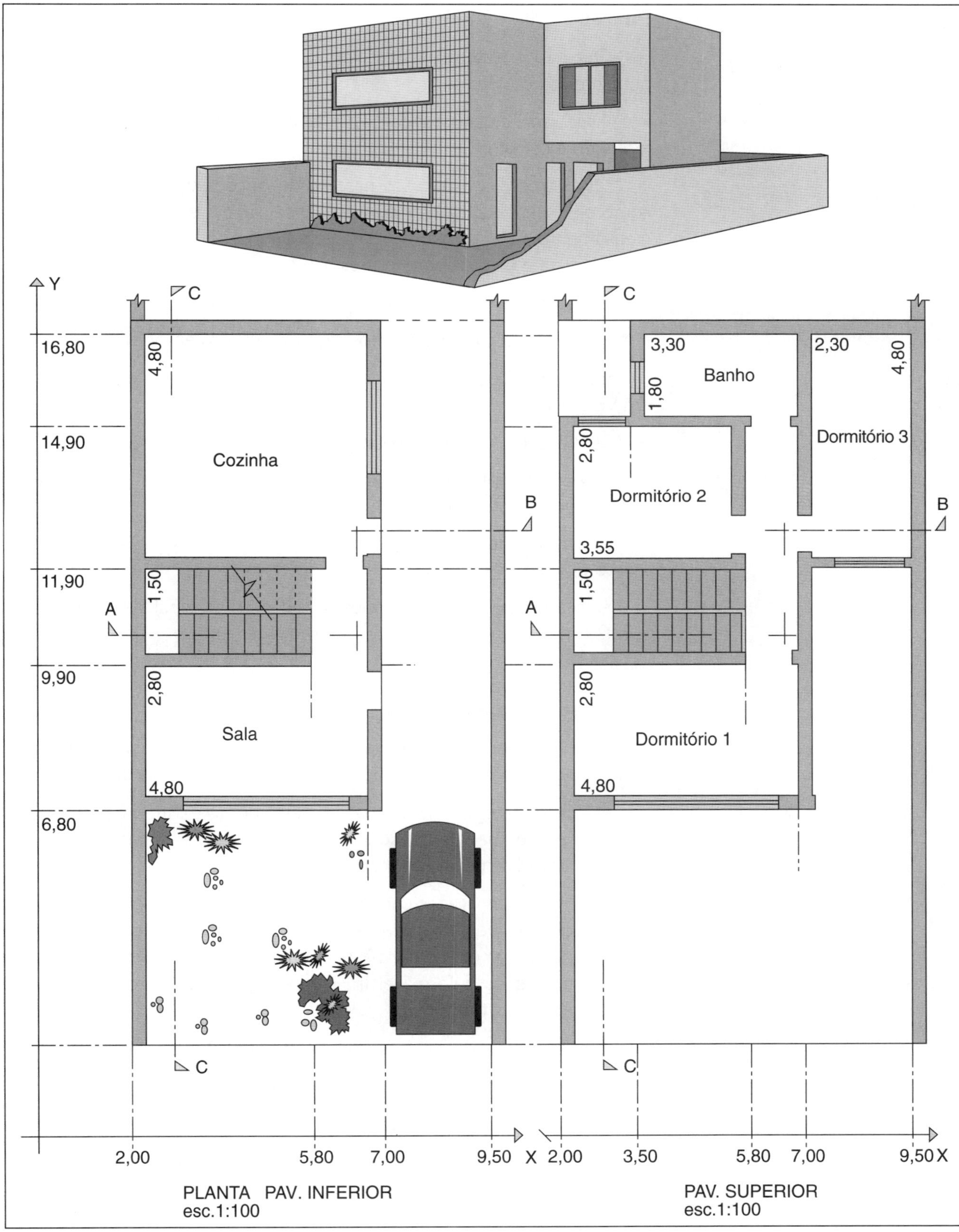
Y
C
16,80
14,90
11,90
9,90
6,80
4,80
Cozinha
1,50
2,80
Sala
A
B
3,30
2,30
Banho
1,80
Dormitório 3
Dormitório 2
3,55
Dormitório 1
2,00
3,50
5,80
7,00
9,50
X
PLANTA PAV. INFERIOR
esc.1:100
PAV. SUPERIOR
esc.1:100

Pilares

Questão estratégica e delicada. Colocaremos pilares em pontos importantes da estrutura.

Assim, serão obrigatórios os pilares P1, P3, P6, P7 e P8, "envolvendo e fechando a estrutura".

Os outros pilares criados nascem de opções do projetista, ou seja, como ele "sente" que a estrutura vai funcionar, e a estrutura vai funcionar, efetivamente, de alguma forma como ele a conceber. Assim, fica a liberdade do projetista em escolher os pilares não essenciais.

Expliquemos esses critérios.

P2 foi criado para não termos vãos exagerados em V1.

Idem P4 e P5 que foram criados para não ocorrerem vãos exagerados em V6 e V3.

Se P1, P3, P6, P7 e P8 são obrigatórios, P2, P4 e P5 são semiobrigatórios.

São pilares optativos, o pilar no encontro de V2 com V6 e o pilar no encontro de V4 com V6.

Face às baixas cargas que ocorrem em residências, o pré-dimensionamento dos pilares fica fácil.

Adotaremos, para todos eles, a seção transversal de concreto de 20 x 20 cm.

Quem se apoia em quem?

Definida a geometria das peças, cabe agora definir quem se apoia em quem, ou seja, temos que "avançar na arte de sentir as estruturas". Assim:

- Se duas vigas se encontram e nesse ponto existe um pilar, as vigas não se relacionam estruturalmente entre si e ambas descarregam individualmente suas cargas no pilar.
- Se as duas vigas se encontram e não há pilar nesse encontro, temos que estabelecer que se apoia em quem. O critério a considerar é que a viga mais deformável (menor inércia ou maior vão) se apoia na menos deformável (maior inércia ou menor vão). Em nosso exemplo, teremos:

  As extremidades de V7 se apoiam em V2 e em V4.

  As extremidades de V2 se apoiam em V6 e V8.

  V4 se apoia em V6 e V8.

  Resta definir se V7 se apoia em V3 ou se, ao contrário, V3 se apoia em V7.

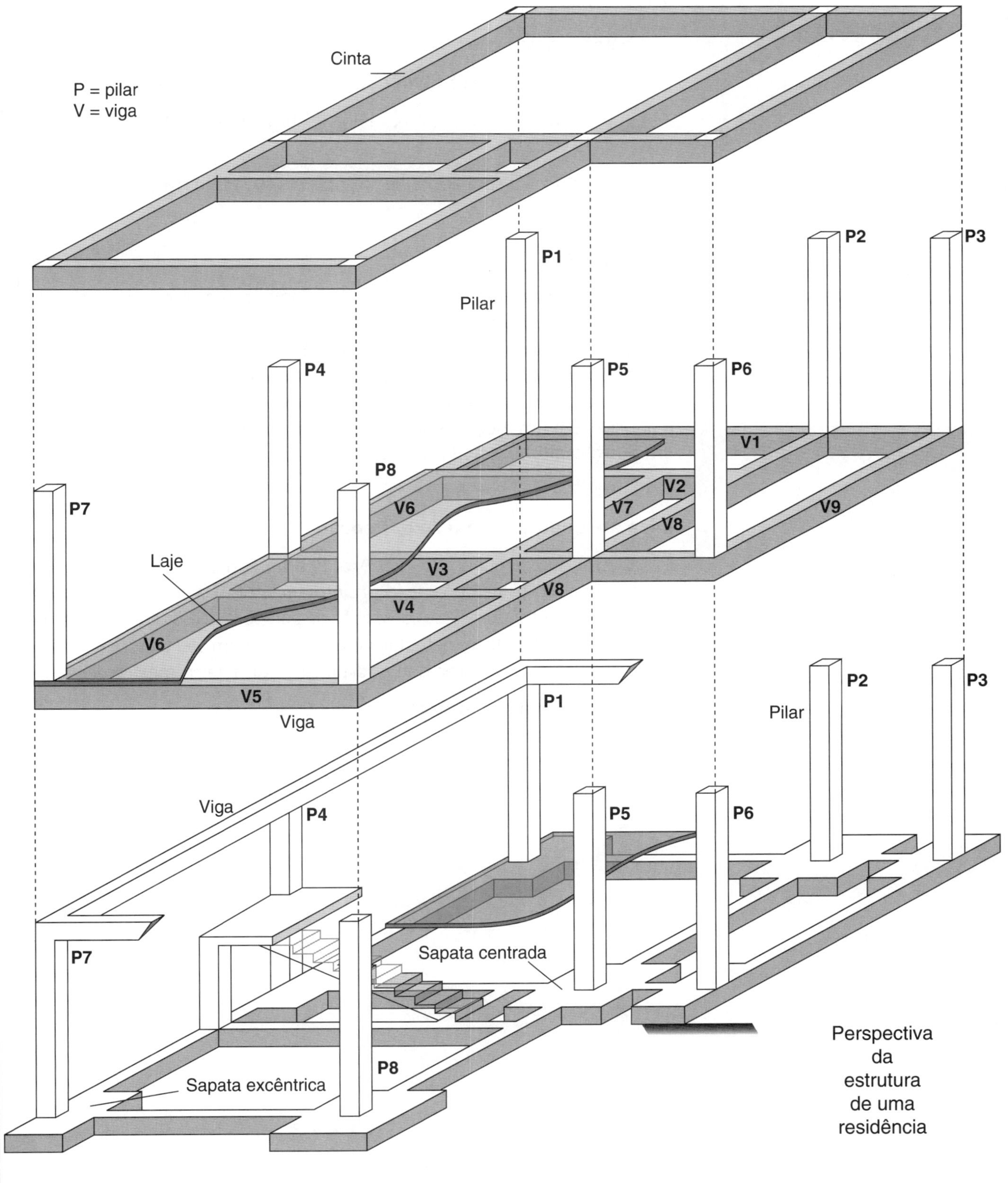

Perspectiva da estrutura de uma residência

A regra geral é que a peça mais deformável se apoie na menos deformável.

Vamos admitir que:

V7 tem vão de 5,00 m e seção de 12 x 30 cm.

V3 tem entre os pilares P4 e P5 um vão de 3,00 m e seção de 15 x 50 cm.

Então, V3 será apoio de V7, pois ela (V3) tem rigidez maior.

Nota curiosa:

Não se surpreenda, caro leitor. Em capítulo seguinte, essa casa aqui apresentada irá ruir parcialmente, face à obra nova em terreno ao lado. A causa foi essa obra e uma falha de fundação da casa. Neste capítulo que o leitor está lendo, o quarto lateral tem estrutura de concreto armado e é suportado por pilares. Na verdade, esse quarto foi construído sem pilares e apoiado em um muro divisório sem capacidade estrutural. Mais detalhes em outro capítulo deste livro. Não percam.

Dica aprendida com o Arq. Pedrão

Desde que remunerado(*), o Arq. Pedrão, em seus projetos arquitetônicos, quando estava pronto o projeto estrutural, fazia os desenhos de perspectiva da estrutura. Esses desenhos de perspectiva estrutural facilitavam enormemente o diálogo, detectavam problemas com a estrutura e melhoravam a vida do construtor, que podia melhor orientar o mestre de obras.

Pense nisso na sua próxima obra.

(*) Detalhe por vezes esquecido por alguns profissionais, lamentavelmente...

14

As normas e o concreto armado

Normas

No Brasil, quem regula as normas da boa técnica da arquitetura, engenharia e indústria é a Associação Brasileira de Normas Técnicas (entidade particular sem fins lucrativos). Essas normas, na falta de normas oficiais, são leis de acordo com o Código de Defesa do Consumidor (Lei federal n. 8078, art. 39, parte VII).

Antigamente, as normas usavam números de identificação da ABNT como NB-1, NB-5 etc. Hoje, com a existência do Inmetro, autarquia federal, após receber registro, as normas ganham o código NBR.

Para a edificação de prédios, temos as seguintes normas principais:

NBR 6118 – 2014(*) (antiga e famosa NB-1) – "Projeto e execução de obras de concreto armado". Engloba as normas de projeto de concreto simples, concreto armado e concreto protendido.

NBR 14931 "Execução de estruturas de concreto".

NBR 6120 "Cargas para o cálculo de estruturas de edificações".

NBR 6122 "Projeto e execução de fundações".

NBR 7190 "Projeto de estruturas de madeira".

NBR 8800 "Projeto e execução de estruturas de aço de edifícios".

NBR 7191 "Execução de desenhos para obra de concreto simples ou armado".

NBR 9607 "Provas de carga em estruturas de concreto armado e protendido".

NBR 7212 "Execução de concreto dosado em central – Procedimento".

NBR 15696 "Formas e escoramento para estruturas de concreto – Projeto e dimensionamento".

NBR 16280 "Reformas em edificações. Sistemas de gestão de reformas – Requisitos".

(*) A norma 6118 tem agora como data de emissão 2014, sem alteração de interesse para os limites deste livro.

Outras normas

NBR 5738 "Moldagem e cura de corpos de prova de concreto, cilíndricos ou prismáticos – Método de ensaio".

NBR 5739 "Ensaio de compressão de corpos de prova cilíndricos de concreto – Método de ensaio".

É de toda a conveniência o seguimento das normas. *Primeiro porque elas agregam enorme conhecimento e experiência.* Mas há um outro aspecto. Se um prédio é construído e não tem problemas, ninguém pergunta nada. Mas se esse prédio tem problemas, logo após sua conclusão, os prejudicados irão à procura de um culpado e este ou é o construtor ou o projetista. Coitado deles se não seguirem as normas.

Casos

1) No Rio de Janeiro, ruiu um prédio de apartamentos já habitado e aconteceram mortes. Acusada a construtora, esta acionou o projetista da estrutura, que, provou-se, tinha feito erro crasso no cálculo de pilares. Penalmente, a construtora e seu dono foram absolvidos e o projetista da estrutura foi penalizado. Civilmente (indenização), a construtora responde.

2) Um prédio bem calculado tinha uma leve transgressão às normas (o espaçamento da armadura da laje era muito pouco maior que o previsto pela norma brasileira de então). Esse era um erro documental, pois era facilmente detectável nos desenhos. Só que o prédio ficou com problemas, face sua péssima execução e isso não é tão fácil de documentar. O calculista de concreto foi judicialmente penalizado pela sua pequena discrepância da norma e para o construtor nada foi cobrado, mesmo porque o calculista da estrutura tinha sido contratado pelo dono da obra.

Notas:

1) Antes da norma NBR 6118/2007 havia uma norma para concreto armado, uma para concreto simples e outra para concreto protendido e havia recomendações nessas normas para detalhes de execução. A partir do ano 2003 houve uma mudança radical. As normas de projeto de concreto armado, concreto simples e protendido foram unificadas e foi emitida uma única norma para execução (obra) dos três tipos de estrutura de concreto.

2) O Jornal O Estado de São Paulo, de 30/11/2005, conta que um dos mais famosos arquitetos japoneses da atualidade fraudou em 21 projetos de prédios as normas japonesas antiterremotos. Face a isso, sete hotéis foram fechados. O arquiteto responde por processo criminal.

15

Cuidados na obra: produção ou compra de concreto, escoramento, formas, lançamento nas formas, vibração, cura, desforma e descimbramento(*)

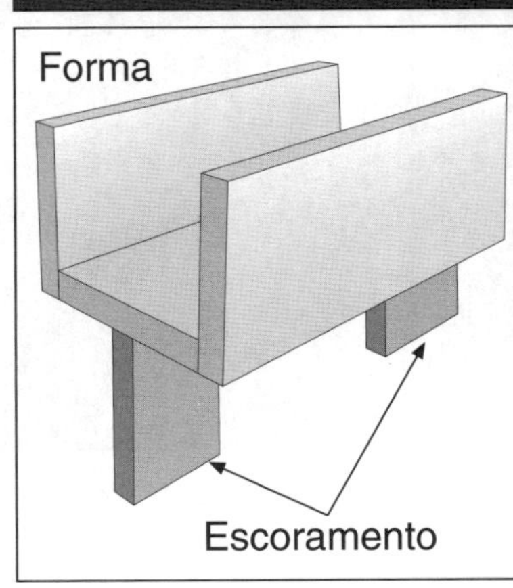

O concreto, como visto, é uma tentativa de fazer uma pedra artificial, com a vantagem enorme de ter a forma e dimensões que se queira.

Usa-se para isso:

- pedra, usualmente de dois tamanhos, para se ter uma mistura pétrea com o menor índice de vazios;
- areia, que ocupará os espaços entre as pedras;
- cimento, que é um material industrial. É a cola, que depois de molhada, começa a ganhar resistência;
- formas que dão forma e dimensões à mistura ainda plástica e que serão removidas depois. Normalmente, as formas são de madeira ou aço(**);
- escoramento, que dá estabilidade às formas.

Lançado o concreto nas formas, o mesmo deve ser vibrado para minimizar vazios, que diminuem a resistência do concreto. Logo depois, a superfície do concreto deve receber aguamento, para evitar a evaporação da água de mistura. É a cura. Uma das mais importantes características do concreto é sua resistência à compressão. Essa resistência chama-se fck e o seu valor mais comum hoje em dia é 20 MPa (200 kgf/cm^2).

Há vários tipos de cimento no mercado, e o mais comum é o CP 32. Outros podem ser usados.

Vários fatores influenciam o fck de um lote de concreto, mas os mais importantes são:

- teor de cimento por m^3 do concreto;
- relação água-cimento da mistura.

O cimento é o componente mais caro do concreto e há sempre o interesse econômico de usar o mínimo desse componente.

(*) Pela importância, este texto, de alguma maneira, está repetido neste livro.

(**) Para facilitar a retirada das formas e permitir o seu reúso, estas, antes de receberem o concreto, são revestidas internamente com uma aplicação de um desmoldante.

O uso de água na mistura auxilia a produção de um concreto mais plástico e mais trabalhável, e, portanto, é muito tentador colocar muita água no concreto, mas isso tem um enorme problema, pois reduz a resistência do concreto. Um adequado estudo da mistura produz:

- um concreto econômico;
- um concreto razoavelmente plástico e adequado para ser colocado nas formas, evitando a ocorrência de bicheiras (vazios),
- um concreto resistente (medido pelo fck).

Corpos de prova sendo preparados. O concreto é retirado em todas as etapas do trabalho.

Caminhões-betoneira trazem o concreto pronto da usina para a obra. O concreto vem nas proporções adequadas de pedra, cimento, areia e água.

Corpos de prova prontos para serem colocados em câmara úmida, onde permanecerão por 28 dias.

Análise das várias etapas da construção de um prédio (ver o desenho):

- Andar térreo – concretagem já feita há várias semanas. Já foram retirados para outro uso as formas e o escoramento.
- Primeiro andar – as formas já foram retiradas e um escoramento leve continua.
- Segundo andar – concreto recém-lançado – o concreto ainda está deformável e por isso as formas devem permanecer no seu lugar. As faces expostas do concreto devem ser mantidas úmidas pelo uso do borrifamento de água ou aplicação de lençol plástico que dificulta a evaporação da água de constituição do concreto.

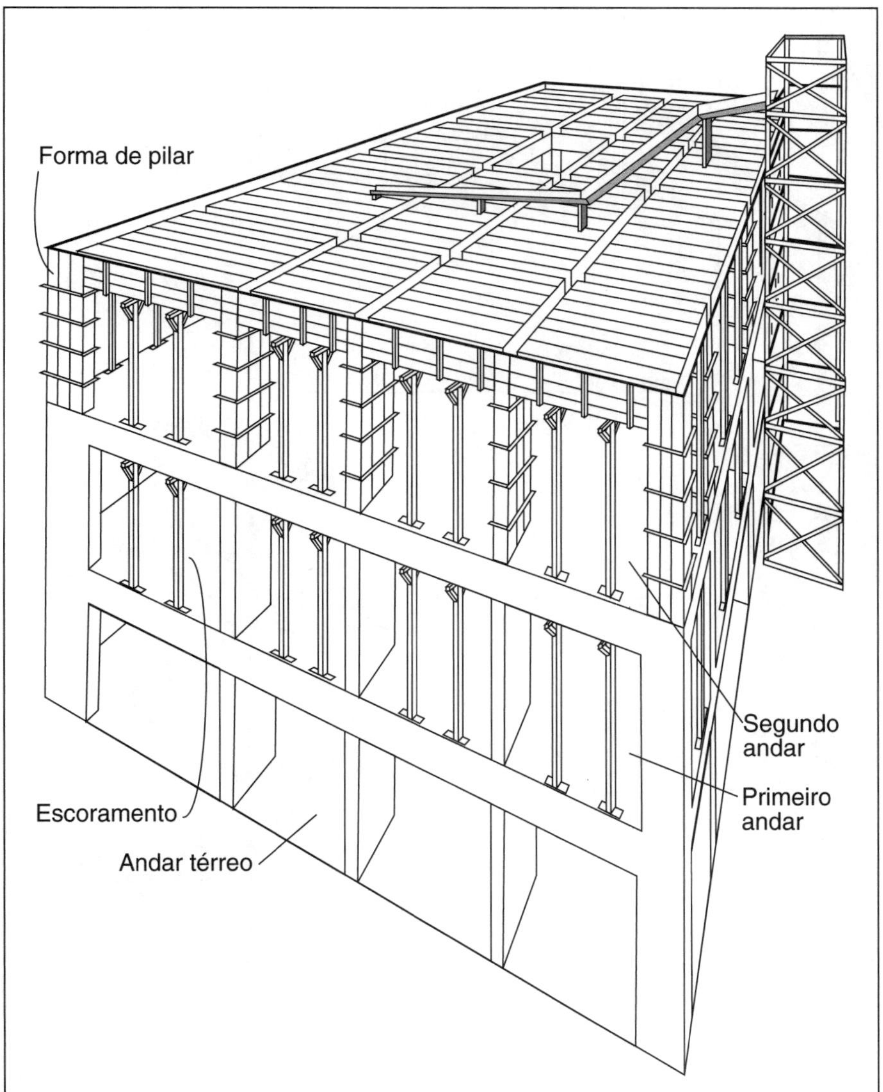

Estrutura de um prédio em construção. Parte da estrutura de concreto está pronta e sem escoramento. Parte da estrutura de concreto ainda tem escoramento e formas. Na parte superior, as formas estão prontas esperando o concreto ser lançado.

Perspectivas de formas

O custo das formas progressivamente vem ganhando importância na execução da estrutura.

Vejamos algumas soluções de formas.

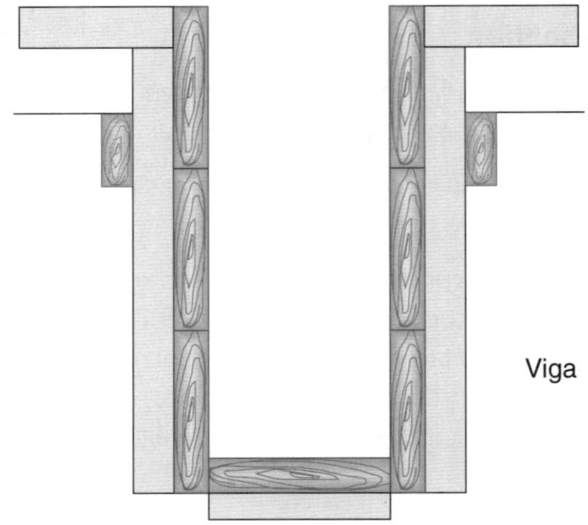

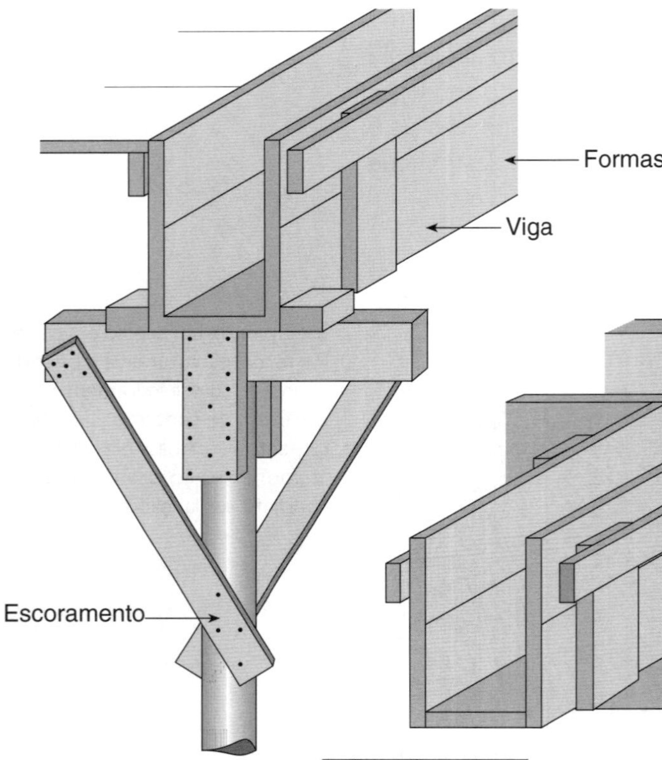

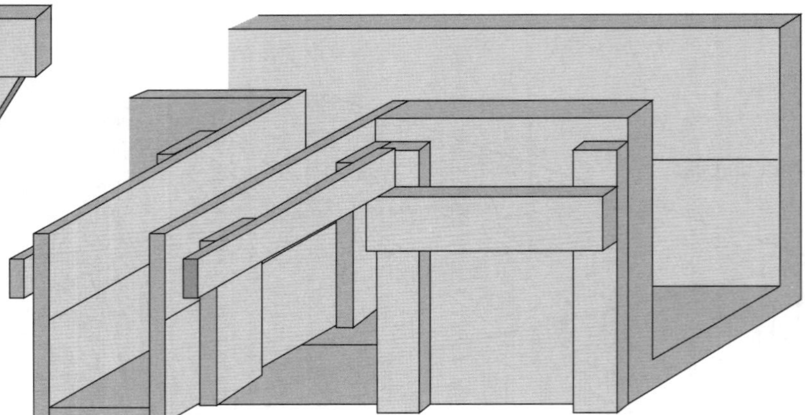

Vigas

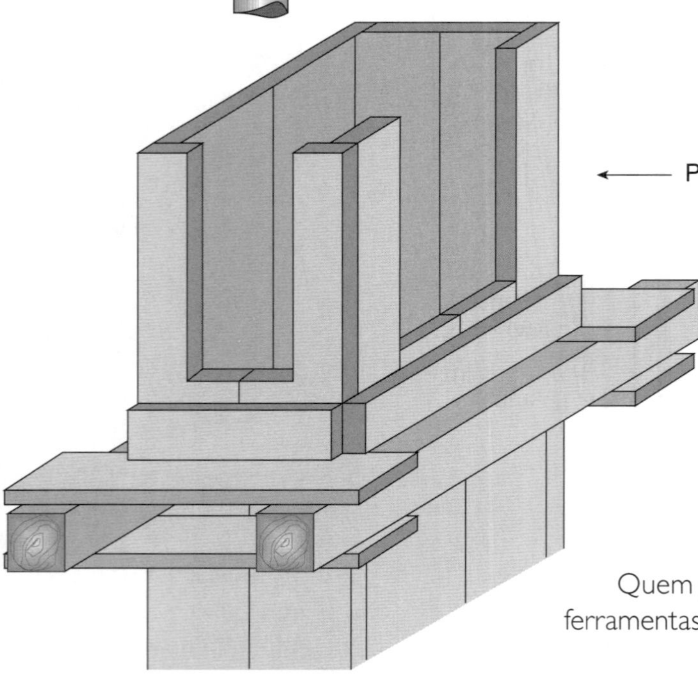

Pilares

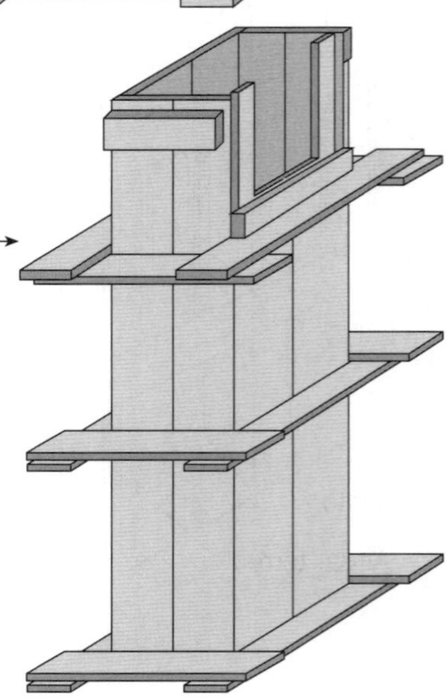

Quem produz as formas é o carpinteiro da obra e suas ferramentas são: pregos, martelo, esquadro, serrote e metro.

Flagrante de má amarração dos estribos da viga com a armadura longitudinal, face ao movimento de gente e ao impacto do lançamento do concreto. Alguns estribos de um viga inclinaram-se. Em outro local, a armadura de laje ficou exposta.

Nota:

Quando se produz concreto na obra, temos como objetivos:

- resistência à compressão – fck.
- trabalhabilidade do concreto, que pode ser medida pelo teste do abatimento do cone (*slump*). O abatimento mais comum é de 5 cm;
- durabilidade do concreto, fato difícil de medir; mas se controlarmos o teor de relação água-cimento, temos um útil parâmetro de previsão da futura qualidade do concreto quanto à sua durabilidade.

Se vamos comprar concreto usinado, tendência preponderante, então devemos exigir:

- fixação do volume a entregar, local, dia e hora;
- o fck do concreto a receber, por exemplo fck = 20 MPa;
- abatimento do cone do concreto. Concretos de igual resistência (fck); os de maior abatimento custam mais caros, pois usam mais cimento;
- pedir para a concreteira avisar e se responsabilizar por escrito quanto à relação água-cimento usada.

Corpo de prova sendo submetido a teste de compressão. Este procedimento é imprescindível para conferir a qualidade do concreto e, por conseguinte, a segurança da obra.

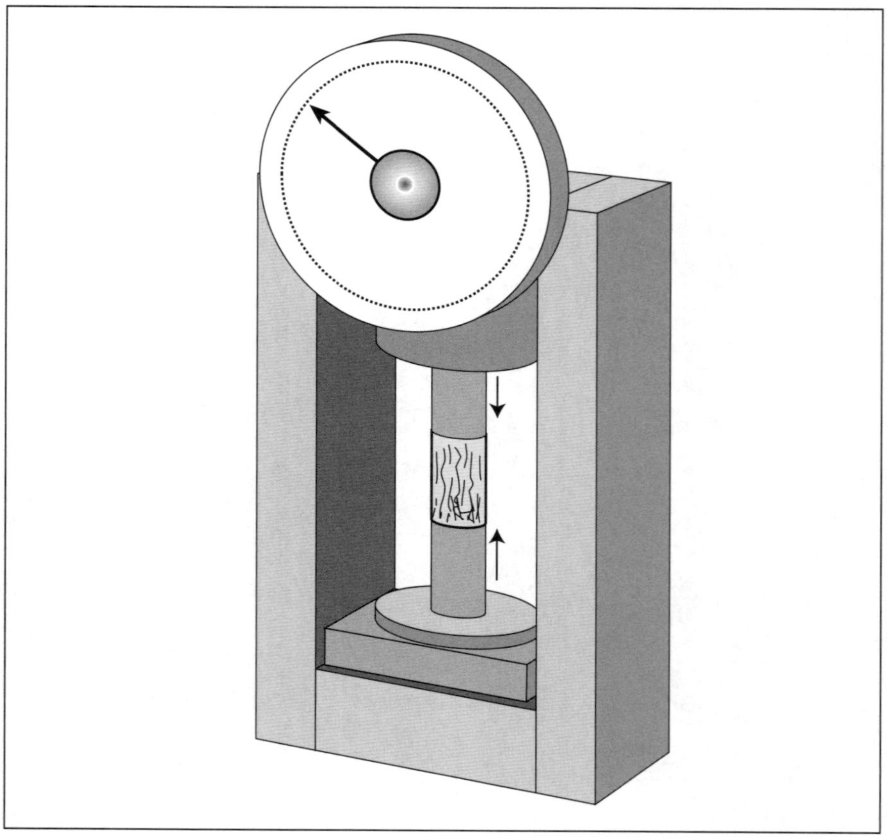

Corpos de prova recolhidos na obra em descanso de 28 dias para futuros testes de compressão.

16

As cargas que atuam nas edificações

A norma da ABNT que regula a previsão de cargas de projeto estrutural (NBR 6120) de edificações prevê que atuem as seguintes cargas (pesos) nas edificações:

Peso próprio da estrutura, ou seja, o peso de: lajes, alvenarias, vigas e pilares, além de escadas, caixa-d'água, revestimentos de piso, revestimento de impermeabilização etc. Nas estruturas de concreto armado, o *peso próprio* da estrutura é *muito importante*. Nas estruturas metálicas, essa *importância é bem menor.*

Carga acidental (nome infeliz) (também chamada de carga útil, sobrecarga etc.), correspondendo à carga que entra na edificação depois dela construída, como móveis, cortinas, utensílios e gente. A carga acidental ocorre sempre perpendicular às lajes (ver norma NBR 6120 ABNT), "Cargas para o cálculo de estruturas de edificações – Procedimento".

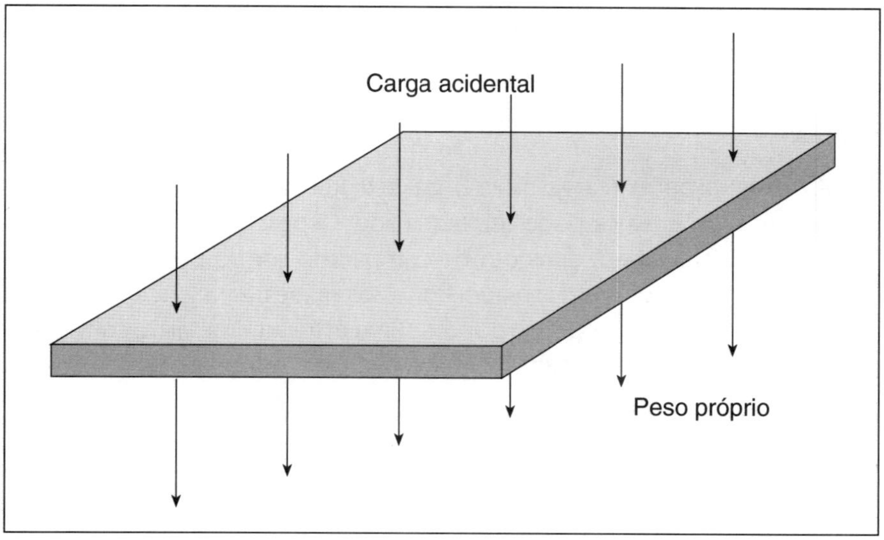

Carga do vento, que tem importância nos prédios altos e prédios muito esbeltos. Nos prédios convencionais de apartamentos e de escritórios e de até quatro andares, o efeito do vento não é sensível e, portanto, não é considerado nos projetos convencionais.

Outras cargas eventuais, como carga de elevadores, empuxos de muro de arrimo etc.

Os valores das *cargas acidentais* recomendadas pela norma NBR 6120 são os seguintes:

lajes de forro	50 kgf/m^2
laje de piso de dormitórios, salas e copas	200 kgf/m^2
escadas	300 kgf/m^2
bibliotecas	250 kgf/m^2
armazéns	400 kgf/m^2
outros casos	estudar

Para a estimativa de cargas do peso próprio da estrutura, usamos os números-índices:

pesos da estrutura

peso específico do concreto armado	2.500 kgf/m^3
peso específico do concreto	2.400 kgf/m^3
peso de parede de alvenaria de um tijolo revestida	480 kgf/m^2
peso de parede de alvenaria de meio-tijolo revestida	250 kgf/m^2
peso de parede de alvenaria revestida c/tijolo de pé (cutelo)	140 kgf/m^2

cargas (pesos) de telhado

peso de telhado de telha cerâmica francesa em projeção	130 kgf/m^2
peso de telhado de telha cerâmica colonial em projeção	180 kgf/m^2
peso de telhado de cimento-amianto (6 mm) em projeção	60 kgf/m^2

Notas:

1) O peso próprio (carga morta) da estrutura de concreto armado é significativo e nunca pode ser esquecido. O peso próprio das estruturas metálicas é bem diminuto, se comparado com o peso próprio das estruturas de concreto armado. Por essas razões, às vezes, em terrenos de solo muito ruim, opta-se por usar uma estrutura metálica, com muito menos peso próprio, para facilitar e baratear as fundações.

   Como exemplo, uma estrutura de concreto armado para resistir a uma carga de 100 t; ela demanda um peso de quase 30 t em laje, viga e pilar. A campeã da ineficiência nas estruturas de concreto armado é a laje, e a campeã da eficiência é o pilar.

As estruturas de aço ou alumínio são muitos mais eficientes, mas:

- são mais caras que as estruturas de concreto armado;
- exigem mão de obra mais especializada;
- sofrem mais em caso de incêndio.

2) As cargas indicadas são as chamadas cargas acidentais (sobrecargas) como o peso de pessoas, móveis, cortinas etc. Havendo cargas diferentes e especiais, como cofres e pianos, é uma nova situação. Na cidade de São Paulo estamos assistindo ao surgimento de um número enorme de "livrarias-sebos" em velhos prédios projetados para serem escritórios e cada sala fica lotada de fileiras de prateleiras com livros. Isso preocupa estruturalmente. Adaptação de velhos prédios para salões de ginástica com seus movimentos e vibrações também pode ser fonte de problemas. Idem para estádios de futebol e ginásios poliesportivos, abrigando *shows de rock* pauleira.

Cálculo da carga acidental para as fundações

Seja um depósito de concreto armado com uma laje, quatro vigas e quatro pilares com os dados mostrados no desenho a seguir.

Vamos calcular as cargas que chegam às fundações, sendo que essas cargas são compostas por: carga morta da estrutura (peso próprio) e a carga acidental (carga útil).

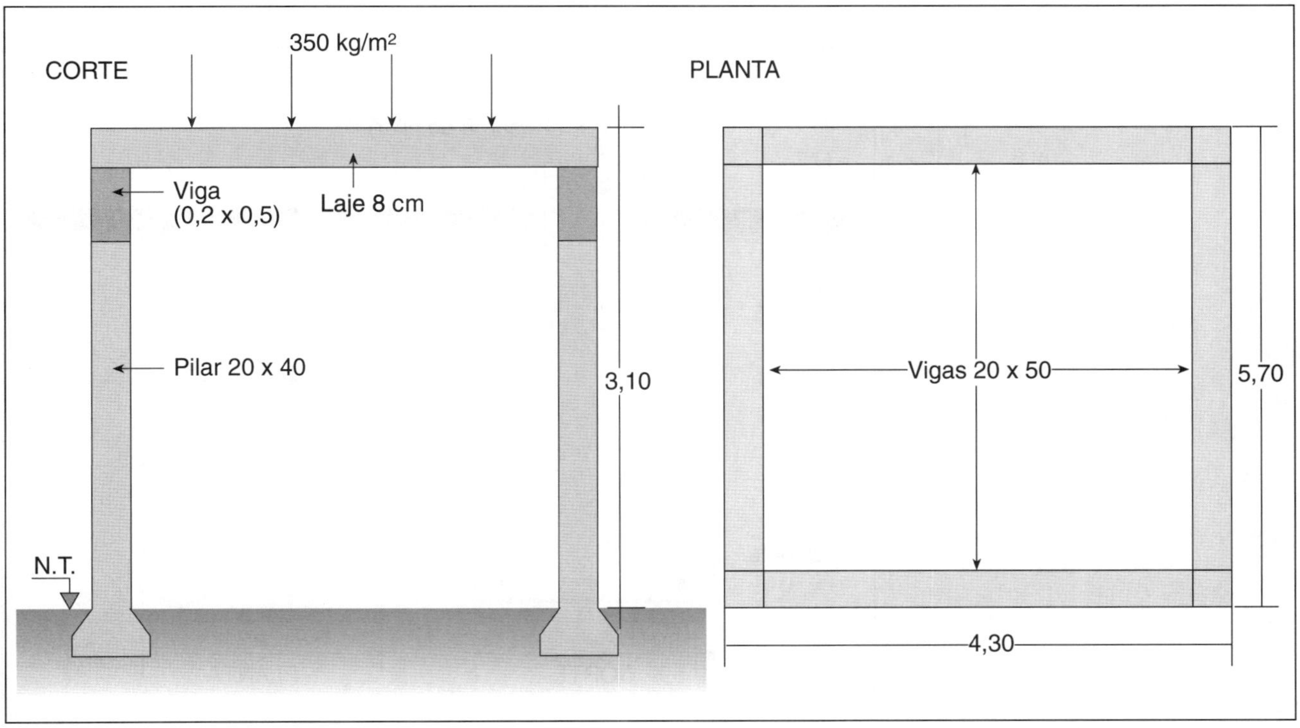

Calculemos inicialmente os volumes da estrutura.

laje $5{,}70 \times 4{,}30 \times 0{,}08 \text{ m} = 1{,}96 \text{ m}^3$;
vigas $2 \times 4{,}30 \times 0{,}2 \times 0{,}50 + 2 \times 5{,}70 \times 0{,}20 \times 0{,}50 = 0{,}86 + 1{,}14 = 2 \text{ m}^3$;
pilares $4 \times 3{,}10 \times 0{,}2 \times 0{,}4 = 0{,}992 \text{ m}^3$.

Total do volume da estrutura (somatória do peso da laje, mais vigas, mais pilares)

$V = 1{,}96 + 0{,}86 + 1{,}14 + 0{,}992 = 4{,}9 \text{ m}^3$

Peso da estrutura – adotaremos o critério da norma e o peso dessa estrutura fica sendo:

P = vol. x peso específico do concreto armado = $4{,}9 \times 2.500 = 12{,}25$ t

A carga acidental vale a área da laje multiplicado pela carga distribuida:

$5{,}70 \times 4{,}30 \times 350 \text{ kgf/m}^2 = 8.600 \text{ kgf}$

A carga distribuída de 350 kgf/m^2 provém do material a ser estocado em cima da laje.

Peso total = 12,25 t + 8,6 t = 20,9 t

Como são quatro pilares, podemos dividir essa carga por quatro, resultando a carga por fundação (hipótese de uso de sapatas).

A carga por sapata será de 20,9/4 = 5,225 t.

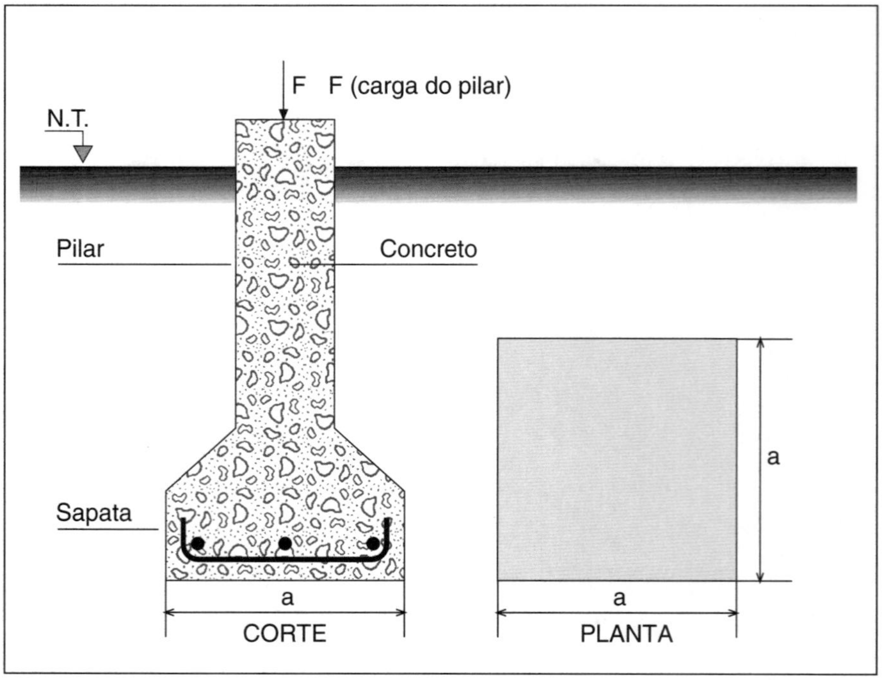

Só como atrativo didático, digamos que, pela análise dos resultados de sondagem, a conclusão é que podemos transmitir a carga no solo até uma tensão de 1 kgf/cm^2 e admitamos que o consultor de solos recomendou o uso de sapatas.

Logo, a área de cada sapata será de:

$$\sigma \text{ (tensão, pressão)} = \frac{F}{S} = \frac{F}{a \times a}$$

$$a \times a = \frac{F}{\sigma} = \frac{5.225\,\text{kgf}}{1\,\text{kgf/cm}^2} = 5.225\,\text{cm}^2$$

$a \cong 73$ cm

Solução: sapata quadrada de 75 cm de lado.

17

Os coeficientes de segurança no cálculo de estruturas

Os laboratórios nos informam, depois de testes e exames dos materiais, as suas resistências médias. As normas nos orientam quanto aos valores das cargas que atuam, face à experiência acumulada e medidas feitas.

À primeira vista, poderíamos usar esses valores no dimensionamento das estruturas, mas no dia a dia do uso das estruturas acontecem, por exemplo:

- numa mudança, o piano muda de lugar junto à parede, é colocado no meio da sala junto a uma estante de livros, agravando a concentração de cargas;
- mudança de uso, na qual velhos sobrados viram depósito de livros ou academia de ginástica;
- uma barra de aço com falha de fabricação, que é utilizada apesar disso;
- ataque de umidade nas armaduras das estruturas.

Tudo isso pode acontecer e não sabemos onde e quando enfrentar. Nasce, pois, a necessidade de usarmos coeficientes de segurança que "aumentam as cargas" e "diminuem as resistências médias" dos materiais.

Seção transversal do pilar, dimensões mínimas: a e b ≥ 19 cm.

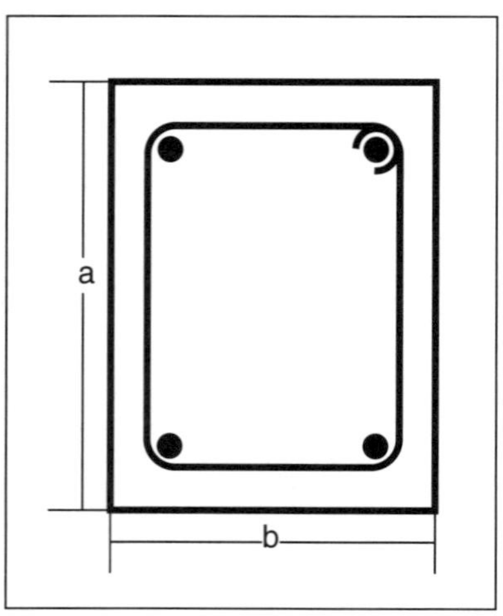

- para a resistência do concreto, dividimos o fck pelo coeficiente (γc) 1,4;
- para a resistência do aço, dividimos sua resistência média (fyk) por (γs) 1,15;
- para as cargas, multiplicamos seus valores por 1,4.

Há casos em que a norma manda aumentar adicionalmente o coeficiente de segurança. É o caso de quando usamos um pilar com um dos lados menor que 19 cm. Em casos especiais, a largura pode chegar a 12 cm, porém deve-se aumentar o coeficiente de segurança.

Nota: Os coeficientes de ponderação indicados são usados na fase de projeto da estrutura. Quando vamos construir, compramos o concreto de concreteiras pelo fck, e se vamos fazer o concreto na obra, usaremos as tabelas de composição (traço) do concreto, procurando alcançar o fck.

Coeficiente de segurança = coeficiente de ponderação

18

As lajes quadradonas e as lajes armadas em uma só direção (lajes-salsicha)

Lajes são estruturas maciças planas, sendo o principal elemento de recebimento de cargas acidentais. Normalmente, em prédios residenciais, as lajes são horizontais e retangulares. Em rampas, podem ser inclinadas. Em reservatórios, elas são horizontais e verticais. Há, em ambientes sofisticados e de bela arquitetura, lajes de planta sinuosa, nada retangulares.

Vamos discutir as lajes retangulares mais comuns. São estruturas que resistem à flexão; esforço esse provenientes das cargas acidentais e do peso próprio.

Temos dois tipos de lajes retangulares. As quadradonas, quando o maior lado é menor ou igual ao dobro do lado menor, e as lajes-salsicha, quando o maior lado é maior que o dobro do lado menor.

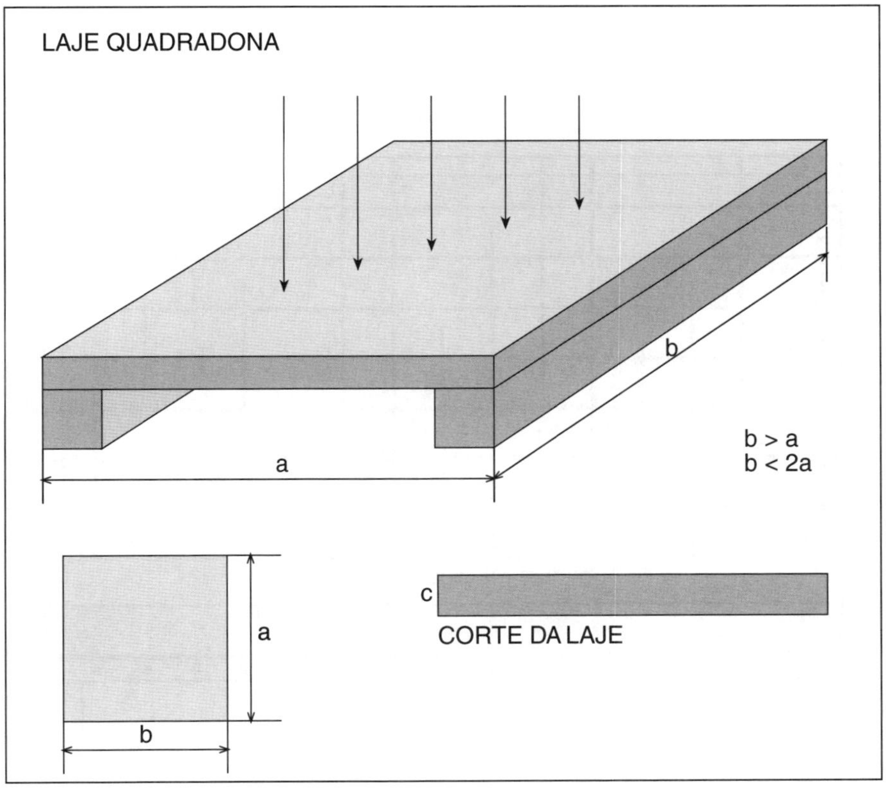

Lajes quadradonas de concreto armado

As lajes quadradonas possuem dupla armação (são chamadas lajes armadas em cruz), e ambas as armaduras provêm de um cálculo.

Essas lajes quadradonas e salsichas devem ter espessura variando de:

- laje de cobertura não em balanço – 7 cm;
- laje de piso não em balanço – no mínimo 8 cm;
- laje de passagem de carro – no mínimo 10 cm;
- laje em balanço – 10 cm. Ver item 13.2.4.1, p. 74, NBR 6118.

As lajes têm que atender aos requisitos de:

- resistência, ou seja, não devem nem quebrar nem fissurar em demasia;
- não ter flechas exageradas;
- não vibrar.

Quem dá resistência a uma laje são a sua espessura, o fck do concreto e a armadura. Para não vibrar e nem ter flechas exageradas, o principal elemento é a espessura da laje.

Nota: Se o caro leitor está num prédio ou casa e o seu andar é superior, a laje onde esse leitor se apoia tem espessura de 7 a 10 cm.

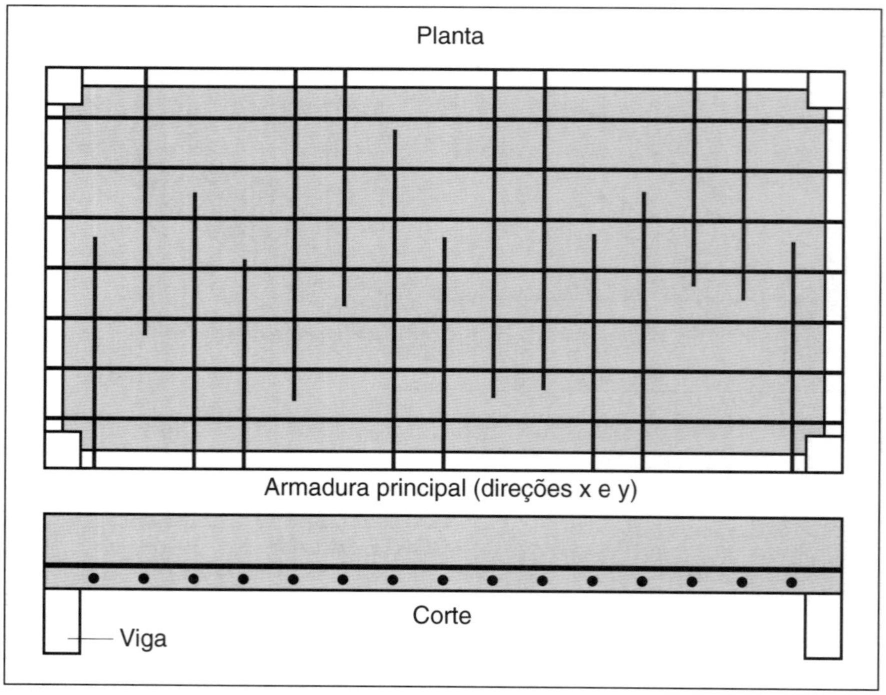

Lajes armadas em uma só direção (lajes-salsicha)

As lajes armadas em uma só direção têm uma armadura principal e é a que vence o menor vão. Transversalmente a essa armadura temos uma armadura sem cálculo que se chama armadura transversal de distribuição e que tem a missão de fazer a laje trabalhar de forma integra e solidária. A armadura de distribuição não tendo cálculo, o projetista coloca a que acha razoável. Digamos algo como barras Ø 6,3 mm cada 25 cm. Consultar *Concreto armado eu te amo*, vol. 1.

Vejamos a disposição da armadura para esses dois tipos de laje

- Taxa mínima de armadura 0,25% de a x h, no caso de aço CA 25.
- Taxa mínima de armadura 0,15% de a x h, no caso de aços CA 50 e CA 60.
- O diâmetro das barras não deve ser maior que 10% da espessura da laje.
- Na região central, das lajes o espaçamento entre as barras não deve ser superior a 20 cm.
- Comprimento da armadura principal. As barras são mais importantes no meio da laje e muito menos necessárias perto dos apoios. Face a isso, uma ideia é fazer uma alternância de armaduras. Uma nasce na extremidade do apoio e vai até cerca de 70% do vão da laje. A barra seguinte nasce no apoio oposto e vai até cerca de 70% do vão.

O cálculo das armaduras das lajes quadradonas é feito por tabelas de Marcus (ou de Czerny) e isso é mostrado no anexo deste livro e com detalhes no volume 1 do livro *Concreto armado, eu te amo*.

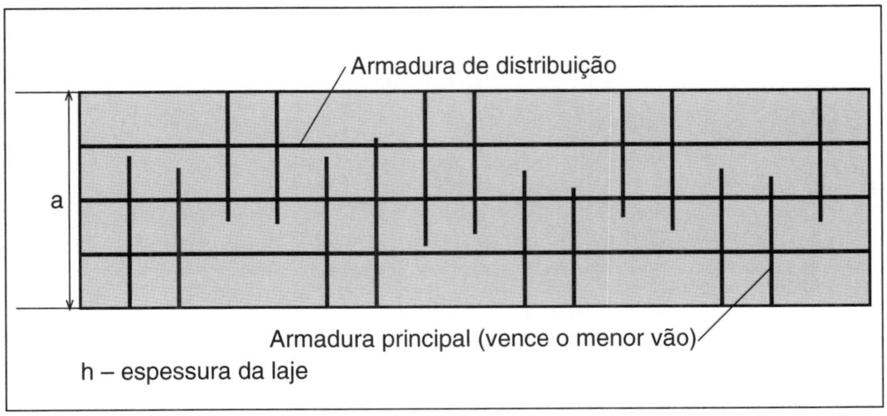

Notas sobre lajes:

1) Paredes em cima de lajes e sem viga embaixo

Normalmente, embaixo de parede existe uma viga que lhe suporta. Às vezes, entretanto, e para casos de pequenas dimensões, podemos prever, na fase de projeto estrutural, paredes sem viga embaixo e apoiando-se exclusivamente na laje. No cálculo pega-se então o peso da parede e esse peso é considerado distribuído uniformemente sobre a laje. Claro que não sendo a vocação de lajes suportar vigas, devemos preferir sempre o uso de paredes leves, do tipo de meio-tijolo, ou de material bem mais leve, como o concreto celular, ou o uso de paredes que usam gesso.

Num caso de reforma, em que uma laje não foi prevista para suportar uma parede, e uma nova parede é necessária, a solução é usar os materiais muito leves, jamais parede maciça.

Quando se usa laje pré-moldada, a parede sem laje deve cruzar as nervuras e nunca ser disposta ao longo de só uma nervura, pois estaríamos fazendo uma zona na laje de muito maior esforço em relação ao resto da laje.

2) Lajes comuns, usadas em prédios, não têm estribos, mas lajes com muita carga podem (raramente) precisar ter estribos.

3) Para lajes em balanço (marquises) a norma no seu item 13.2.4.1 exige um coeficiente de segurança adicional.

19

As vigas-função: análise das estruturas de duas famosas esculturas de São Paulo

A função das vigas em geral e das de concreto armado em particular é dar suporte à lajes e suas cargas acidentais. Vigas se apoiam nas suas extremidades e em pontos médios, em pilares ou em outras vigas.

Vigas de menor vão e menor carga podem até se apoiar em alvenarias.

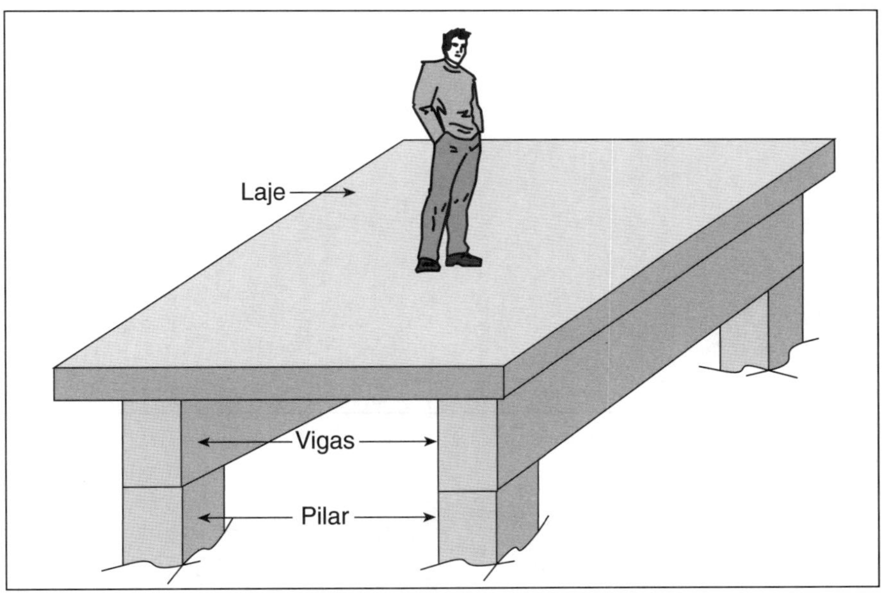

Vejamos a viga de vários tramos (trechos) num corte longitudinal:

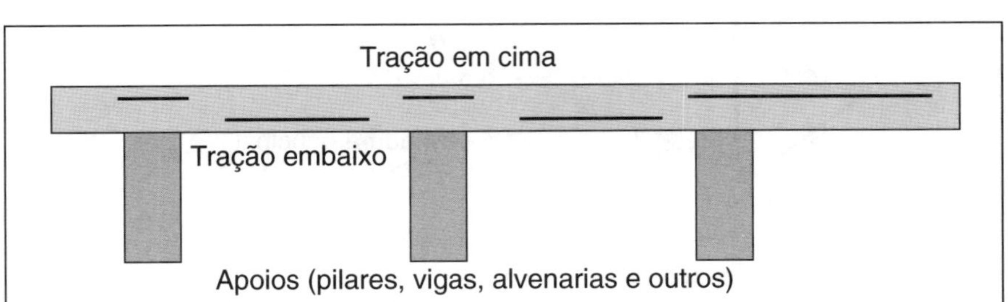

Dimensões de vigas retangulares

- largura (bw) maior ou igual a 12 cm e, em casos especiais, 10 cm, mas com muito cuidado no uso dessa dimensão muito diminuta.
- Altura (da ordem de 10% do vão) regra dos arquitetos. Não se deve exagerar no emprego de grandes alturas da viga, pois, senão, a viga gerada chama-se viga parede e tem outros critérios de dimensionamento bem diferentes das vigas comuns. Ver *Concreto armado eu te amo*, vol 2.

Onde há tração, temos que colocar armadura (armadura positiva). Temos também que colocar estribos.

Para deixar os estribos na posição vertical, colocamos as "barras porta-estribos" que não tem função estrutural, embora em determinadas condições e exigências possam ser consideradas como elementos resistentes.

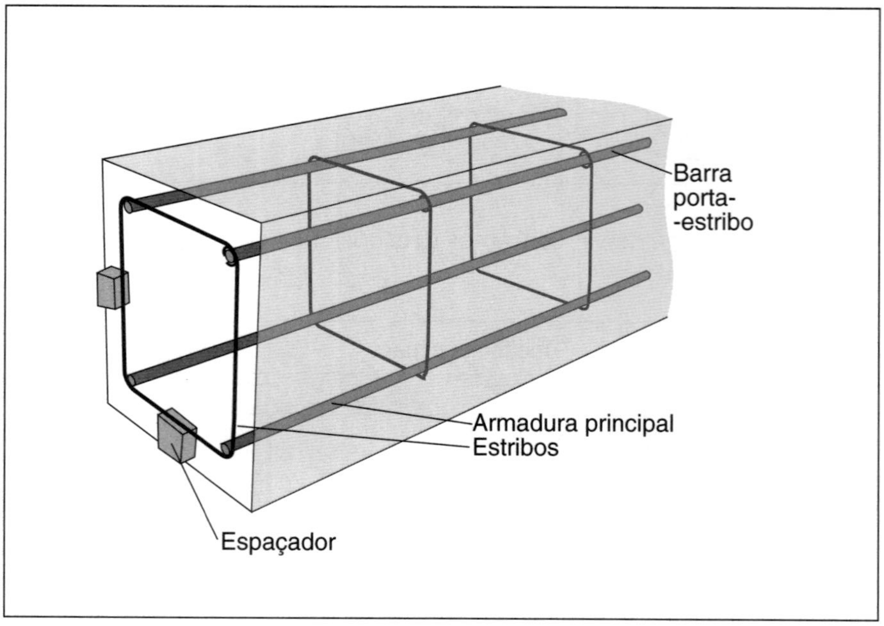

A taxa de armadura mínima As (armadura principal) é de (%)

	fck		
	20 MPa	25 MPa	30 MPa
Viga de seção retangular	$\frac{0{,}15}{100}$	$\frac{0{,}15}{100}$	$\frac{0{,}173}{100}$

Ref. item 17.3.5.2.1, Norma 6118, p. 117.

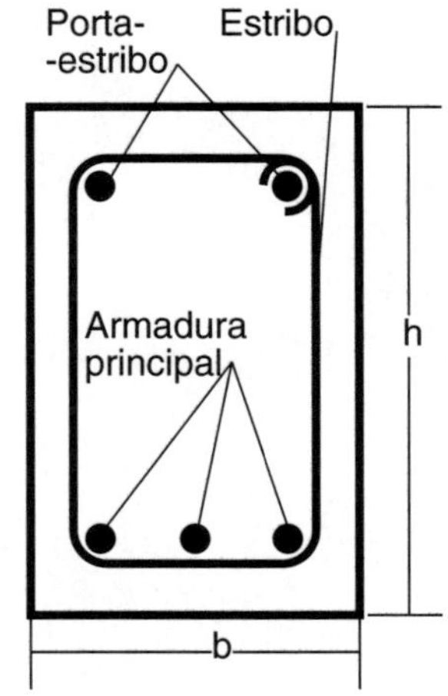

Exemplo numérico

Seja uma viga de 20 x 45 cm (b x h).

Ac = 20 x 45 = 900 cm^2 e concreto fck 20 MPa.

$$\text{Taxa de armadura} = \frac{As_{mín}}{Ac}$$

$$As_{mín} = \frac{0{,}15}{100} \times 900$$

$$As_{mín} = 1{,}35\,\text{cm}^2$$

Lembremos os nomes e funções das armaduras:

- Armadura principal, ou seja, longitudinal. Tem a função de resistir aos esforços de tração onde o concreto não resistiria. Essa armadura vai embaixo da viga, no meio do vão e em cima dos apoios.
- Armadura transversal (estribos). Combate o cisalhamento (escorregamento das camadas horizontais do concreto). Corre ao longo de toda a viga.
- Armadura longitudinal "porta-estribo". É uma armadura não levada em conta nos cálculos, mas sempre ajuda um pouquinho o funcionamento da viga.

Análise estrutural de dois monumentos

Monumento às Bandeiras

Trata-se de uma escultura em pedra de autoria do escultor brasileiro Victor Brecheret. Não há vãos a vencer, pois a estrutura está totalmente apoiada no chão; há, pois, poucos esforços de flexão e então a pedra resiste bem. A escultura poderia ser de concreto armado, mas o escultor preferiu uma escultura de pedra em lugar da escultura do Cristo Redentor, no Rio de Janeiro, em que se optou pela estrutura de concreto armado.

As quatro ondas

O monumento "Quatro Ondas" (autoria Tomie Ohtake), Av. 23 de maio, São Paulo, SP, e que homenageia as quatro principais ondas migratórias da colônia japonesa para o Brasil, constitui-se, na verdade, grosso modo, em quatro vigas de eixo não reto com dois apoios (fundações).

O peso que essas vigas suportam é somente o peso próprio. Sendo vigas de grande vão, acontecem flexões e o uso do concreto armado tornou-se obrigatório. Essa escultura não poderia ser feita de pedra, pois, como sabemos, peças de pedras não resistem bem à flexão.

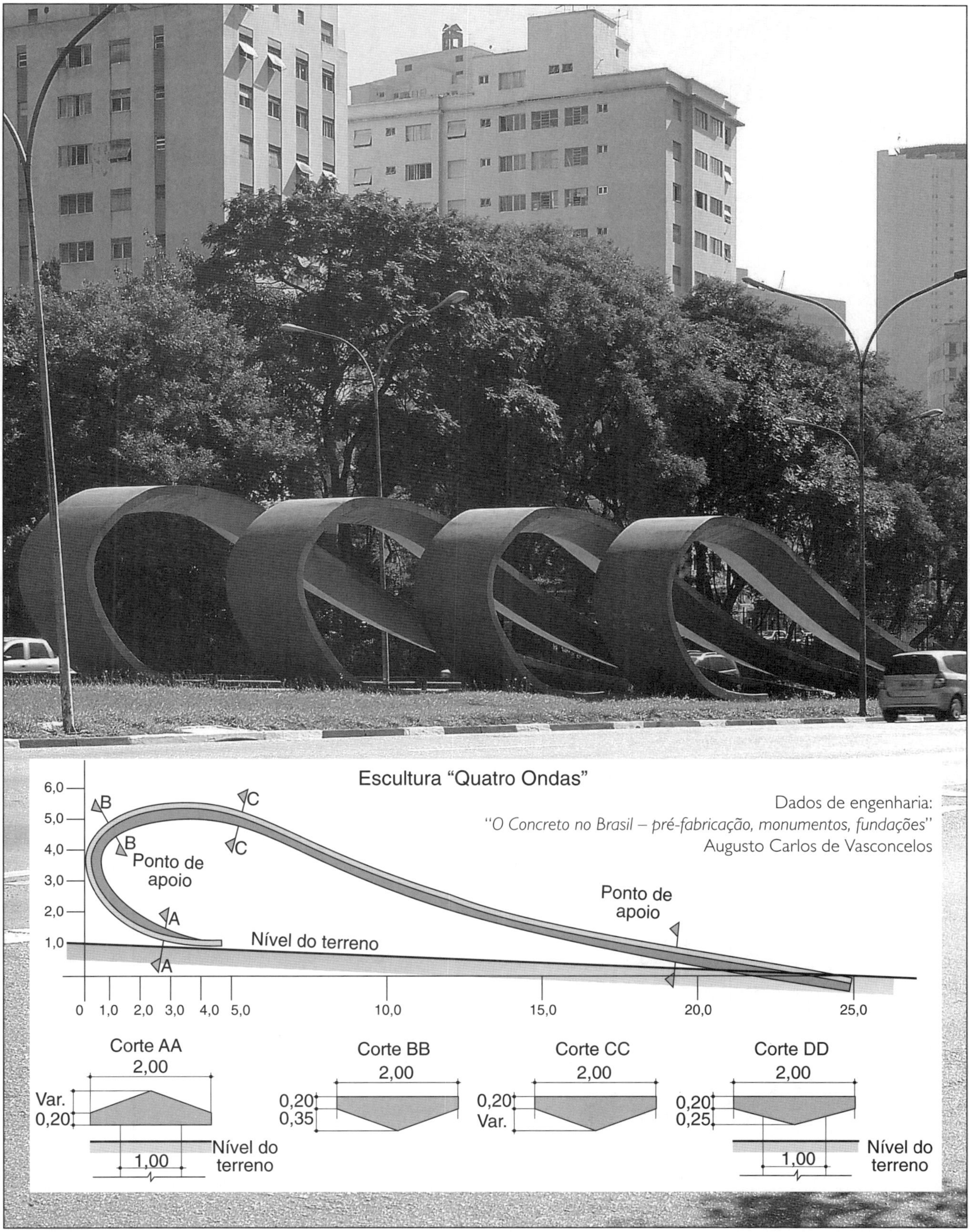
Escultura "Quatro Ondas"
Dados de engenharia:
"O Concreto no Brasil – pré-fabricação, monumentos, fundações"
Augusto Carlos de Vasconcelos
6,0
5,0
4,0
3,0
2,0
1,0
B
B
C
C
A
A
Ponto de apoio
Ponto de apoio
Nível do terreno
0 1,0 2,0 3,0 4,0 5,0 10,0 15,0 20,0 25,0
Corte AA
2,00
Var.
0,20
Nível do terreno
1,00
Corte BB
2,00
0,20
0,35
Corte CC
2,00
0,20
Var.
Corte DD
2,00
0,20
0,25
1,00
Nível do terreno

20

Consolos curtos

Consolos são estruturas de auxílio ao funcionamento do encontro "viga--pilar", quando essa viga passa fora da seção do pilar. Sinal de que uma parede e sua viga de sustentação mudaram de posição, quando talvez as fundações já estavam prontas. Veja o corte no desenho.

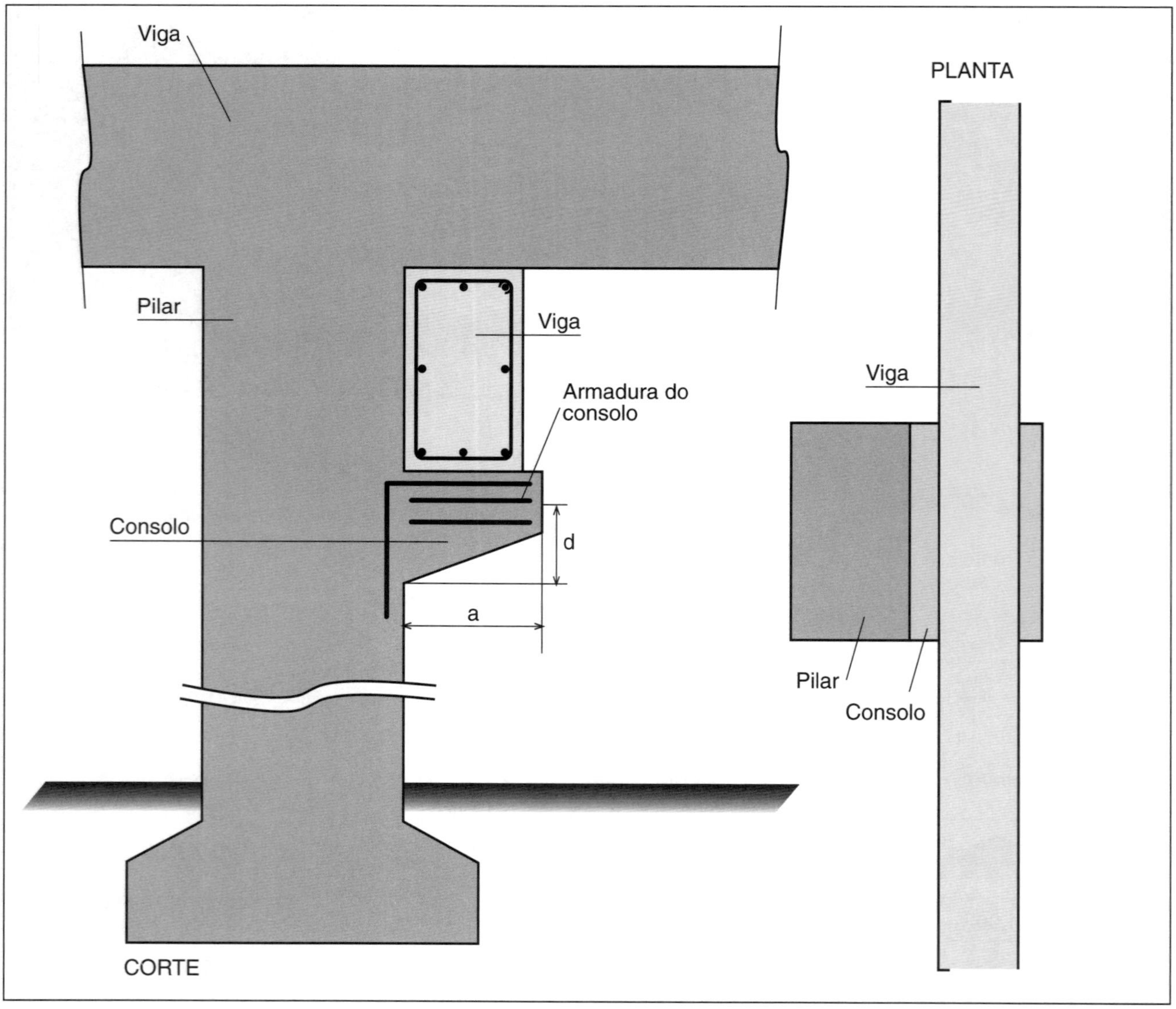

Segundo o item 22.3.1, da NBR 6118:

"São considerados consolos os elementos em balanço nos quais a distância (a) da carga aplicada à face do apoio é menor ou igual à altura útil (d) do consolo."

Podemos dizer que o uso do consolo, apesar de possível, é tolerável e talvez denuncie uma falta de diálogo e coordenação entre o arquiteto e o projetista da estrutura. Sem dúvida que a vocação de uma viga, a procura de um apoio, é encontrar um pilar, e quando esse pilar não está no local desejado pela viga, precisamos "ir buscar" a viga e daí nasce o consolo.

Diríamos que um projeto arquitetônico estrutural benfeito e coordenado de um prédio de apartamentos ou de escritórios com grande probabilidade não terá consolos.

Jocosamente e lembrando que este é um *texto didático*, podemos, para fixar conceitos, criar o "Índice de Consolos". Veja:

Índice de Consolos(*)	
Número de fileiras de consolos	Qualidade do relacionamento arquiteto *versus* projetista da estrutura
0 a 1	Houve diálogo entre os dois.
2-4	Houve um diálogo sofrível.
5 ou mais	Não houve diálogo.

Veja, caro leitor, como se pode mostrar as consequências de uma mudança de projeto com as fundações já prontas.

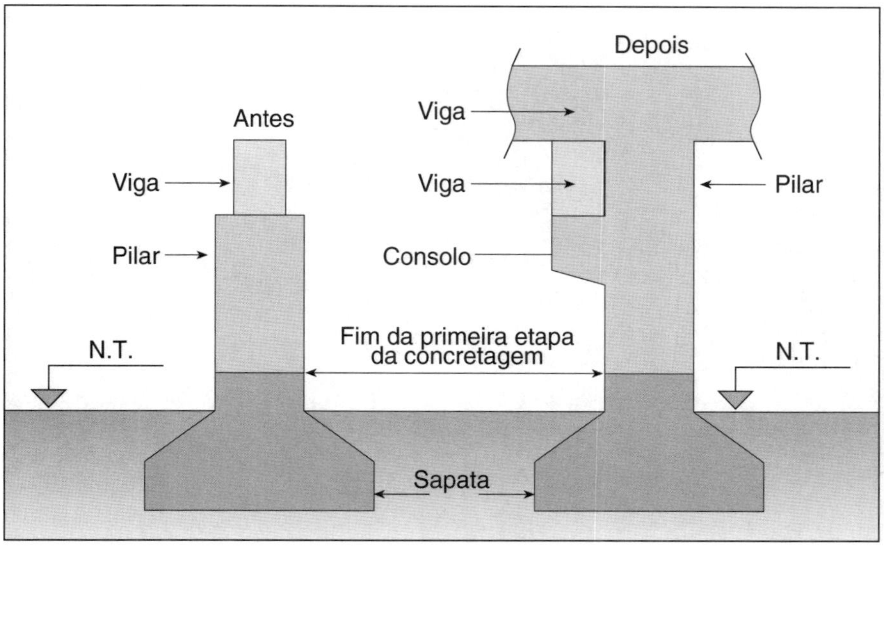

(*) Há uma ironia na criação deste conceito, com o objetivo único de se incentivar o diálogo permanente entre arquitetos, projetistas de estruturas e construtores.

Essa história de arquiteto querer mudar o projeto com fundações já prontas aconteceu com o famoso arquiteto catalão Antonio Gaudí e Cornet (1852-1926), na igreja da Sagrada Família, em Barcelona, Catalunha, Espanha.

As fundações estavam prontas quando Gaudí assumiu a obra e tentou fazer uma mudança no projeto arquitetônico, mas que não conseguiu. Se conseguisse, além das formas famosas da igreja, ela teria um mar de consolos.

Já que falamos da Catedral da Sagrada Família, lembremo-nos dela.

Catedral da Sagrada Família, Gaudí, Barcelona, Espanha.

21

As primas pobres das vigas: cintas, vergas e a viga-baldrame

A viga-baldrame

Relembremos que vigas existem para receber cargas verticais e vencer vãos.

No nosso nível de estudo, elas são sempre de eixo reto. No caso da escultura "Quatro Ondas"(*) as vigas são de eixo curvilíneo.

As vigas têm um problema: elas custam caro e tudo o que se puder fazer para diminuir sua existência deve ser feito. Vale a regra de ouro:

> Se eu vou projetar uma única casa, eu posso até não economizar.
>
> Mas se eu vou projetar e construir um conjunto habitacional, com milhares de casas, eu devo economizar em tudo, atendida a boa técnica, pois essa economia se multiplica por milhares de vezes.

Há inúmeras situações em que uma viga seria uma solução, mas, face seu custo, usamos soluções mais simples e mais baratas. São as cintas e as vergas.

No espaldar de uma estrutura de alvenaria recebendo a carga de uma laje, para não deixar o topo livre, colocamos um tipo aliviado de viga que dá essa amarração e distribui melhor a carga que ocorre em cima dela. São as cintas que são, numa linguagem popular, "primas pobres" da viga. Veja o desenho.

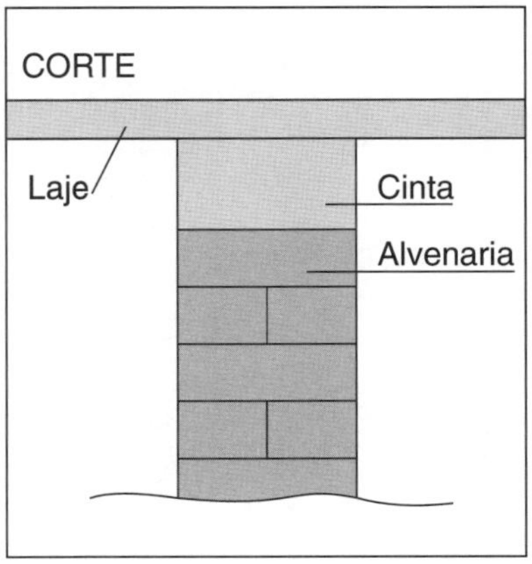

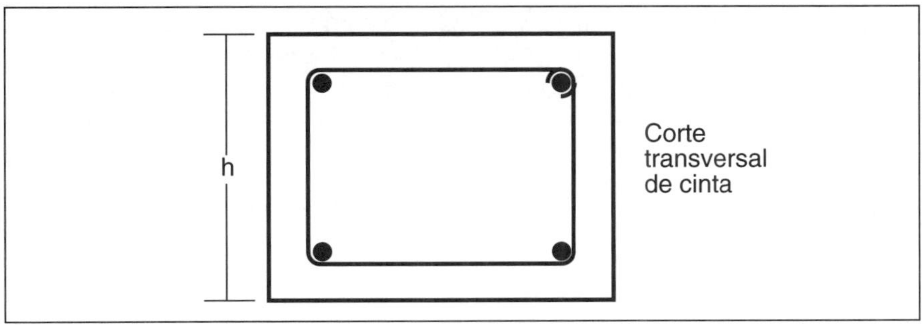

(*) Ver Capítulo 19.

Em cima de janelas ocorre um vão e a alvenaria superior não tem quem as ampare. Usamos vergas que são primas pobres das cintas e, portanto, primas paupérrimas das vigas. Vergas se colocam em cima e embaixo da abertura de janelas.

A coisa mais comum de se encontrar nas grandes cidades são alguns prédios de apartamentos ou de escritórios que trincam no canto das janelas. É falta de vergas superiores e inferiores.

O Eng. Paulo Inocencio, engenheiro construtor, forneceu ao autor uma tabela prática para vencer pequenos vãos.

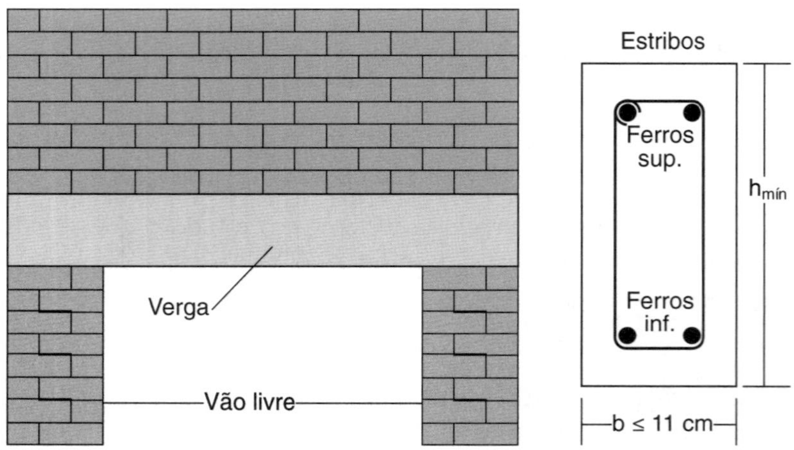

1 – altura da alvenaria ≤ 2,00 m
2 – espessura da alvenaria ≤ 15 cm

Vão livre (m)	$h_{mín}$ (cm)	Ferro inferior	Ferro superior	Estribos
Até 2,50	20	2 Ø 8	2 Ø 5	Ø 5 c/10
2,51 a 3,50	30	2 Ø 8	2 Ø 5	Ø 5 c/15
3,51 a 4,50	35	2 Ø 10	2 Ø 6,3	Ø 5 c/15
4,51 a 5,50	40	2 Ø 12,5	2 Ø 6,3	Ø 5 c/20

Materiais fck ≥ 20 MPa;
Aço: CA-50 (Ø ≤ 6,3 mm); CA-60 (Ø = 5 mm);
Alvenaria: γ_{alv} = 1,40 tf/m^3;
Cobrimento: conforme projeto.

Um conhecido engenheiro estrutural recomenda o detalhado a seguir para cintas e vergas.

Cintas

Cinta de concreto armado tem a função de dar uma amarração horizontal à estrutura da casa. Pode ajudar a distribuir uniformemente a carga do telhado por toda a alvenaria.

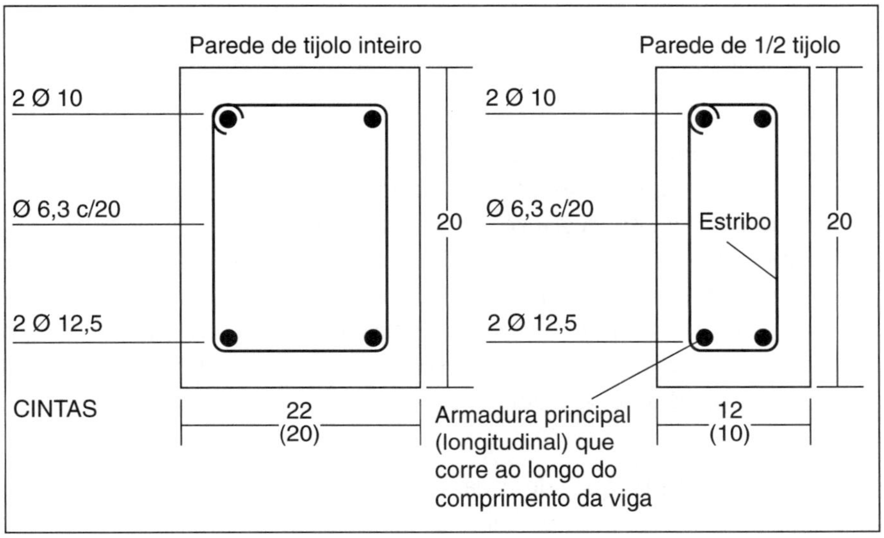

Vergas

Para pequenos vãos, usar vergas sobre janelas e portas. Os ferros da verga devem ser colocados na argamassa de assentamento da alvenaria, sempre da seguinte forma: 2 barras na 1.ª junta e 2 na 2.ª junta.

Ver a seguir o item 24.6.1, p. 205 da NBR 6118, sobre a importante verga. A norma não usa esse termo.

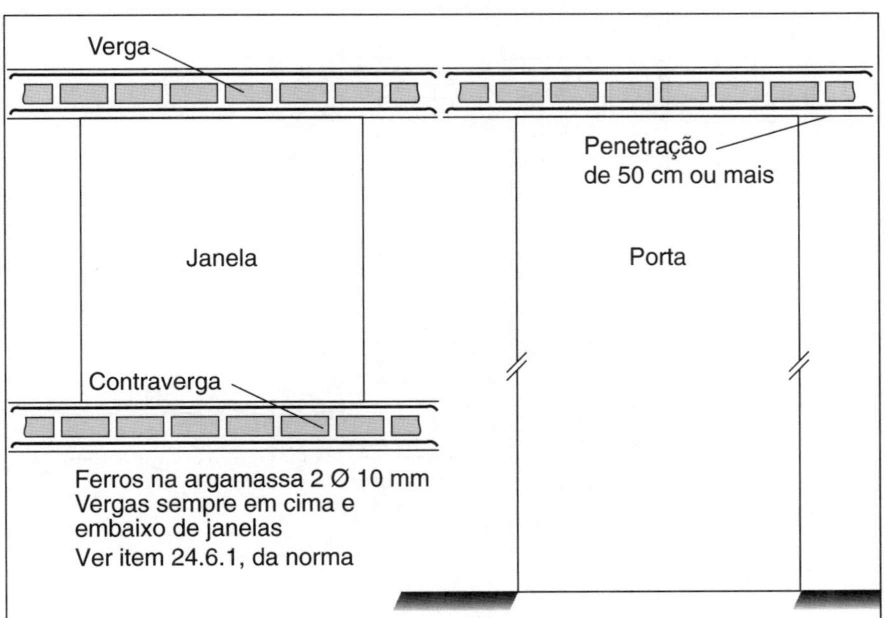

Finalmente, falemos das vigas-baldrames

No andar térreo não existem vigas inferiores e, portanto, a alvenaria desse andar térreo não tem onde se apoiar. Fazemos então uma viga com a função de receber especificamente a carga dessa alvenaria. Chamamos isso de viga-baldrame. Se essa viga inferior receber outras cargas, perde o nome de viga-baldrame.

A viga-baldrame tem menos carga em geral que as outras vigas da edificação.

Uma competente arquiteta, especializada em projetos arquitetônicos de escolas, fez uma justa reclamação a certos projetos estruturais de vigas-baldrames. Como, em regra geral, as cargas sobre as vigas-baldrames são reduzidas (vigas-baldrames, por princípio, não recebem cargas de laje, pois, se suportassem, não seriam classificadas como vigas-baldrames), há uma tendência de se projetar essas vigas com baixa altura, o que quer dizer, sem muita rigidez. Como o vão a vencer pode ser grande e no caso de solos fracos, a viga-baldrame se deforma e, com isso, a alvenaria a ser suportada pode trincar.

Lembrar sempre que, além da função resistente, as peças estruturais têm que atender exigência de baixa deformabilidade.

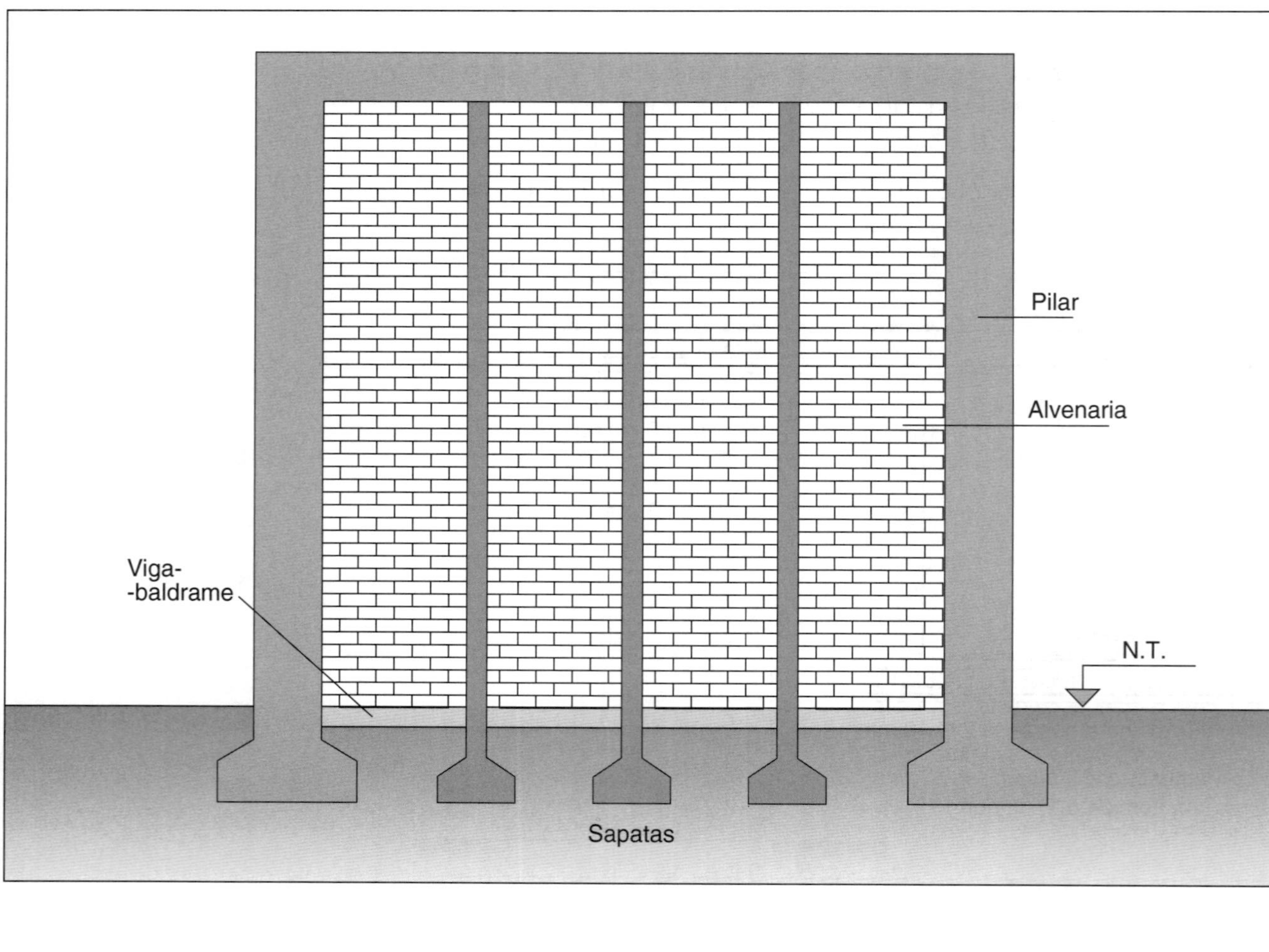

Exemplo de viga-baldrame

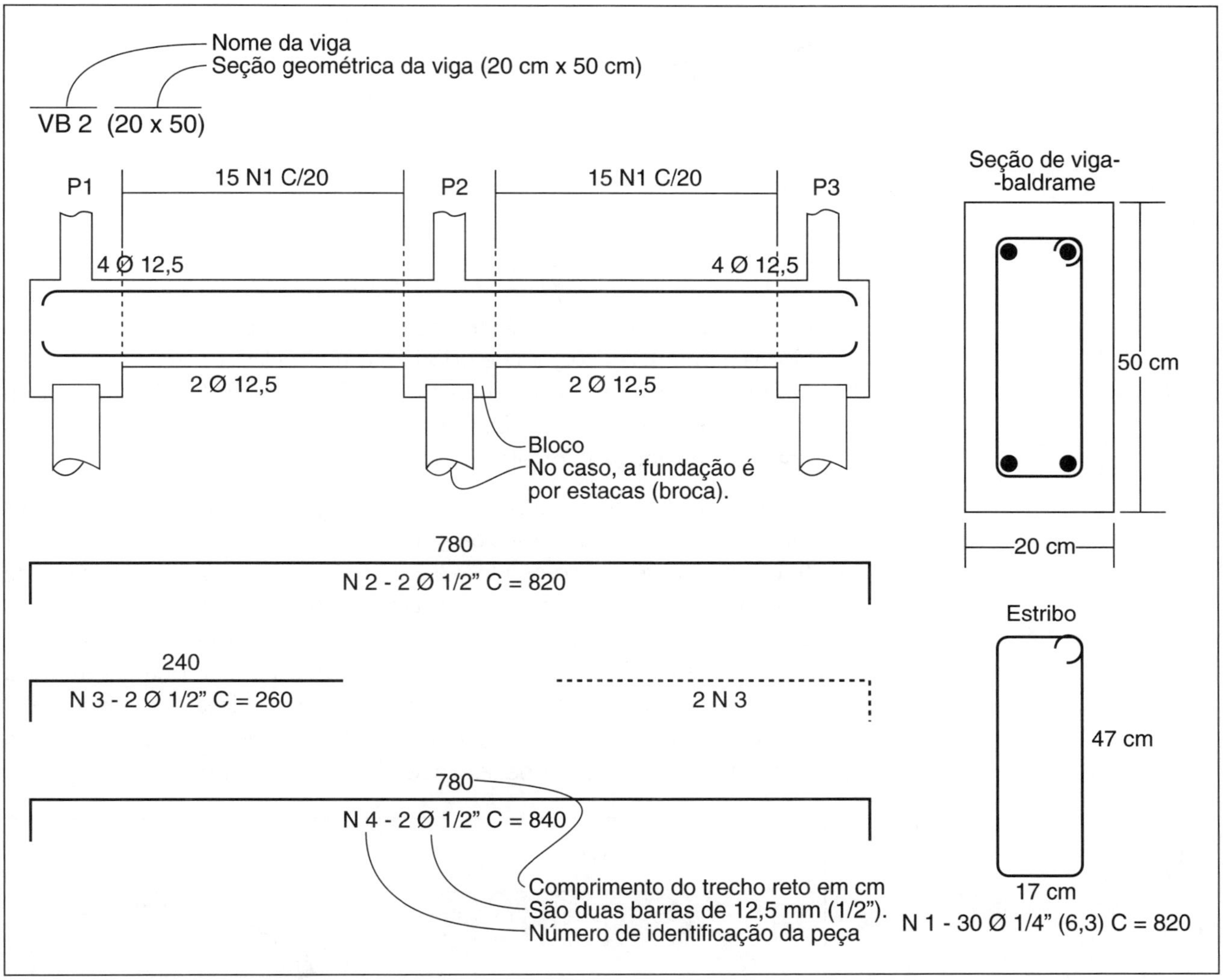

A cobertura do concreto (pastilha ou espaçador) 50 – 47/2 = 1,5 cm.

Ref. "Desenho Prático de Concreto Armado", de Edevaldo Alves dos Santos, p. 116.

A viga-baldrame é uma viga que corre sobre o terreno, suportando exclusivamente seu peso próprio e a carga da alvenaria do último andar.

22

Os pilares

No início, na história das construções, a carga das edificações chegava ao solo via paredes. A abertura de orifícios como janelas começou a mostrar a possibilidade de se ter mais espaços livres. O aumento das aberturas criou a necessidade de usar vigas. Das vigas surgiu a necessidade de transferir as cargas ao terreno, via um pilar.

Nos prédios de concreto armado, a carga vai crescendo dos andares mais altos para os andares mais baixos. Face a isso, a solução estrutural usada até os anos sessenta, do século XX, foi a de, em cada andar ou grupo de andares, o pilar ter uma seção de concreto e uma seção de aço, compatíveis com a carga desse andar. Com o encarecimento das formas optou-se por outro esquema. A seção dos pilares numa mesma prumada é sempre a mesma, sendo que o que varia, andar por andar, é a área de armadura As. Com isso, fica mais fácil de reaproveitar as formas de madeira, ou seja, um mesmo jogo de formas pode ser repetido em vários andares.

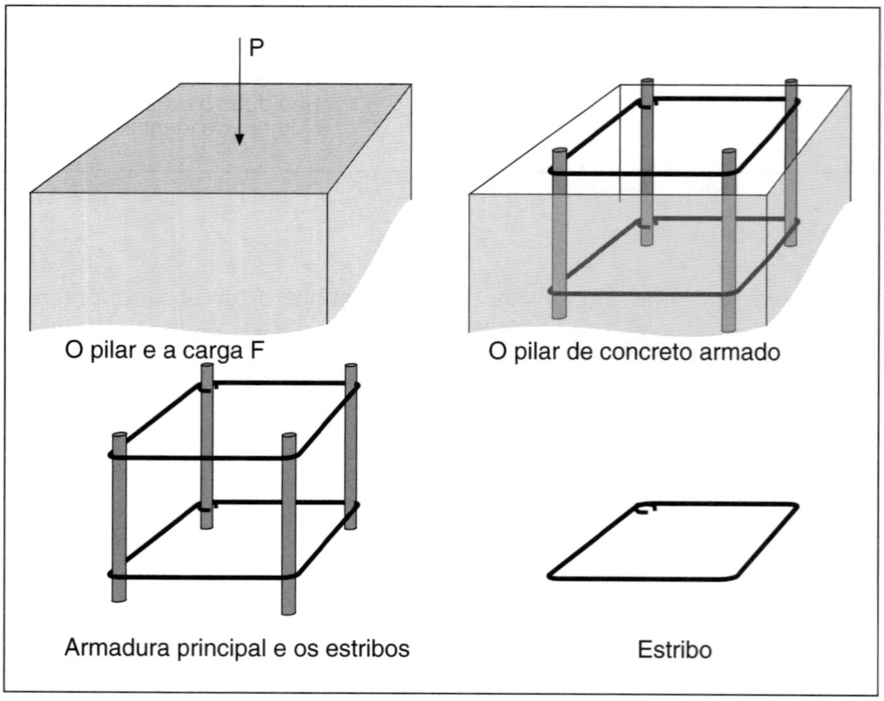

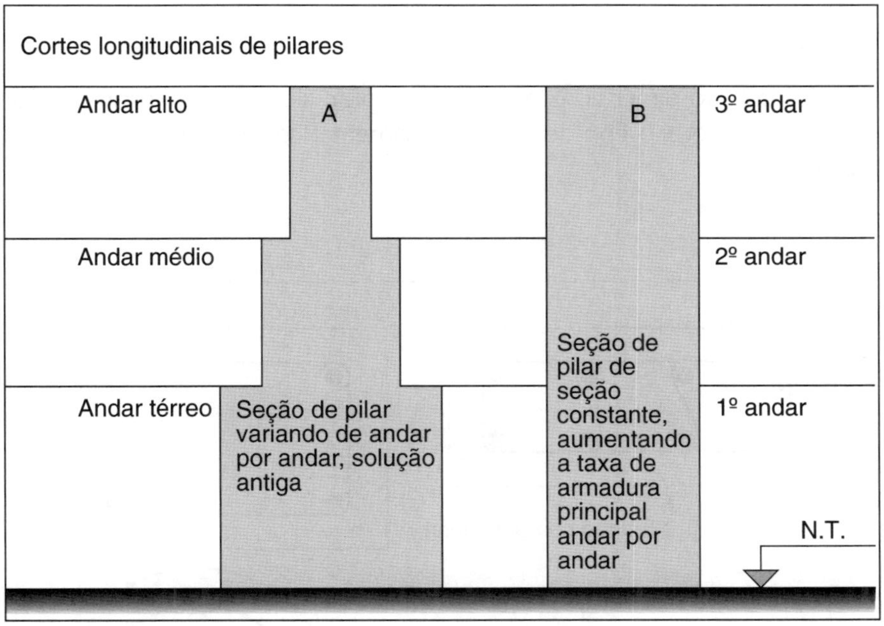

Verificando a seção transversal(*) de um pilar, podemos anotar:

- Seção de concreto – resiste à compressão. A menor dimensão na seção do pilar é de 19 cm, podendo chegar, em casos-limite, a 14 cm. (item 13.2.3, p. 73, NBR 6118).
- Seção de armadura longitudinal – resiste à compressão. O diâmetro mínimo da barra deve ser de 10 mm e inferior a 1/8 da menor dimensão.
- Armadura transversal – estribos, coloca e mantém a armadura longitudinal na posição desejada e combate a tendência à flambagem da armadura longitudinal. Espaçamento menor que 20 cm e igual ou menor que a menor dimensão do pilar.

Atenção para a importante questão da altura de um pilar.

Feito um cálculo de dimensionamento de um pilar (cálculo esse bastante complexo pela nova norma 6118). resultam:

- seção geométrica do pilar;
- taxa de armadura.

A menor taxa de armadura de um pilar é 0,004 Ac e a maior taxa de armadura é de 8% (0,08) de Ac.

Digamos que vamos usar a solução para outro pilar em outro local da edificação e, nesse outro local, o pé-direito é maior que o outro usado no cálculo. Podemos transferir a solução, mesmo com um maior pé-direito?

Não. O aumento do pé-direito piora as condições de flambagem, ou seja, o aumento do pé-direito "enfraquece" o pilar. Teremos, nas novas

(*) Para se poder usar uma dimensão bem reduzida no pilar, no valor de 12 cm, há que se aumentar o coeficiente de majoração dos esforços. A área mínima da seção do pilar nesses casos tem de ser de 360 cm^2. Ver item 13.2.3, NBR 6118.

condições, de usar ou outra seção geométrica transversal ou aumentar a taxa de armadura.

Por isso, no dimensionamento de um pilar, além de conhecer a carga, o fck do concreto, o tipo de aço, é fundamental conhecer o pé-direito do mesmo.

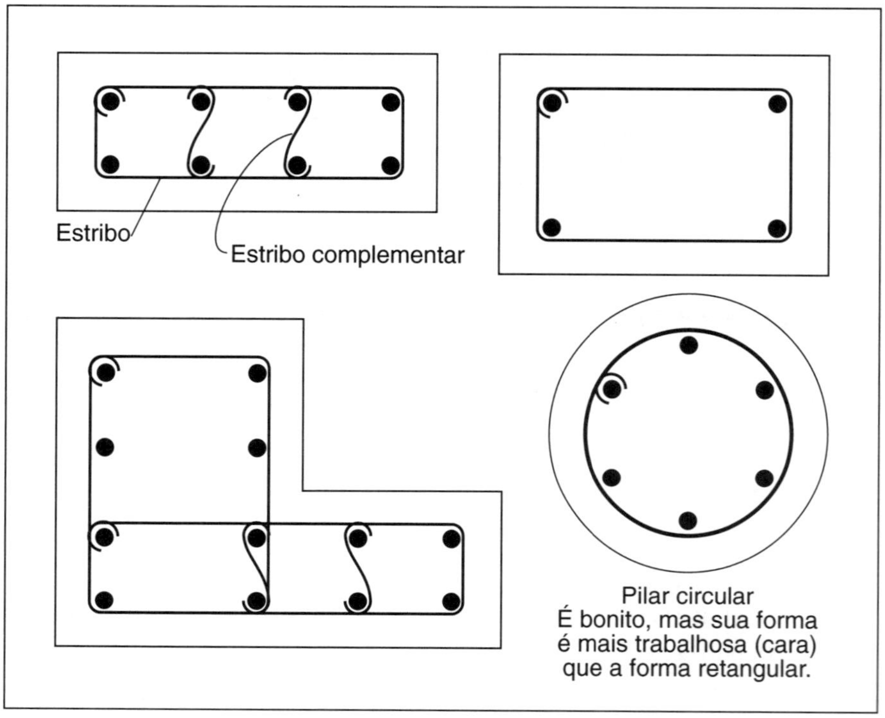

Exemplos de soluções de pilares – seções transversais

Cuidados na concretagem dos pilares

Os pilares são peças da maior dificuldade de concretagem, face à:

- acúmulo de aço nas ligações pilar-pilar;
- dificuldade do lançamento do concreto, face à grande altura.

Devem existir cuidados na fase de projeto para não prever excesso de armadura no encontro pilar com pilar (dois andares).

Deve haver cuidados na execução da concretagem do pilar. Ver os desenhos a seguir.

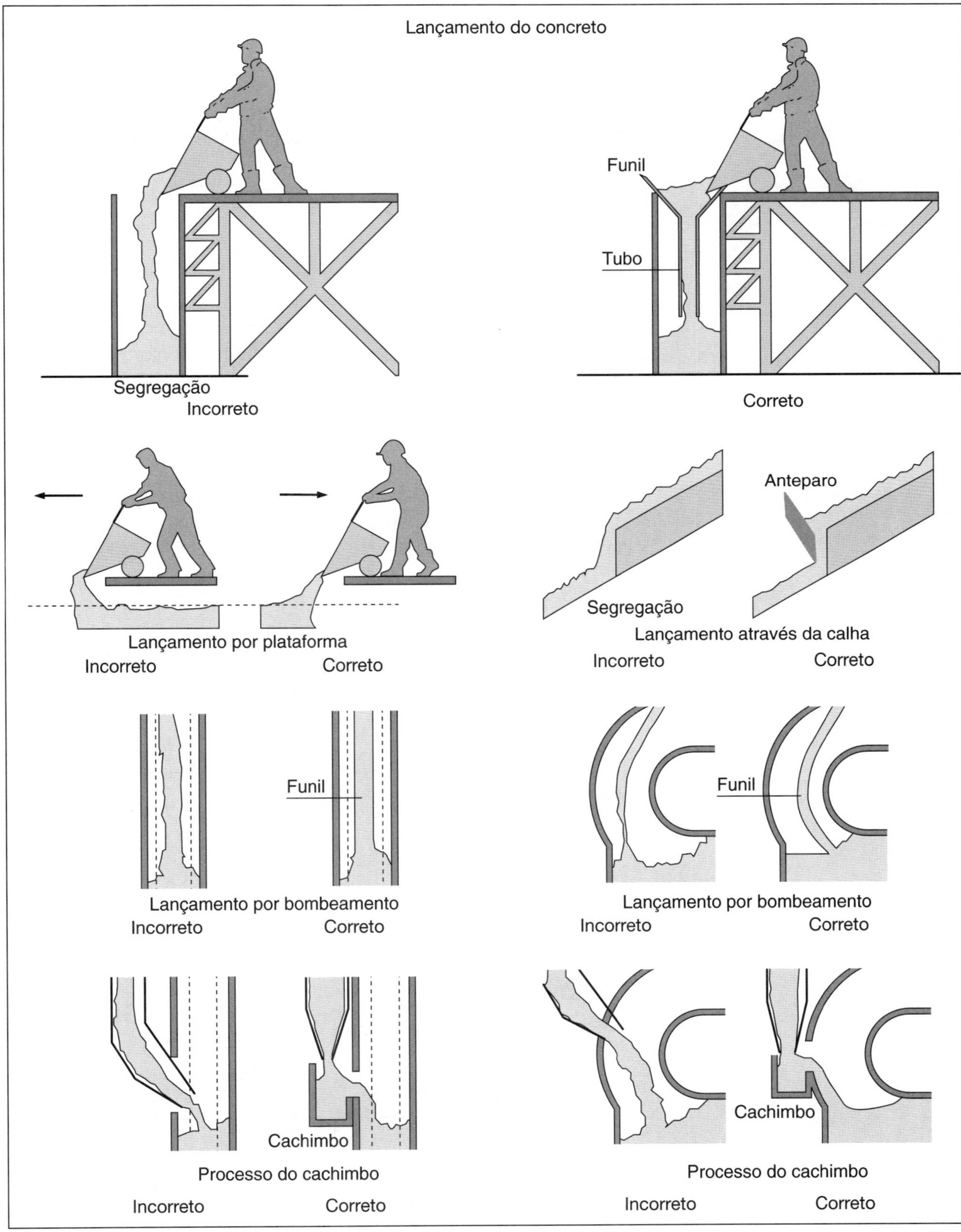
Lançamento do concreto
Funil
Tubo
Segregação
Incorreto
Correto
Lançamento por plataforma
Incorreto
Correto
Anteparo
Segregação
Lançamento através da calha
Incorreto
Correto
Funil
Lançamento por bombeamento
Incorreto
Correto
Funil
Lançamento por bombeamento
Incorreto
Correto
Cachimbo
Processo do cachimbo
Incorreto
Correto
Cachimbo
Processo do cachimbo
Incorreto
Correto

23

Sinais de benção ou de maldição estrutural nos pilares

Quando formos lançar (prever, planejar) as vigas, chegamos a um dos momentos mais importantes na concepção estrutural. Conforme essas vigas sejam colocadas, teremos várias disposições das mesmas quanto aos pilares. As vigas dão travamento na cabeça dos pilares e esse travamento é muito importante no aumento ou diminuição do grau de liberdade de deformação do pilar.

Assim, vamos apresentar os sinais malditos, ou sejam, disposições de vigas que dão pouco travamento ao pilar (travam numa só direção) e que, portanto, devem ser evitadas.

Sinais de maldição estrutural

Depois de darmos os sinais de maldição estrutural, vamos resolver o problema, ou seja, vamos dar os sinais da bem-aventurança, ou sejam, os sinais da benção.

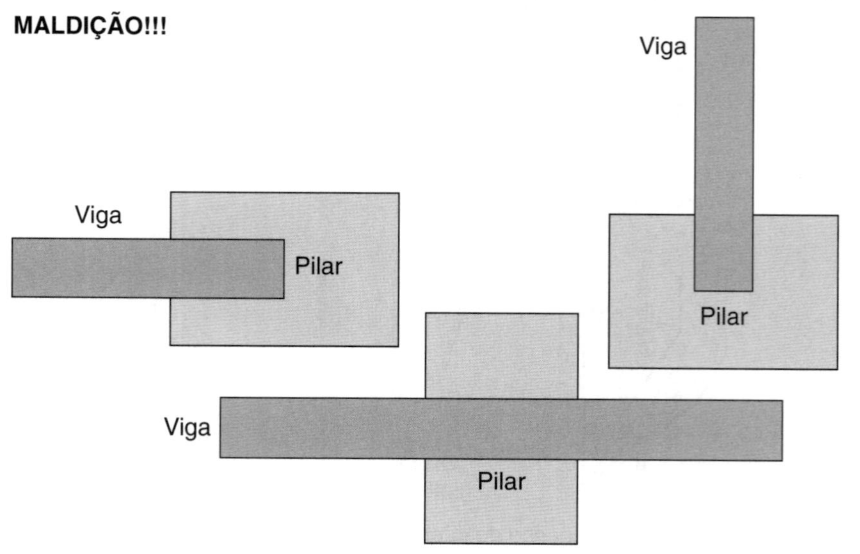

Plantas de disposição viga-pilar

Sinais de benção estrutural

No caso de sinais de benção, o pilar sofre um travamento contra movimentos em duas direções. Pilares com sinais da maldição não têm esse travamento em duas direções, ou seja, na cabeça do pilar deverá haver duas vigas em direções opostas ou em ângulo de 90°.

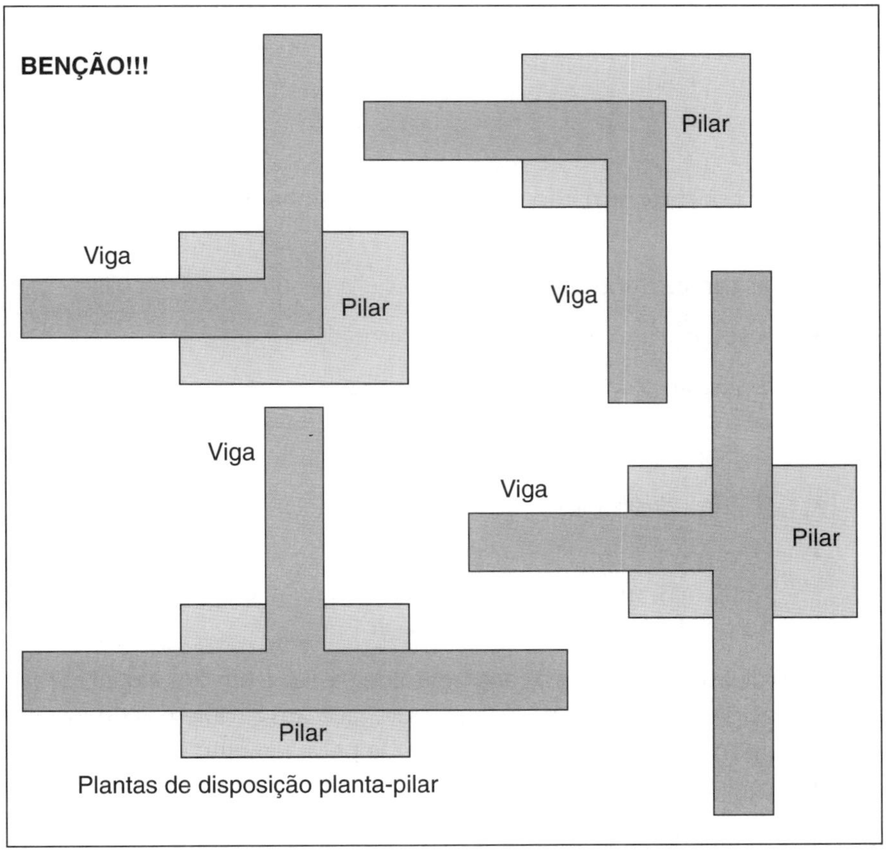

Plantas de disposição planta-pilar

Nota: O travamento de vigas, o cruzamento de vigas na cabeça dos pilares, é para dar rigidez à estrutura de um prédio. Prédios de um ou dois andares pouco precisam disso. Prédios maiores exigem esse travamento para ter essa rigidez (não deformabilidade à ação do vento).

24

Tabela prática de dimensionamento de pilares retangulares

O pilar de concreto armado, para seu dimensionamento, deve levar em conta:

- as cargas transmitidas pelas vigas e o peso próprio do pilar;
- a seção transversal do pilar e a armadura;
- a posição da carga em relação à seção geométrica do pilar, ou seja, se a carga está no centro do pilar ou se está afastada do centro da seção;
- a altura desse pilar;
- se o prédio tem alvenaria, apesar de não ser uma alvenaria estrutural, mas, mesmo sendo alvenaria comum, ela ajuda a dar rigidez ao prédio.

Sem dúvida que o dimensionamento de pilares é um dos assuntos mais complexos da teoria de concreto armado, face aos problemas de instabilidade do pilar (flambagem) que é agravada pelo aumento do pé-direito e por seções esbeltas desse pilar.

Considerando que este é um texto elementar de concreto armado e para arquitetos, decidimos, a partir da teoria complexa, tirar as conclusões e aplicá-las, levando em conta as limitações do uso de tabelas e soluções padrão. Assim limitamos o pé-direito para o uso destas tabelas em 2,7 m, aplicáveis em pré-dimensionamento de pilares de até três andares e que tenham alvenaria. Com isso, o uso das tabelas de pilares de seção retangular ficou muito fácil, pois levando em conta seção e armadura, resulta a carga admissível em T que o pilar com no máximo 2,7 m de altura suporta.

Nota: No dimensionamento definitivo, levar em conta tudo o que a norma exige.

Esquema didático para pré-dimensionamento de pilares de seção retangular a x b.

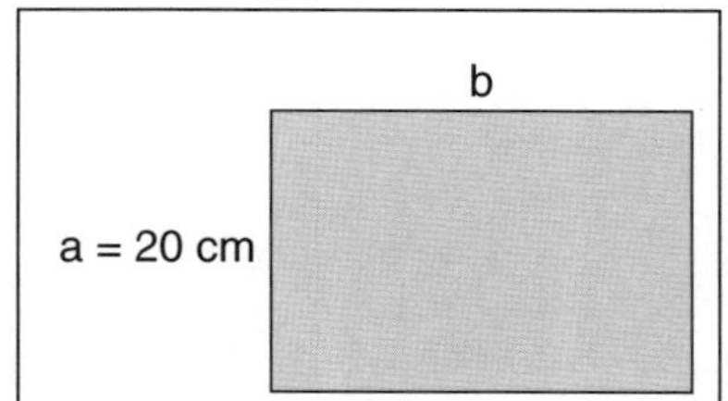

Seção transversal do pilar

Pilar de seção retangular a = 20 cm carga admissível			
(*)	b		
	20 cm	30 cm	40 cm
4 ∅ 10	23 t	-	-
8 ∅ 10	27 t	34 t	-
4 ∅ 12,5	24 t	-	-
6 ∅12,5	29 t	36 t	43 t
8 ∅ 12,5	34 t	41 t	48 t
CA50 fck = 20 MPa; Altura máxima do pé-direito: 2,7 m; 2/3 de armadura longitudinal ao longo do eixo maior.			

Para cargas inferiores (caso de estruturas de residências), usar 4 ∅, um em cada canto de pilar de 20 x 20 cm.

As cargas em residências (andar térreo mais andar superior) são muito baixas. Pelo item 13.2.3, da NBR 6118, devemos atender:

- seção mínima de um pilar maior ou igual à 360 cm^2;
- a menor dimensão do pilar, sem que se tenha que aumentar o coeficiente de segurança, é de 19 cm.

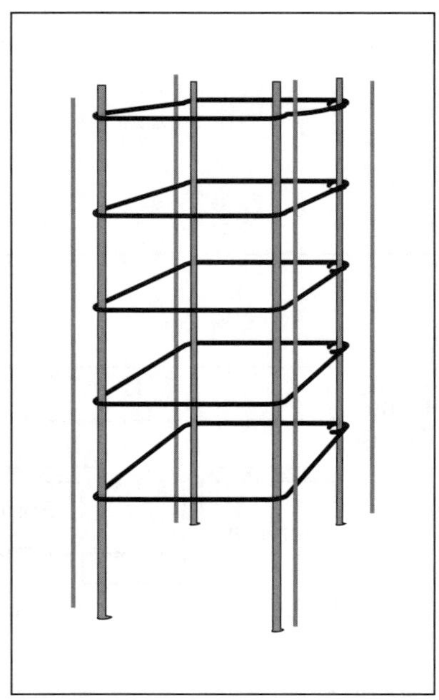

Nota: Para os estribos de pilares, o estribo tem que ter diâmetro ∅ ≥ 5 mm. O espaçamento máximo entre os estribos deve ser

- menor de 20 cm
- menor dimensão do pilar
- 24 ∅ para aço CA25 e
- 12 ∅ para aço CA50

(item 18.4.3, da NBR 6118, p. 137)

(*) As seções da armadura indicadas, são as chamadas seções da armadura longitudinal (vertical) e a armadura transversal (estribos). A armadura principal existe para resistir à compressão (junto com o concreto). Os estribos deixam a armadura principal na posição desejada e combatem a terrível, a sempre terrível flambagem da armadura principal.

25

Lajes nervuradas

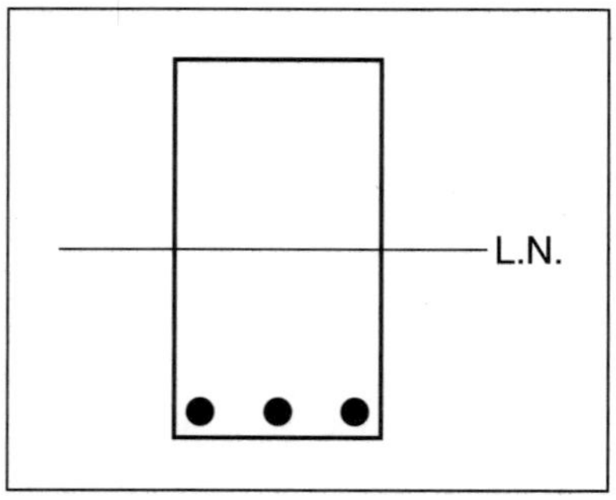

Acima da linha neutra, as lajes e as vigas trabalham à compressão, e abaixo desta linha, o concreto não resiste, ficando a resistência à tração por conta da armadura.

As lajes maciças são grande consumidoras de concreto numa estrutura de concreto armado e só a sua parte superior é que tem função útil, pois é a parte que resiste à compressão. Abaixo da parte comprimida, a estrutura está sofrendo tração e quem resiste é a armadura de aço. A fronteira da parte tracionada e da parte comprimida da laje (assim como das vigas) é a LN (linha neutra).

Considerando que a parte tracionada do concreto não trabalha, mas pesa, uma ideia é eliminar ao máximo esse peso morto inútil. Com uso de formas, podemos ter lajes nervuradas, como indicado a seguir.

Caso desejemos, por razões estéticas, ter o teto plano, podemos encher o espaço entre as nervuras com material leve inerte.

Lajes nervuradas são usadas em locais de grande vão e grande carga, como teto de salas de aula, salões de espera de locais públicos etc. Economizamos concreto e gastamos mais com formas. Cada caso é um caso e cabe aos participantes fazer os cálculos de custos e decidir.

As nervuras da laje nervurada fazem com que essa laje seja calculada como vigas com dois apoios nas extremidades. Para dar rigidez às lajes nervuradas, recomenda-se prever nervura transversal, em função do vão.

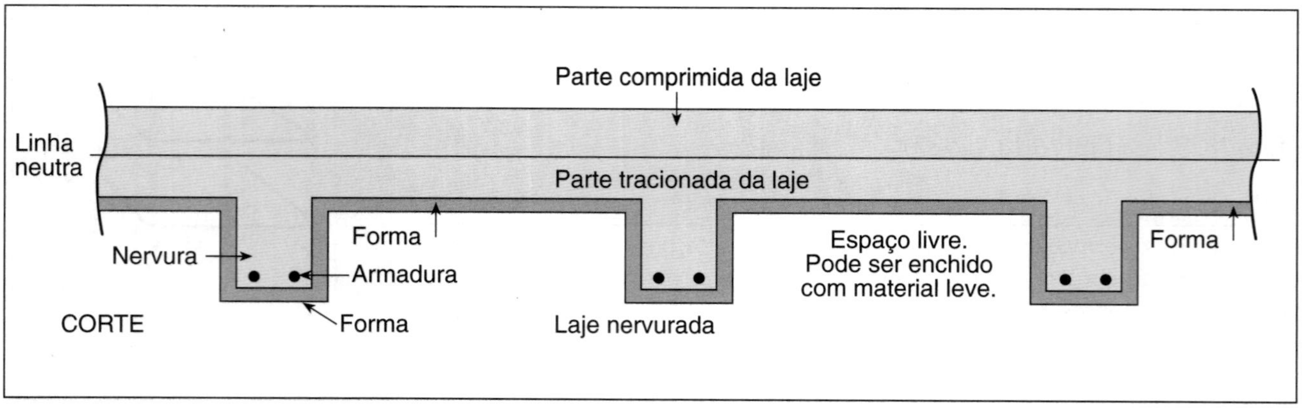

No desenho a seguir sobre lajes nervuradas, ver as restrições.

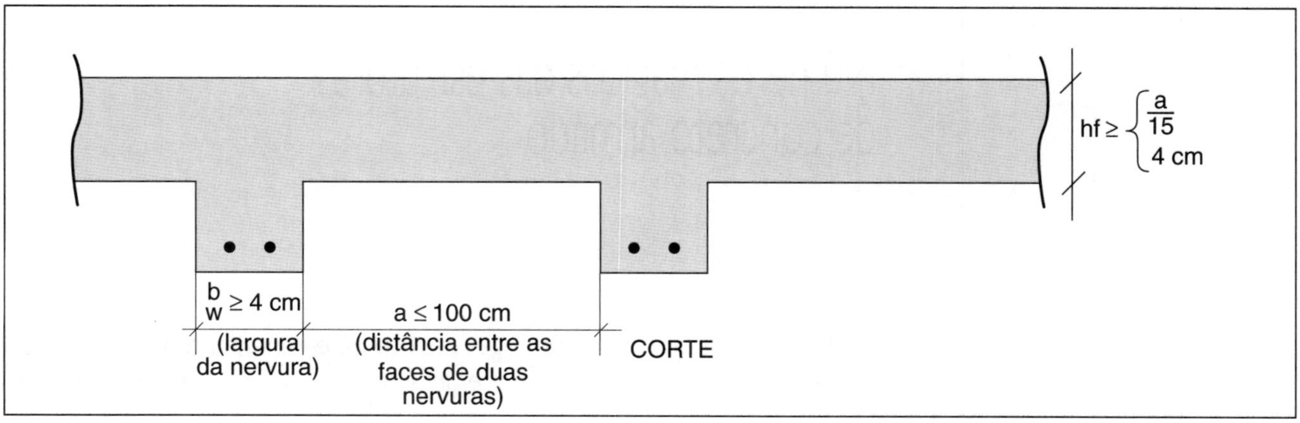

Um engenheiro-consultor, em texto de sua autoria, recomenda:

"Nas lajes nervuradas numa única direção será necessário colocar nervuras transversais de distribuição sempre que houver cargas concentradas e o vão da laje ultrapassar 4,00 m, sendo necessário no mínimo duas nervuras, se o vão ultrapassar 6,00 m."

Ver item 14.7.7, p. 97 da NBR 6118.

26

Números mágicos das estruturas de concreto armado

Num estudo preliminar de soluções estruturais é importante ter uma noção aproximada do que vai acontecer e uma noção da estrutura que vai nascer.

A experiência acumulada permite antever a participação relativa volumétrica de lajes, vigas e pilares em uma estrutura de concreto armado, exclusos as obras de caixa-d'água, escadas e fundações, que variam muito caso a caso.

A participação porcentual volumétrica de cada componente costuma ser algo como (estrutura convencional de concreto armado):

Prédio Jaú.

Prédio de apartamentos de classe média.

Quatro andares.

Três andares tipo, andar térreo diferente (garagem).

380 m^2 para cada andar tipo.

Prédio sem elevador.

Porcentagem volumétrica de cada componente em comparação com o total Prédio de apartamentos (ou escritórios convencionais)	
Lajes maciças de concreto armado	Algo como 50%
Vigas de concreto armado de seção retangular e eixo reto	Algo variando de 35% a 40% do total
Pilares de concreto armado com seção retangular	Algo variando entre 15% a 10 % do total

Além disso:

A quantidade previsível de consumo de aço da armadura de concreto armado é de cerca de 100 kgf/m^3 de concreto.

A previsão de consumo de formas (levando em conta o reaproveitamento) é de 12 m^2 de forma por m^3 de concreto.

Vamos aplicar esse quadro de participação porcentual a um estudo muito preliminar de um prédio de apartamentos com estrutura convencional de concreto armado.

O prédio tem quatro andares com andar tipo de 380 m^2 de área (ver o prédio padrão na página anterior).

Podemos usar um "número mágico" de 20 cm como uma espessura de laje que engloba o volume total de concreto das lajes, vigas e pilares.

Logo, o volume de concreto armado da estrutura do prédio será:

Volume = 380 m^2 x 4 andares x 0, 2 m = 300 m^3 de concreto armado no total, sendo:

0,5 x 300 = 150 m^3, para lajes;

0, 35 x 300 = 105 m^3 de concreto armado, para vigas;

0,15% x 300 = 45 m^3 de concreto armado para pilares.

A previsão de consumo de aço será proveniente do cálculo de 100 kgf de aço por metro cúbico de concreto, resultando:

100 x 300 = 30.000 kgf ou seja 30 t.

O uso de formas será algo como:

12 x 300 = 3.600 m^2.

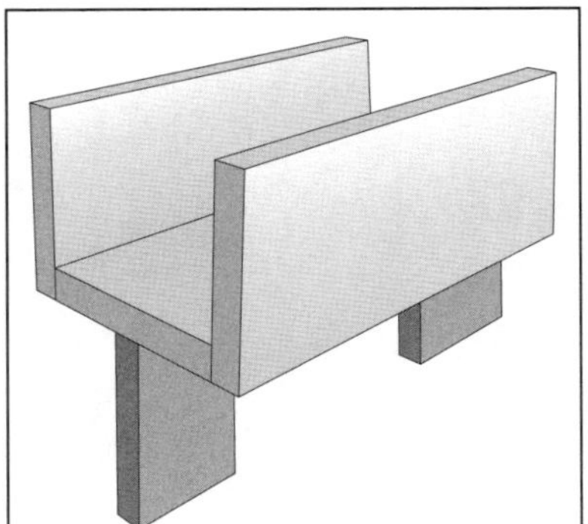

Formas

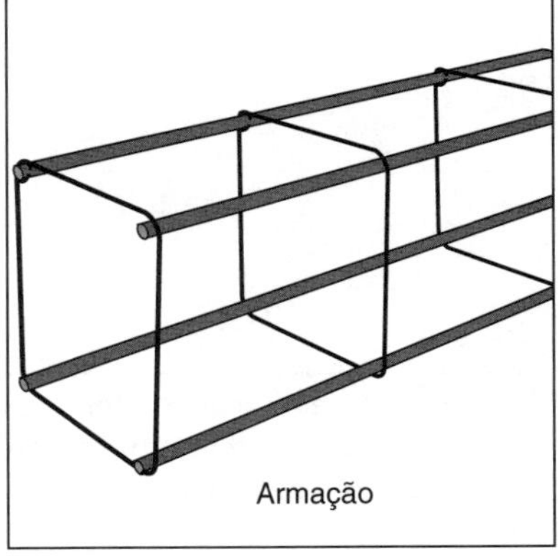

Armação

27

Lajes pré-moldadas de concreto armado: lajes-treliça

Dos três elementos fundamentais das estruturas de concreto armado, as lajes(*) são o elemento que mais têm soluções pré-fabricadas. A solução pré-fabricada de lajes:

- é de uso rápido;
- usa menos formas e escoramento;
- deixa a obra mais limpa;
- quanto a custos, depende de condições locais e até de opiniões.

Vários são os tipos de lajes pré-moldadas. Como este é um livro para iniciantes, falaremos de dois tipos mais usados: lajes pré-moldadas comuns e lajes treliça.

a) Lajes comuns

Laje pré-moldada comum também é chamada de laje com trilho ou lajes Volterrana ou laje tipo Prel.

(*) Como visto em capítulo anterior, as lajes maciças de concreto armado respondem por cerca de 50% do total do concreto de uma estrutura convencional.

Os fabricantes dessas lajes produzem elementos pré-moldados (trilhos) de concreto armado e fornecem também ao cliente blocos cerâmicos, além do projeto de instalação, adaptado às dimensões da obra. No local a ser coberto pela laje, os trilhos de concreto armado são colocados e depois encaixam-se os blocos. É feito um escoamento leve (não há formas), coloca-se armadura transversal e joga-se concreto sobre esse sistema. Depois de alguns dias, retira-se o escoramento, e, depois de mais alguns dias, a laje está pronta para ser usada. Em espaços a cobrir retangulares, a chave é vencer pelo menor vão.

A única crítica ao uso desse tipo de solução de lajes pré-moldadas é a maior possibilidade de surgirem fissuras nas lajes ao longo dos trilhos, fissuras essas sem maior problema de utilização, a não ser o problema estético.

Existem elementos cerâmicos de várias alturas e trilhos (pré-moldados de concreto armado) de várias dimensões e armaduras, dependendo da carga e do vão a vencer.

No interior do estado de São Paulo, o uso desse tipo de lajes pré-moldadas é enorme, chegando ao ponto de não mais se usar lajes maciças moldadas *in loco*.

Os elementos pré-moldados dessas lajes são usados também na construção de escadas e coberturas.

O Catálogo OESP da Construção Civil indicava, em velhas edições, a existência de mais de mil fabricantes dessas lajes, espalhados pelo país. Vejamos a seguir ilustrações e informações de montagem obtidas do catálogo das "Lajes Rei".

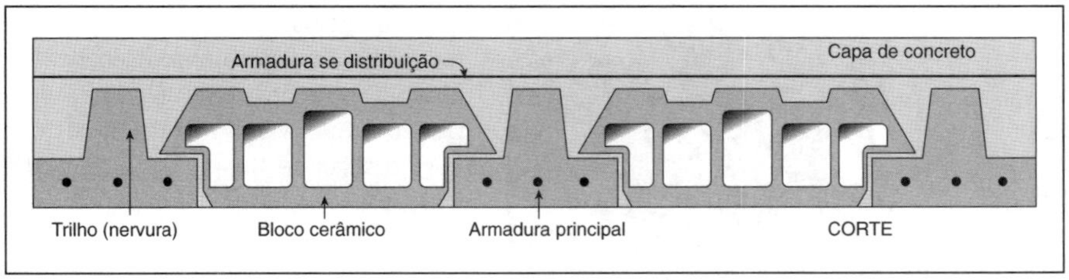

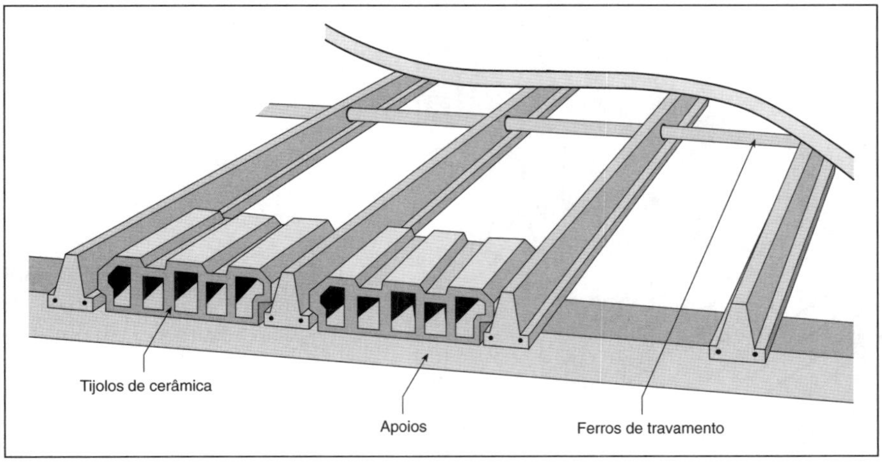

A distância entre o meio de duas nervuras é o intereixo.

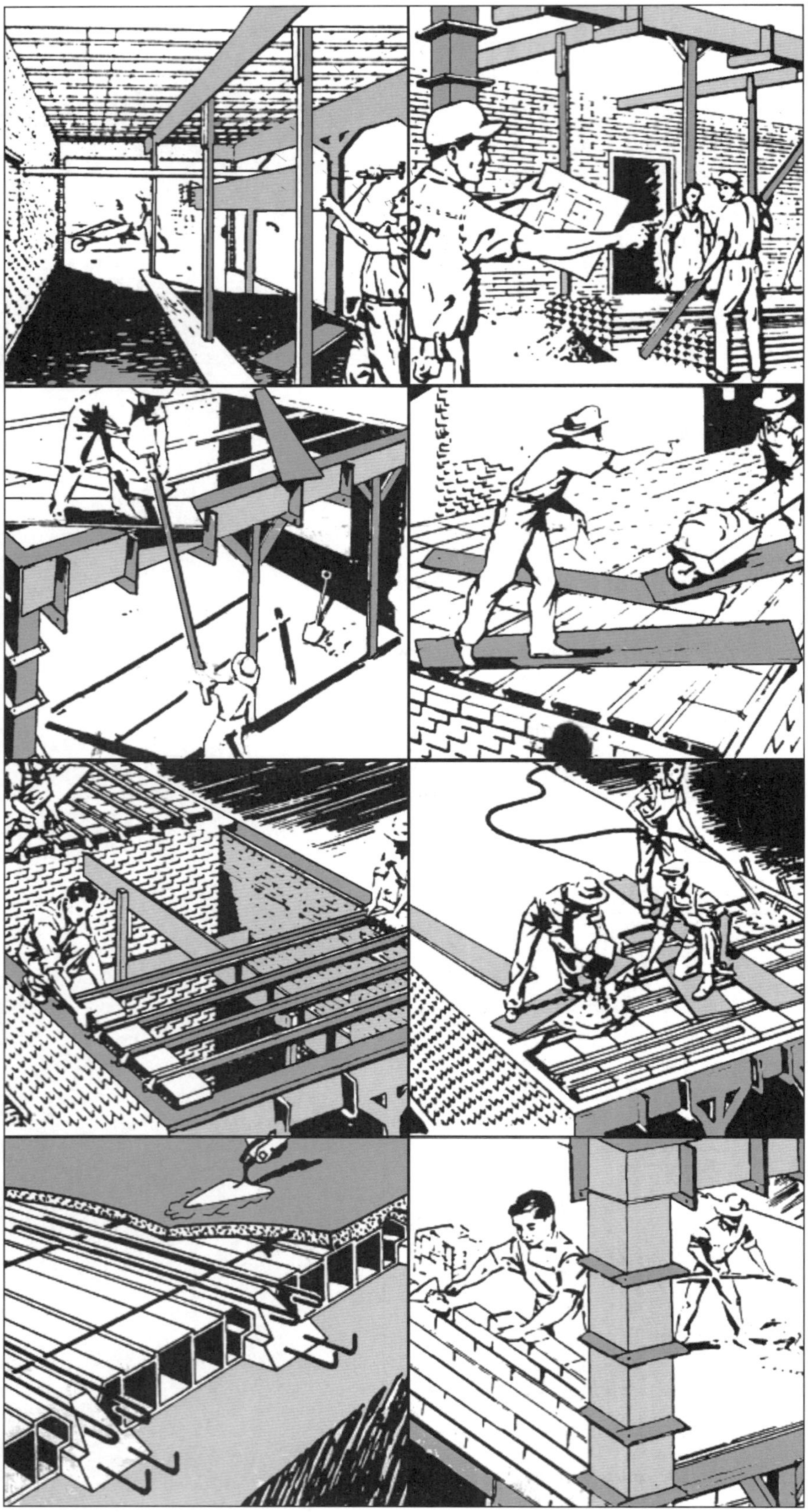

INSTRUÇÕES DE MONTAGEM

Todos os vãos devem ser escorados com tábuas colocadas em espelho e bem pontaletadas.
Verifique que o escoramento esteja apoiado sobre base firme, bem contraventado.

Ao receber as vigas, conforme com a planta anexa, para que a colocação das mesmas siga a ordem correta, pois a colocação só pelo comprimento das mesmas pode não dar certo.

O transporte vertical das vigas e dos tijolos para a colocação nos pavimentos elevados não oferece nenhuma dificuldade.

Para caminhar sobre a laje durante o lançamento do concreto, é aconselhável fazê-lo sobre tábuas apoiadas nas vigas. Nunca pise diretamente sobre as lajotas.

Coloque as vigas usando como medida um tijolo em cada extremidade, garantindo assim o espaçamento correto.

Vigas e tijolos devem estar bem molhados para o lançamento do concreto. Deve ser socado com a colher para penetrar nos vãos. A capa será feita com o seguinte traço: 100 L de pedra britada n. 1; 100 L de areia grossa e 1 saco de cimento.

Distribuir os ferros de acordo com as indicações de bitola e quantidade especificadas na planta. Ferros negativos são apoiados sobre a malha de distribuição, afim de garantir o correto posicionamento.

Durante os três primeiros dias após a concretagem, a superfície deve ser molhada com frequência. Desformar somente após 14 dias de cura. No caso de lajes de forro, tirar as escoras somente quando o telhado estiver pronto.

Especificações técnicas

Lajes com armação paralela β

Vãos livres máximos em metros para intereixo de 41 cm								
		Condição estática						
Sobrecarga kgf/m²		β-10	β-12	β-16	β-20	β-25	β-29	β-33
Apoio simples	50	4,99	4,99	6,97	8,00	8,00	8,00	8,00
	100	4,56	4,56	6,55	7,72	8,00	8,00	8,00
	150	4,25	4,96	6,22	7,37	7,84	8,00	8,00
	200	-	4,71	5,95	7,01	7,43	7,61	7,73
	300	-	4,33	5,51	6,32	6,77	6,97	7,15
	350	-	4,19	5,34	6,04	6,50	6,71	6,90
	500	-	3,83	4,83	5,37	5,84	6,06	6,29
	1.000	-	-	3,65	4,11	4,54	4,75	5,00
Lajes engastadas parcialmente em alvenaria	50	5,55	6,09	7,52	8,00	8,00	8,00	8,00
	100	5,10	5,67	7,07	8,00	8,00	8,00	8,00
	150	4,75	5,35	6,71	7,84	8,00	8,00	8,00
	200	-	5,08	6,42	7,37	7,81	8,00	8,00
	300	-	4,68	5,95	6,64	7,12	7,83	8,00
	350	-	4,51	5,74	6,35	6,83	7,53	7,76
	500	-	4,14	5,07	6,65	6,14	7,81	7,07
	1.000	-	-	3,84	4,32	4,78	5,12	5,30
Lajes contínuas	50	6,08	6,72	8,00	8,00	8,00	8,00	8,00
	100	5,57	6,26	7,80	8,00	8,00	8,00	8,00
	150	5,19	5,90	7,41	8,00	8,00	8,00	8,00
	200	-	5,67	7,08	8,00	8,00	8,00	8,00
	300	-	5,16	6,57	7,86	8,00	8,00	8,00
	350	-	5,01	6,36	7,63	8,00	8,00	8,00
	500	-	4,56	5,86	6,85	7,44	7,63	7,77
	1.000	-	-	4,67	5,25	5,80	6,15	6,36

Seções transversais – altura dos tijolos e da capa de concreto

- A combinação dos elementos acima com o lançamento de capas de concreto em espessuras adequadas resulta nos diversos tipos de lajes (ver figura a seguir).
- Outros tipos de lajes (seção dupla, alturas maiores) podem ser obtidas mediante consulta ao departamento técnico do fabricante.
- Os elementos intermediários (lajotas) são fornecidos em cerâmica e/ou argila expandida.

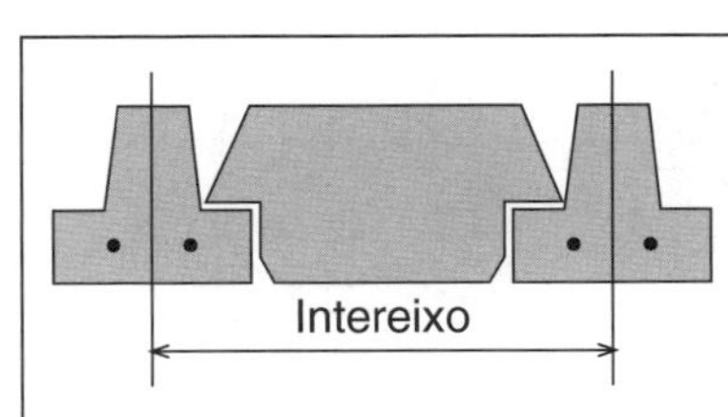

Peso próprio e consumo de materiais para capeamento (para intereixo de 41 cm).

Tipos de lajes

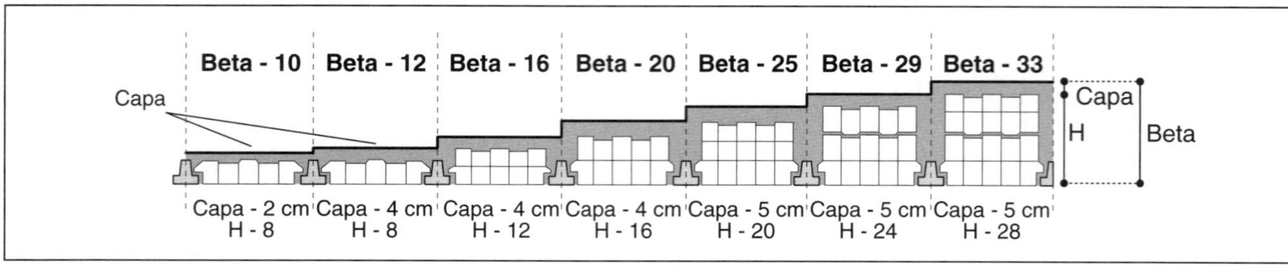

Tipo Beta	Destino	Altura total	Altura dos tijolos	Capeamento (cm)	Peso próprio	Concreto L	Cimento kg	Areia L	Pedra 1 L
10	Forro	10	8	2	117	28,0	10,6	19,0	19,0
12	Pisos, tetos, forros, terraços	12	8	4	163	48,0	18,2	32,5	32,5
16		16	12	4	205	57,0	21,6	38,5	38,5
20		20	16	4	244	66,0	25,0	44,6	44,6
25		25	20	5	304	85,0	32,2	57,5	57,5
29		29	24	5	346	93,0	35,2	62,8	62,8
33		33	28	5	384	102,0	38,5	68,9	68,9

Detalhe dos diversos tipos de apoios

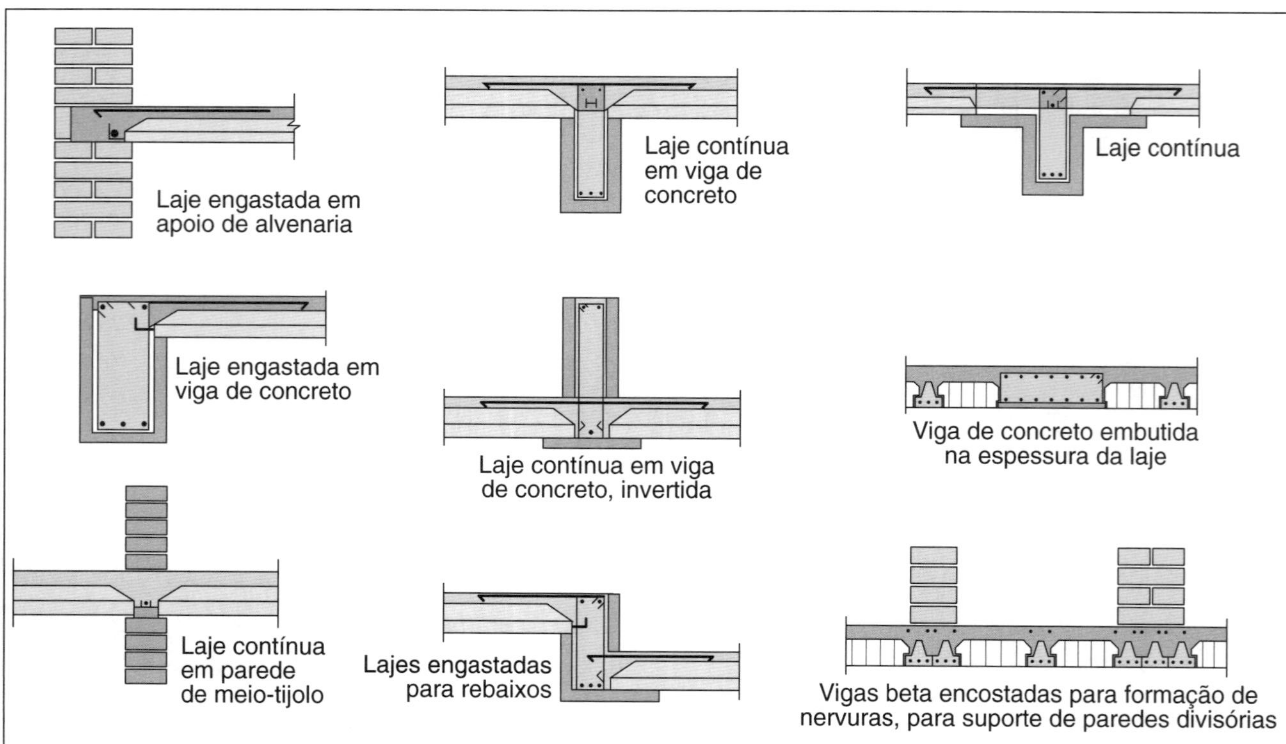

b) Lajes-treliça

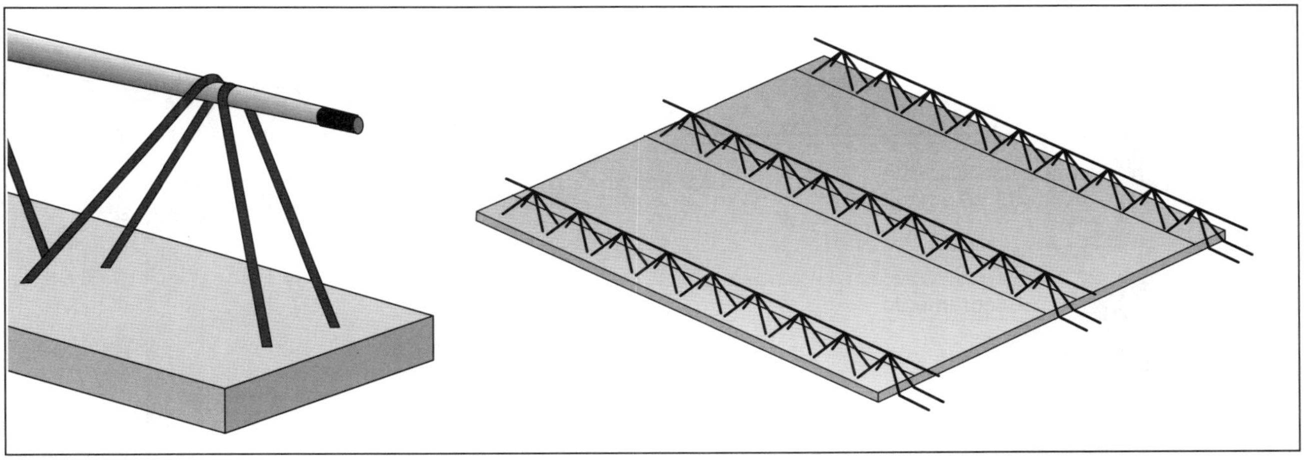

Lajes treliças – uma tendência dominante nos tempos atuais,

As lajes-treliça são uma evolução da laje pré-moldada tipo trilho-nervura com a utilização de uma pequena treliça metálica. Com isso, as lajes-treliça podem:

- vencer vãos bem maiores que as lajes pré-moldadas comuns;
- podem eliminar vigas de concreto armado moldadas no local.

Analogamente à solução de lajes pré-moldadas comuns, as lajes-treliça:

- aceleram as obras pelo fato de prescindirem de trabalho de formas e aliviam o escoramento;
- deixam a obra mais limpa.

Como a solução de laje-treliça utiliza um produto industrial em que o projetista da estrutura não acompanha a produção, quando se opta pelo uso dessa solução, é necessário:

- estudo do assunto;
- verificar outros fornecimentos do fabricante de lajes-treliça para outras obras das imediações;
- solicitar Anotação de Responsabilidade Técnica (ART, do Crea) do profissional responsável pela fábrica de pré-moldados;
- fazer uma visita à fabrica das lajes-treliça para ver como ela é fabricada e seu controle de qualidade.

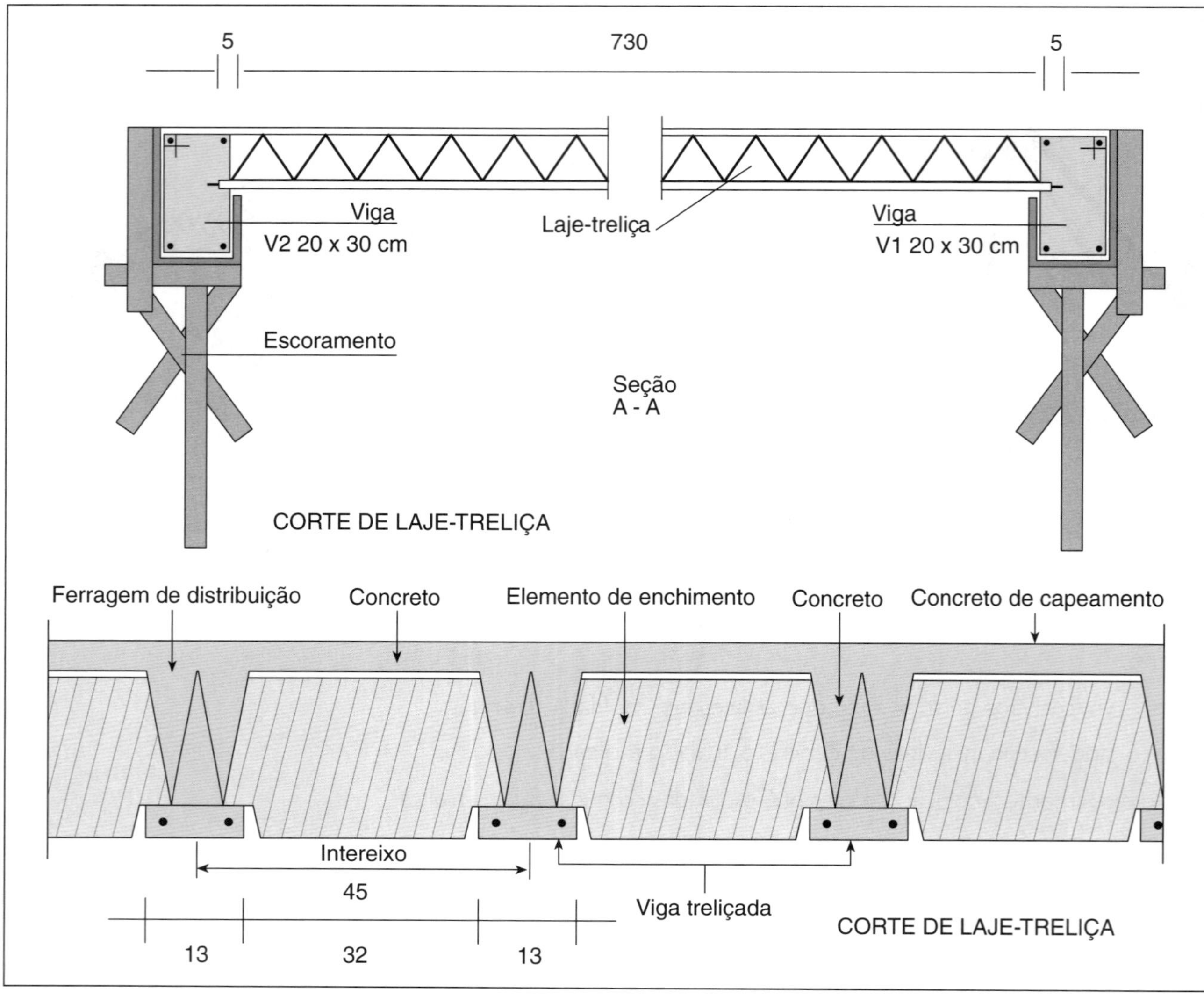

Para usar a solução de um fornecedor, usa-se um ábaco do tipo que se segue.

A rotina é a seguinte, usando o catálogo do fornecedor:

1) Verificar o tipo de apoio da laje-treliça.
2) Verificar a carga (carga acidental), levando em conta que o peso da laje-treliça normalmente já é levado em conta na execução da tabela, ou seja, pode ser esquecida pelo comprador. Verifique essa hipótese.
3) Verificar o vão.
4) Verificar o tipo de enchimento (há opções).
5) Depois disso tudo, entra-se na tabela e resulta o tipo de capa e a altura da laje-treliça.

Escolha bem o fornecedor.

ÁBACO – VÃO A VENCER									
Tipo de apoio	Carga kgf/m²	TIPO DE ENCHIMENTO							
		Cerâmico				Isopor			
		Capa 4		Capa 6		Capa 4		Capa 6	
		H 7	H 12	H 20	H 24	H 8	H 12	H 20	H 24
Apoio simples	100								
	200								
	400								
X	500								
	600								
	700								
	800								
OU									
Apoio semiengastado	100								
	200								
	400								
X	500								
	600								
	700								
	800								

Nota curiosa e muito didática:

Uma fábrica de lajes forneceu várias lajes para a construção de uma fábrica e a primeira parte já pronta "embarrigou" (flecha bem grande). Este autor foi indicado pelo fabricante de lajes para fazer uma vistoria/inspeção do problema e para recomendar ou não a continuação do uso. Bastou olhar para a obra para descobrir a causa da "barriga". Contrariamente ao indicado no catálogo do fabricante, que dizia que o escoramento devia se apoiar no terreno em tábuas para distribuir o peso, o escoramento se apoiava diretamente no solo e este recalcava. A causa do problema foi descoberta e sanada para o resto da fábrica. Detalhes são muito importantes. Faltou uma tábua, uma simples mas importante tábua...

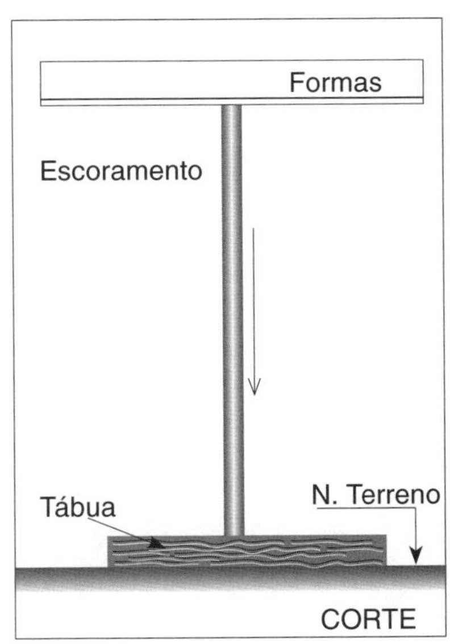

28

As fundações dos prédios: tipos e critérios de escolha

As cargas dos prédios têm que ser transmitidas ao terreno, ou sejam, as cargas correspondentes à:

- peso próprio da estrutura;
- carga acidental prevista pela norma NBR 6120;
- carga do vento;
- eventual carga de um muro de arrimo que se apoia na estrutura do prédio etc.

tem que ser levadas ao terreno e lá se dissipar, com poucos problemas.

Se o solo for muito resistente (rocha, argila dura), simples sapatas resolvem o problema. Prédios como o prédio "Sobre as Ondas," no Guarujá, SP, o hotel do Sesc, na Ilha do Boi, em Vitória, ES, descarregam o peso diretamente na rocha. Nesses casos, o problema de dissipação de tensões não existe, pois as cargas do prédio são insignificantes em relação à resistência das rochas.

Quando o solo pouco profundo é resistente, mas não tão resistente como um solo rochoso, podemos ter que usar uma solução do tipo sapata, que diminui a tensão no solo. Se o solo resistente estiver mais fundo, podemos usar o tubulão descarregando a carga total nesse solo mais resistente.

Por vezes usamos o atrito do solo para apoiar um prédio num solo. É o caso do uso de:

- pequenas estacas (moldadas no local) de concreto armado denominadas de brocas;
- estacas de aço;
- estacas pré-moldadas de concreto armado;
- estacas moldadas *in loco* (construídas no local) como as do tipo *Strauss* e tipo *Franki*;
- estacas de madeira.

Os fatores que governam a escolha da fundação são:

- cargas previstas no projeto estrutural;

- tipo de solo, cujas características são estimadas pelas sondagens geotécnicas;
- aceitação ou não da estrutura quanto a recalques (afundamentos);
- custo, prazo de execução, possibilidade de danos a obras próximas etc. Em Ouro Preto, MG, com seu casario colonial de paredes de barro cru ou de tijolos, ninguém pode pensar em usar estacas cravadas por percussão, pela vibração que a cravação destas estacas durante a construção dá ao solo e transmite às residências.

As obras de fundações sempre trazem recalques, ou seja, a obra afunda depois de pronta. Afunda de milímetros a decímetros. Às vezes, leva anos afundando (caso de solos argilosos). Solos arenosos têm recalques quase que imediatos.

Do ponto de vista estrutural, temos:

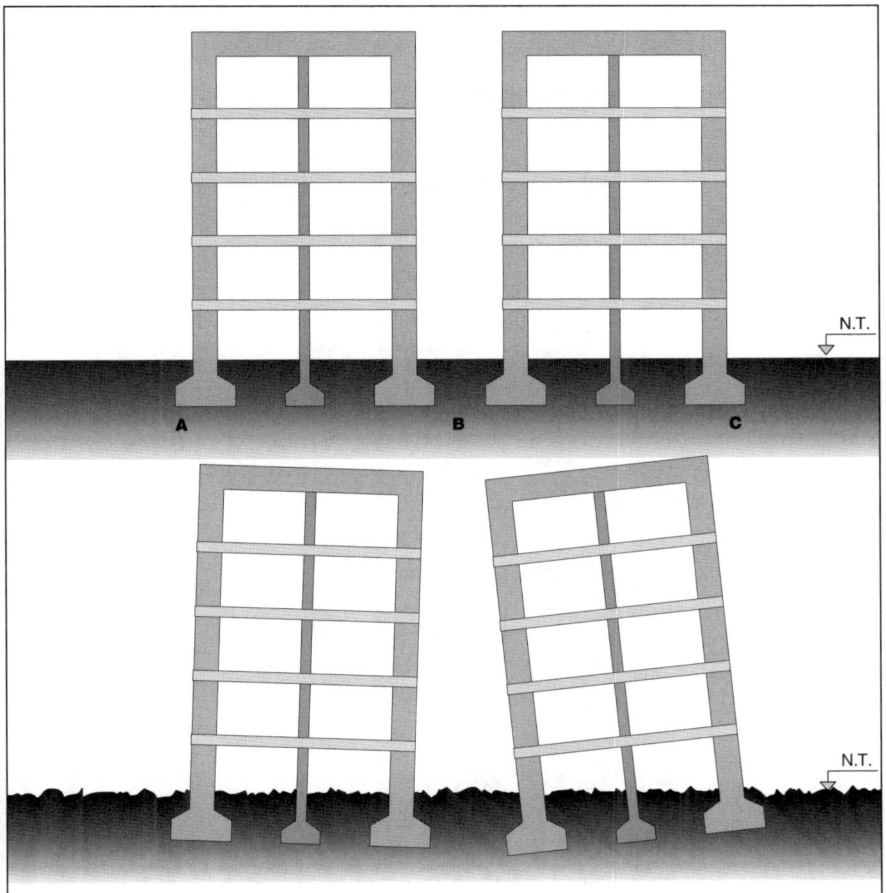

Recalques face à compressão do solo. Um dos prédios se inclina face aos recalques diferenciais. À pressão em B, atuam as consequências de duas cargas. Face a isso, os prédios se inclinam.

- recalques homogêneos (tudo afunda por igual), que não trazem consequências de esforços adicionais à estrutura, mas podem fazer que apartamentos do térreo fiquem no subsolo (!!);
- recalques diferenciais, quando uma parte afunda mais que a outra. Esse tipo de recalque introduz esforços não previstos nas estruturas, inclusive com trincas nas alvenarias, problema de funcionamento nos elevadores etc.

Combatem-se esses recalques com projetos adequados das fundações e da estrutura. Prédios de Santos, SP, ficaram famosos pelos problemas de recalques diferenciais, causados pela mútua interferência no solo, das cargas de prédios muito próximos.

Soluções do tipo sapatas para residências e pequenos prédios – Para usar esse tipo de solução, o solo de apoio deve ser raso e o lençol freático (nível de água do solo natural) deve ser baixo, não interferindo com a obra de fundação.

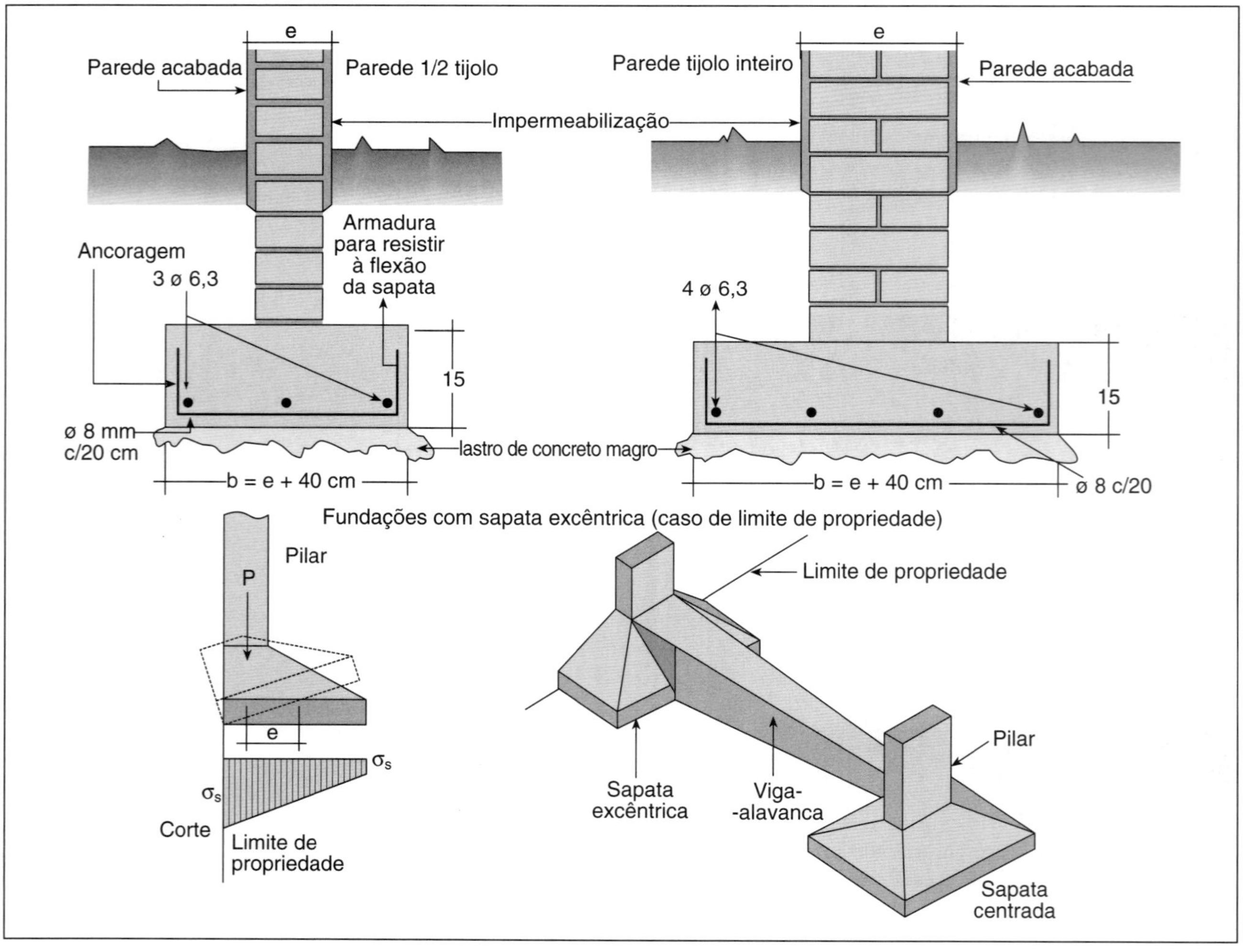

Outros tipos de fundações

Broca

Escavação manual do terreno com trado. É usada com sucesso para residências quando o solo superficial não é resistente e o solo resistente está mais baixo. O principal elemento resistente é o atrito ao longo da broca, que é uma pequena estaca.

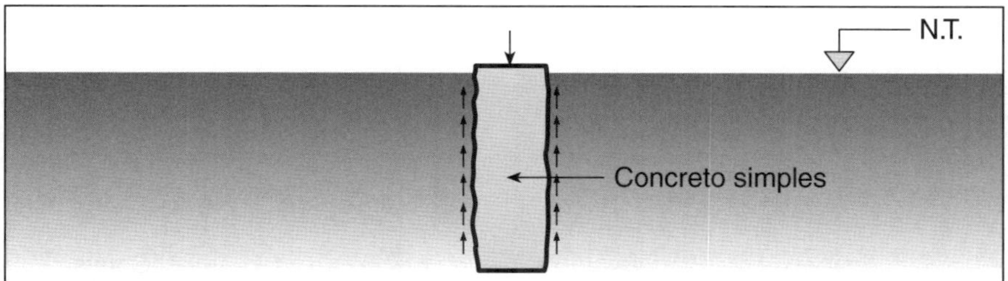

Feita a escavação manual, joga-se concreto no buraco. É a broca.

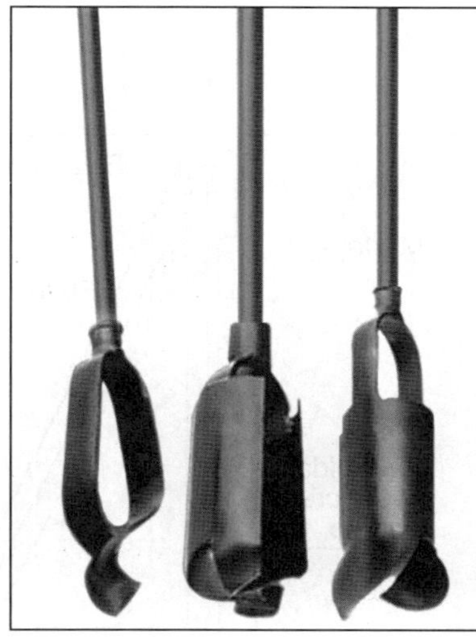

Alguns modelos de trado para escavar o terreno para depois jogar o concreto, nascendo as brocas.

Estaca Strauss (usada em fundações de prédios de média altura)

É uma grande broca e usa um equipamento para fazer a perfuração. Depois que o buraco está feito, é lançado concreto. Na parte superior da estaca, coloca-se uma armadura de ligação com o pilar da construção. A estaca *Strauss* é uma das soluções mais difundidas pelo Brasil, pela simplicidade de sua execução e simplicidade do equipamento usado.

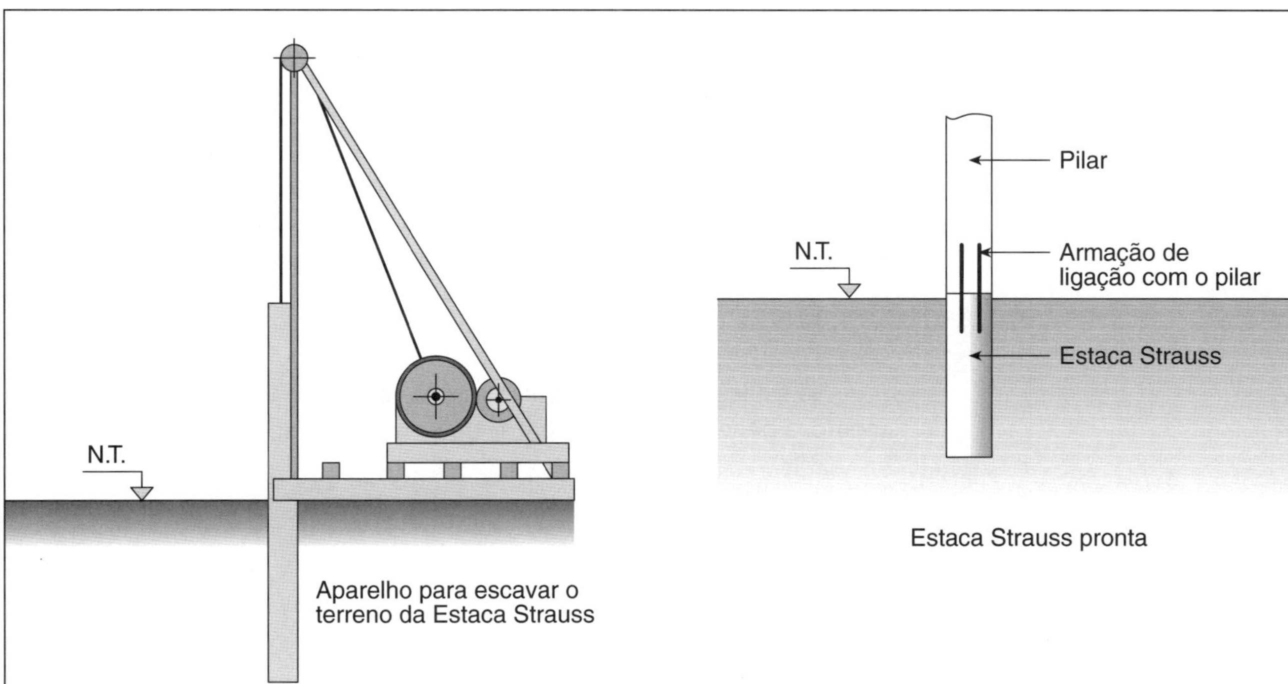

Aparelho para escavar o terreno da Estaca Strauss

Estaca Strauss pronta

Estaca pré-moldada de concreto armado e estaca tipo *Franki*

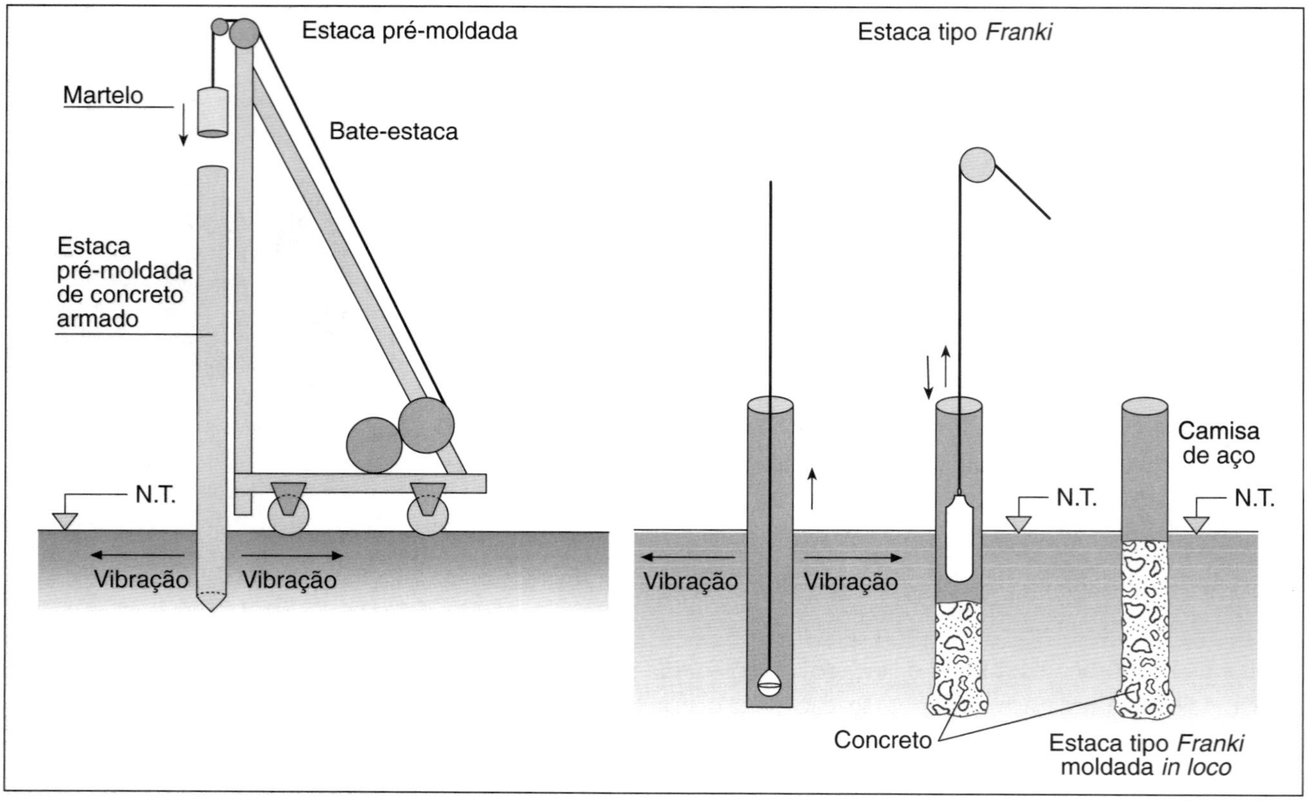

A estaca pré-moldada é produzida industrialmente em vários diâmetros e seções e depois é cravada no solo. A estaca é produzida em vários comprimentos que podem ser interligados. É uma solução muito usada em terrenos com alto lençol freático. As estacas são cravadas por percussão, ou seja, um grande peso com uma determinada altura é usado para que a estaca penetre no terreno. Face a isso, o bate-estaca com seu martelo introduz na estaca em cravação as condições de penetração no solo, mas isso traz vibrações e pode afetar obras de alvenaria próximas.

Na estaca tipo *Franki*, uma massa de concreto é obrigada, por apiloamento, a penetrar no solo dentro de uma camisa de aço.

Fundações com tubulões

São usadas para construções maiores e com muita carga. Não deixa de ser uma enorme sapata. A escavação é manual, por meio de trabalhadores chamados de poceiros. A escolha do diâmetro e a cota de apoio são funções do especialista de Mecânica dos Solos (fundações).

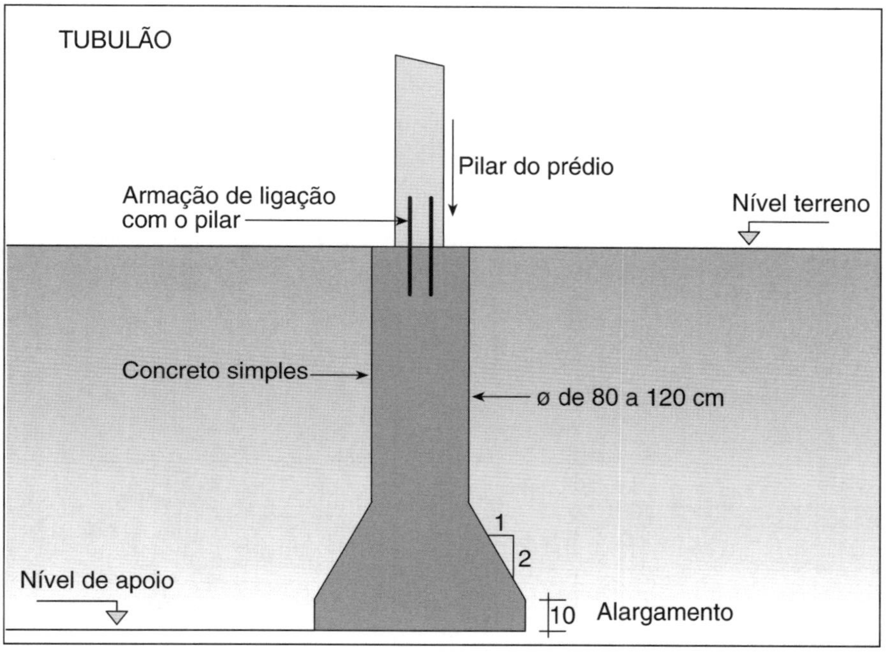

A seguir, desenhos de fundações de um sobrado. A solução adotada, já que o solo a 1 (um) metro de profundidade era resistente (informação de sondagens), foi o uso de sapatas de concreto armado. Só que o prédio na ordenada 2 m tinha limitações, pois começava o terreno do vizinho e não podemos invadi-lo. Tínhamos que ter nessa posição sapata excêntrica, o que aumenta a tensão no solo, situação aceitável, mas não ideal. Foi projetada então uma viga de equilíbrio (viga-alavanca) que pressupõe que distribua a tensão por igual por toda a sapata excêntrica e no solo suporte da sapata.

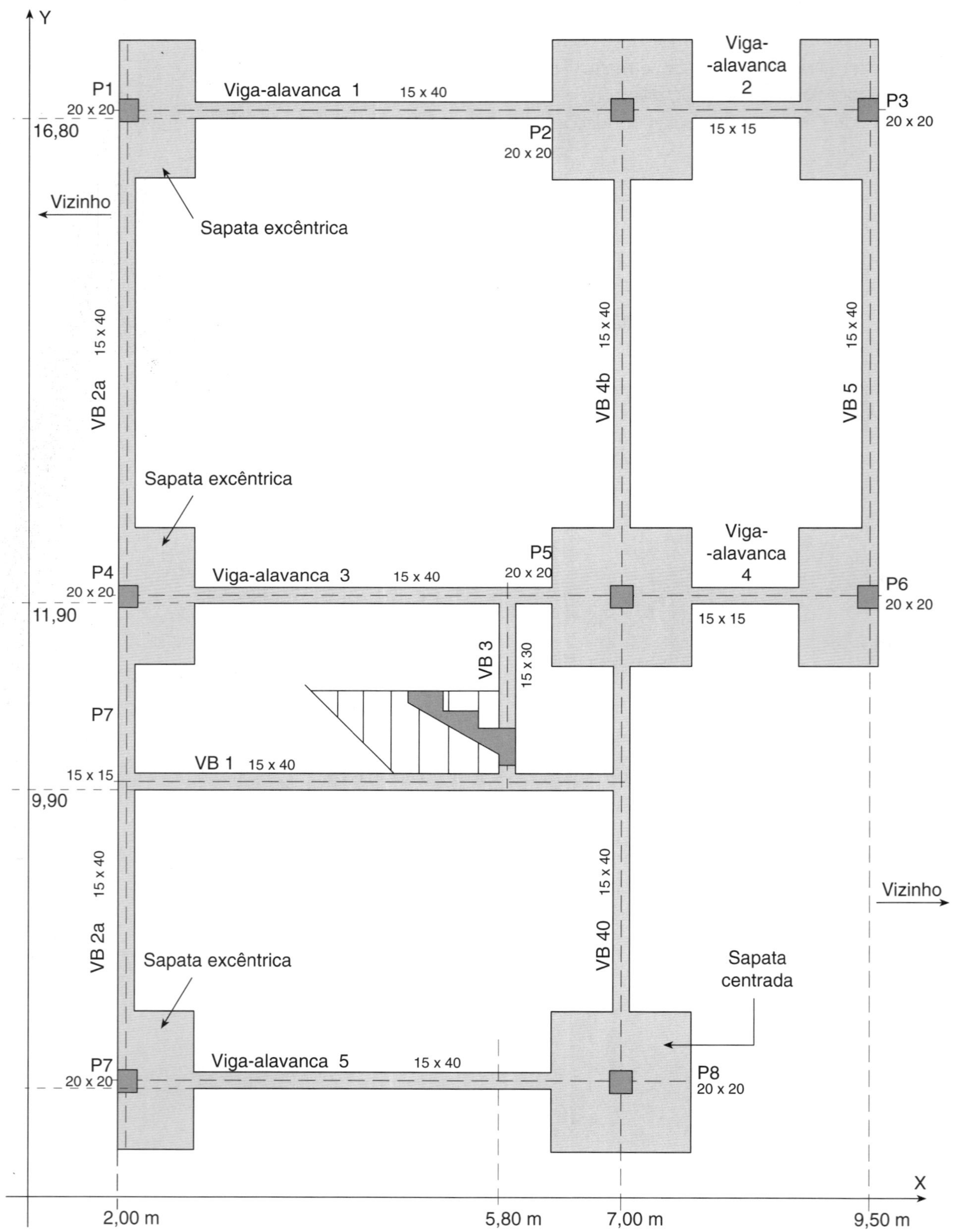

PLANTA DE FORMAS – FUNDAÇÕES

29

Amigos e inimigos de um bom concreto: durabilidade das estruturas de concreto armado

O concreto é uma pedra artificial e deveria durar, como duram as pedras, milhares de anos, embora saibamos que pedras de mármore sofrem ataques por muitos agentes do dia a dia da nossa vida, como, por exemplo, o atrito dos sapatos.

Excesso de passagem de água causa lixiviação, que é a retirada de parte do concreto (principalmente areia e cimento). Notar que, num calçamento novo, não se veem as pedras. Com a abrasão da passagem da água, as pedras do concreto começam a ficar visíveis. Veja na foto uma sarjeta de rua.

Como devemos fazer um bom concreto, ou seja, quais são os amigos de um bom concreto?

Os amigos de um bom concreto são os que a prática ensina, a saber:

- usar o mínimo de água na dosagem do concreto, pois água em excesso cria, com o tempo, pequenos vazios, face à evaporação da água;
- produzir concreto com um teor adequado de cimento;
- fazer adequado lançamento do concreto, sem causar excesso de trepidação no transporte e lançamento nas formas;
- fazer a vibração do concreto usando vibradores para expulsar o ar dentro do concreto e, com isso, minimizando a formação de vazios, que diminuem a resistência do concreto;
- fazer cura da superfície exposta do concreto molhando-a, ainda sem resistência;
- obedecer a adequada cobertura do concreto sobre a armadura, protegendo-a da entrada de ar e sua oxidação;
- quando houver contato permanente do concreto com água, impermeabilizar a superfície do concreto.

Quais são os inimigos da concreto?

São os opostos dos amigos. Os inimigos podem ser:

- atmosfera agressiva por gases industriais;
- atmosfera rica em umidade e sais, como os ambientes marinhos;
- uso exagerado de água na mistura do concreto, seja na mistura na betoneira, seja durante o recebimento do caminhão-betoneira;
- espaçadores do concreto porosos ou com espessura insuficiente;
- má amarração da armadura, deixando-a solta. Com a passagem de trabalhadores, apoiando-se erradamente nela e com o lançamento do concreto, a armadura sai do local previsto.

Durabilidade do concreto

Temos prédios de estrutura de concreto armado com quase 90 anos de vida e com sua estrutura perfeita. Vejamos:

- Prédio A Noite – Praça Mauá, Rio de Janeiro;
- Prédio Martinelli – São Paulo construído nos anos 30, do século XX;
- Ponte sobre o Rio Camanducaia, na Cidade de Amparo, SP, bairro Fazenda Modelo – anos 10, do século XX. Lamentavelmente a ponte foi demolida após danos por enchente do Rio Camanducaia.

É obrigatório destacar que muitas obras públicas dos anos 1970 em diante tiveram necessidade de reforço e reparo estrutural com menos de vinte anos de vida.

São várias as razões, entre as quais:

- Obras públicas têm sido feitas com prazos cada vez menores.
- O cimento evoluiu e com o mesmo fck pode-se usar maiores relações água-cimento e, com isso, a parte de resistência está obedecida, mas a alta relação água-cimento levou à produção de um concreto mais permeável, e, dessa forma, a cobertura de concreto sobre a armação diminuiu sua ação protetora.
- Falta de cura, desforma fora de hora, falta de cuidado na colocação da armadura, má qualidade da mão de obra, face a sua baixíssima remuneração.

Caso extremo de teratologia (mal interno), vejamos uma casa construída com água do mar.

Água do mar foi usada para fazer a mistura do concreto. É visível a corrosão severa da armadura. Foto de casa construída nos anos 1940 na Flórida, EUA.

Ref. "Concrete Construction" January, 1985.

Nota: O ambiente urbano mais agressivo que este autor conhece é a Praia do Futuro, Fortaleza, CE, face à alta umidade do ambiente litorâneo, com salinidade e fortes ventos.

30

Escadas de concreto armado

Existem muitos tipos de escadas de concreto armado, helicoidais, pré-fabricadas, semelhantes a vigas etc. Face à abordagem didática e resumida deste livro, vamos apresentar a solução mais comum e simples, que é a escada-laje que é calculada como se laje fosse.

Basicamente, o cálculo é o cálculo de uma laje e, portanto, importa:

- o vão a vencer (distância entre os dois apoios extremos);
- a carga acidental dada pela norma. Notar que essa carga é maior que a carga distribuída em lajes de piso comum, pois se admite, em casos de fuga em perigo, o acúmulo de pessoas na escada;
- o peso próprio da estrutura da escada, que inclui a parte da laje que é o elemento resistente, os degraus e o revestimento;
- o fck do concreto e o tipo de aço.

Sendo uma laje, as estruturas de escadas não usam estribos.

A escada é a parte da estrutura de concreto armado que mais cuidado exige em termos de dimensões. Verificar as medidas na obra. Uma escada construída com degraus de alturas variáveis é de difícil reforma e sempre haverá um usuário que poderá tropeçar.

Cuidado com a posição das armaduras principais. Não fazer curvas com a armadura principal; isso pode dar trincas. Use duas armaduras, uma independente da outra, e o concreto fará com que elas trabalhem como se deseja e, com isso, se evitam fissuras.

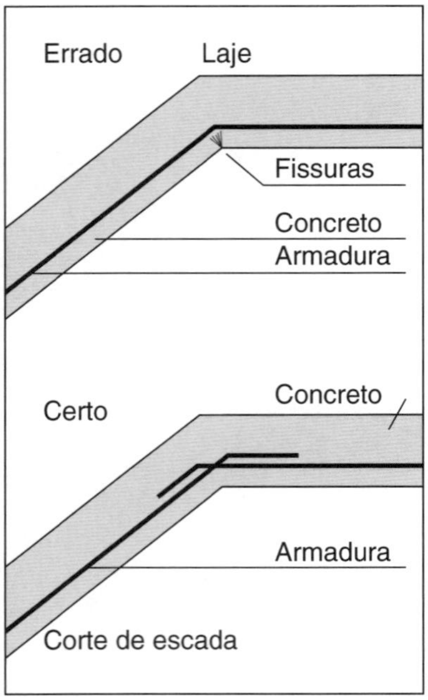

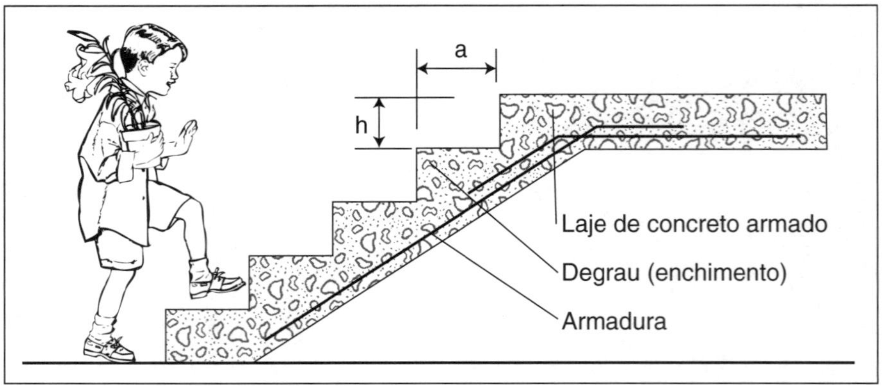

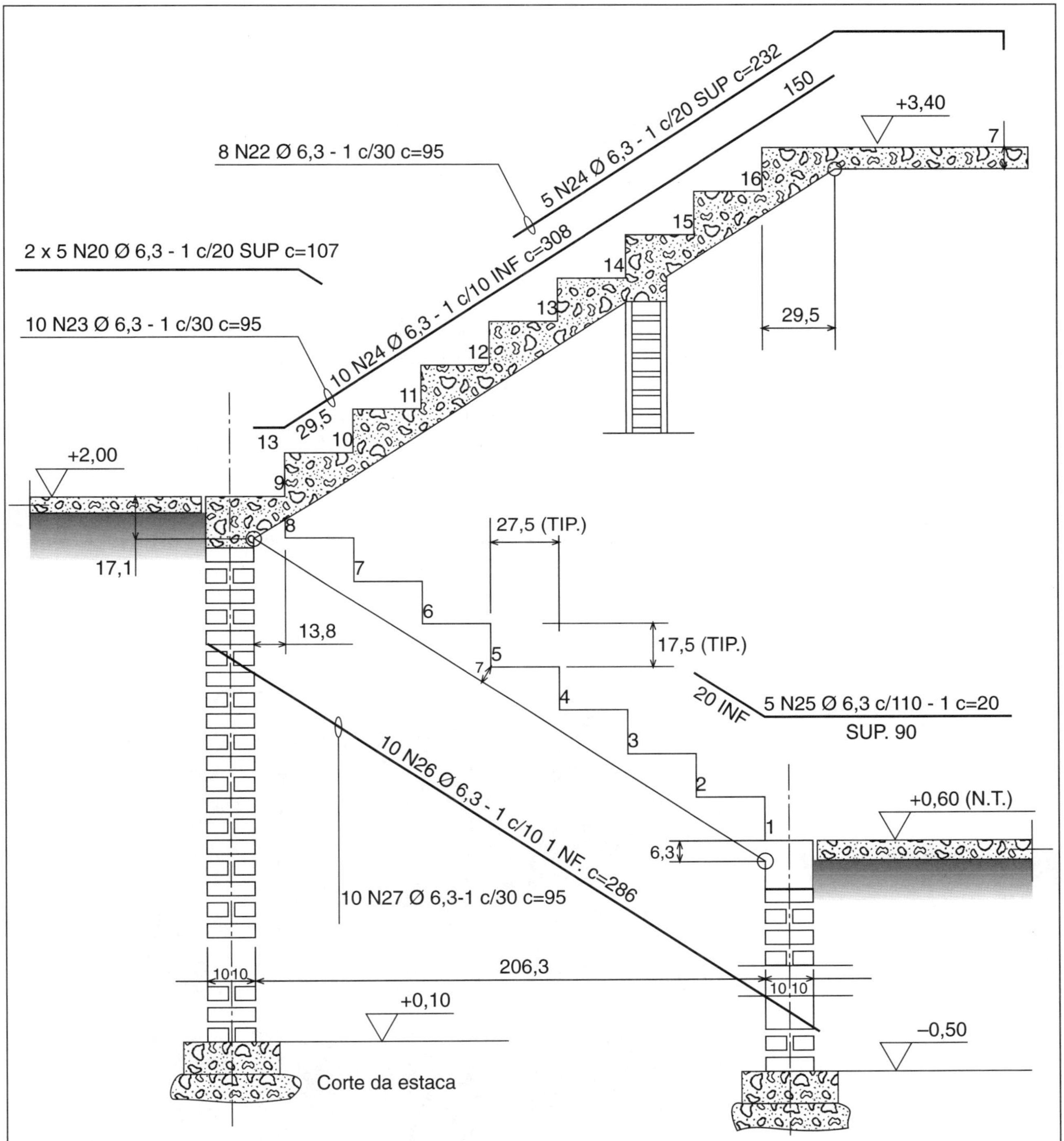

Desenho de projeto do Eng. Paulo Winters.

Fórmula do arquiteto francês Blondel para o conforto e segurança dos usuários da escada.

$$2h + a = 62 \text{ a } 64 \text{ cm}$$

Ex.: h = 18 cm (adotado). Calculemos a: $2 \times 18 + a = 62$, logo, a = 26 cm.

31

As paredes de alvenaria e as estruturas de concreto armado

Estamos estudando, com mais detalhes, as estruturas de concreto armado de edifícios usando as soluções tradicionais do tipo lajes, vigas, pilares e fundações. Nesses prédios, as alvenarias (tijolo maciço, blocos cerâmicos ou blocos de concreto) não têm, em princípio, qualquer função estrutural. Podemos, até por livre escolha da construtora, construir toda a estrutura de concreto armado e, depois dela pronta, colocar as paredes externas e internas de alvenaria. Ou seja, as paredes de alvenaria só servem para dividir espaços.

Em prédios sem vigas ou sem pilares, a alvenaria é estrutural e decisiva para dar segurança e estabilidade aos mesmos(*). Não podem ser removidas essas alvenarias estruturais.

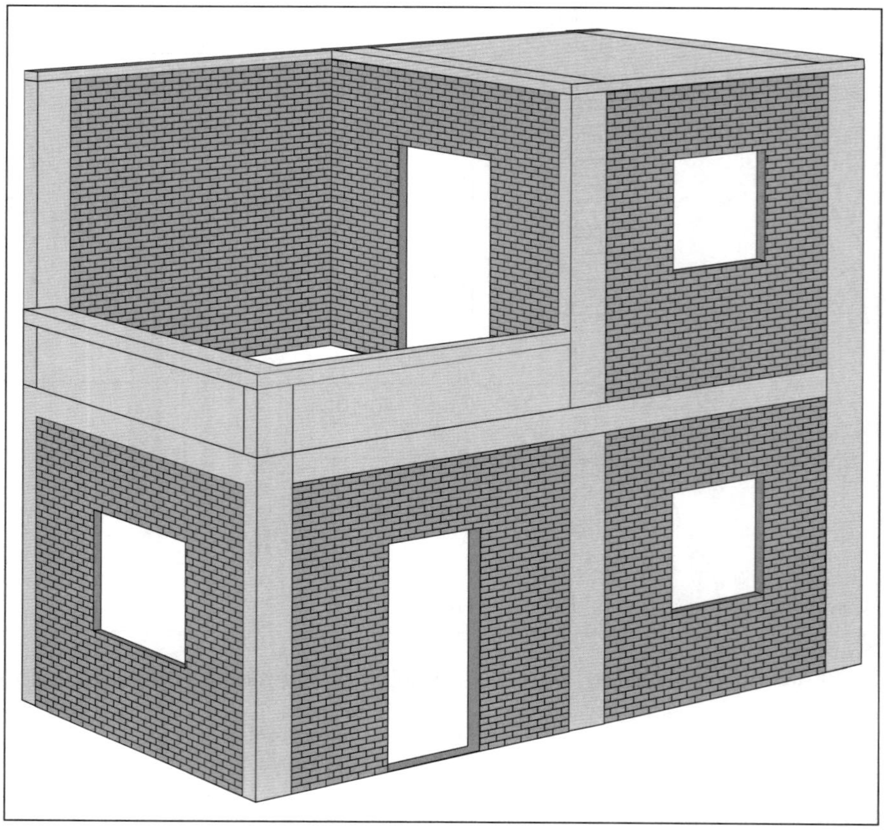

(*) Nestes anos iniciais do século XXI no estado de São Paulo, já se constroem prédios sem vigas e sem pilares de até quinze andares. Destaque-se que no encontro de paredes, nesses prédios, é colocada uma armadura descendo pelos blocos e uma argamassa (areia + cimento + água) denominada de *grouting*.

Apesar dessa premissa da independência da alvenaria, os prédios tradicionais de concreto armado têm que tomar cuidados com as alvenarias, pois, senão, acidentes mortais podem acontecer.

Exemplos de cuidados:

- A alvenaria deve ser amarrada aos pilares com a colocação de barras ligando-se, via argamassa de assentamento dos tijolos, aos pilares.
- A alvenaria na sua parte mais alta deve ser encunhada com a laje, para dar uma estabilidade a essa alvenaria.
- No encontro de alvenarias, deve haver um mútuo travamento, para não deixar nada solto.
- A alvenaria de uma sacada deve ser amarrada à estrutura do prédio para que não fique solta e não caia ao impulso moderado de um grupamento de pessoas usuárias da sacada.
- Em cima e embaixo de janelas, em cima de portas deve haver vergas.

Nota: Recomenda-se a leitura do artigo "Ligação de paredes com vigas e lajes", Revista Techné, n. 86, de maio de 2004.

32

Estudando as alternativas estruturais: estrutura de concreto armado ou estrutura metálica

Diante da necessidade de construir um prédio de apartamentos ou de escritórios, sempre surge a questão: qual a estrutura a escolher? Estrutura de concreto armado ou estrutura metálica?

Vejamos as vantagem e desvantagens de cada uma:

Concreto armado

- não precisa de mão de obra muito especializada;
- tem maior resistência ao fogo;
- tem maior resistência aos danos de um incêndio;
- em princípio, é mais barata que a estrutura de aço.(*)

Estrutura metálica

- é muito mais rápida de construir que a de concreto armado;
- suas lajes sempre serão de um tipo de concreto (laje maciça ou laje pré-moldada).

Um supermercado visitado pelo autor e que se assistiu parcialmente a construção adotou como solução:

- vigas de aço;
- pilares (chamadas de colunas) de aço;
- lajes pré-moldadas de concreto usando blocos cerâmicos no enchimento e concreto armado na capa;
- paredes externas de alvenaria de blocos de concreto;
- paredes internas de gesso.

Foi a solução mais rápida para se ter a edificação funcionando logo. Os lucros comerciais advindos do supermercado estar pronto devem ter justificado a escolha da solução construtiva mais cara.

(*) Apesar do que está escrito neste capítulo, em Bragança Paulista, SP, está em construção um conjunto de prédios populares com estrutura de aço.

Mais uma vez, verifica-se que não há, na arquitetura e engenharia, como esquecer questões como custo e prazo de execução, prazo esse que altera o conceito de retorno mais rápido ou mais lento do investimento.

Em construções de prédios residenciais, a opção pela solução de concreto armado quase sempre impera nestes anos iniciais do século XXI.

Nota: Uma das edificações mais conhecidas de São Paulo não tem cobertura de concreto armado ou de telhas de barro ou telhas de cimento amianto. A cobertura é uma estrutura de alumínio, obra gigantesca e bela. É o Pavilhão do Palácio das Exposições do Anhembi, obra projetada pelo Arquiteto Jorge Wilhein.

Prédio usando treliças de concreto armado (Largo Marechal Deodoro, São Paulo, SP). Esse prédio optou por usar treliças de concreto armado na ligação do andar tipo para o andar térreo. É uma solução pouco usual.

Empire State Building (década de 1930). Suas estruturas (vigas e pilares) são inteiramente de aço. As lajes podem ser feitas de concreto, ou outro material. As fundações foram feitas com estacas com perfil de aço.

O prédio do antigo Banco do Estado de São Paulo – Banespa na cidade de São Paulo, guarda uma semelhança arquitetônica ao *Empire State Building* (Nova York), mas é algo mais baixo. Esse prédio é todo construído com estrutura de concreto armado e alvenaria de tijolo maciço.

Também o Edifício Martinelli, em São Paulo e o prédio da "A Noite" (praça Mauá, Rio de Janeiro, o primeiro grande arranha-céu carioca) foram construídos com essa concepção estrutural.

O Empire State Building usa pilares (colunas) e vigas de aço.

33

Diálogos interativos entre o arquiteto, o projetista da estrutura e o projetista das instalações hidráulicas e elétricas

O projeto de uma edificação é o trabalho integrado de um arquiteto, um profissional de estruturas e de fundações e o projetista das instalações hidráulicas e elétricas. Em prédios mais sofisticados, entram os assuntos ar-condicionado, sistemas de informática e sistemas de segurança etc. Em edifícios hospitalares, entram os sistemas de vapor, ar comprimido, ar medicinal e até o sistema de coleta de resíduos de refugos de respiração. É necessária a integração de todos esses profissionais e inclusive as informações dos fornecedores de equipamentos.

Há que haver encontros frequentes, entre os participantes, atas de reunião e uma cabeça na liderança no sistema de coordenação. O arquiteto pode ser um profissional extremamente útil no comando dessa integração.

Recomendamos comprar e ler o vol. 2 do livro *Concreto armado eu te amo*, p. 12, Seção 1.1.1, de título "Para fazer um bom projeto estrutural".

O processo integrado de criação e comunicação entre os profissionais lembra um helicoide, permanentemente em evolução e crescimento.

Uma das chaves do melhor diálogo é documentar e distribuir para todos as conclusões das reuniões. Lembrar que comunicação não é o que se fala ou se deseja falar, e, sim, o que o outro entende.

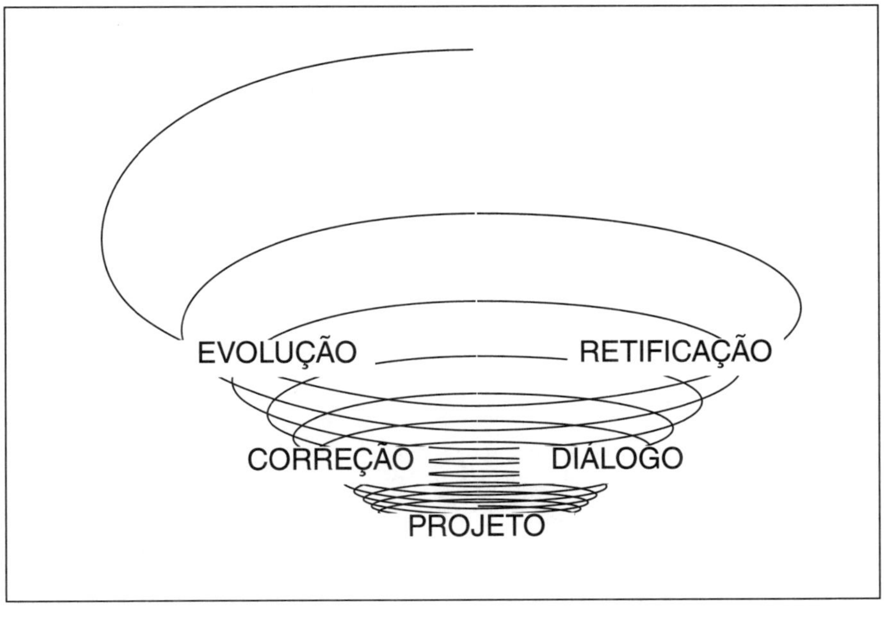

34

Os produtos finais do projeto estrutural: desenhos de forma e armação, lista de materiais e especificações

Os produtos finais do projeto estrutural são:

- plantas de formas;
- plantas de armação;
- lista de materiais;
- especificações de concreto e aço e até alvenaria;
- planos de concretagem (onde parar cada fase da concretagem).

Vamos apresentar, a seguir, desenhos de detalhes provenientes de trabalhos profissionais.

Inicialmente um projeto estrutural para um sobrado em Curitiba, PR. O projeto estrutural é do Eng. Paulo Winters, engenheiro civil.

O projeto da casa foi do Arq. Gileni Simões, nos anos 1980.

Seguem-se, depois, desenhos da Engª. Marisa Leonel Fuzihara. A todos agradeço.

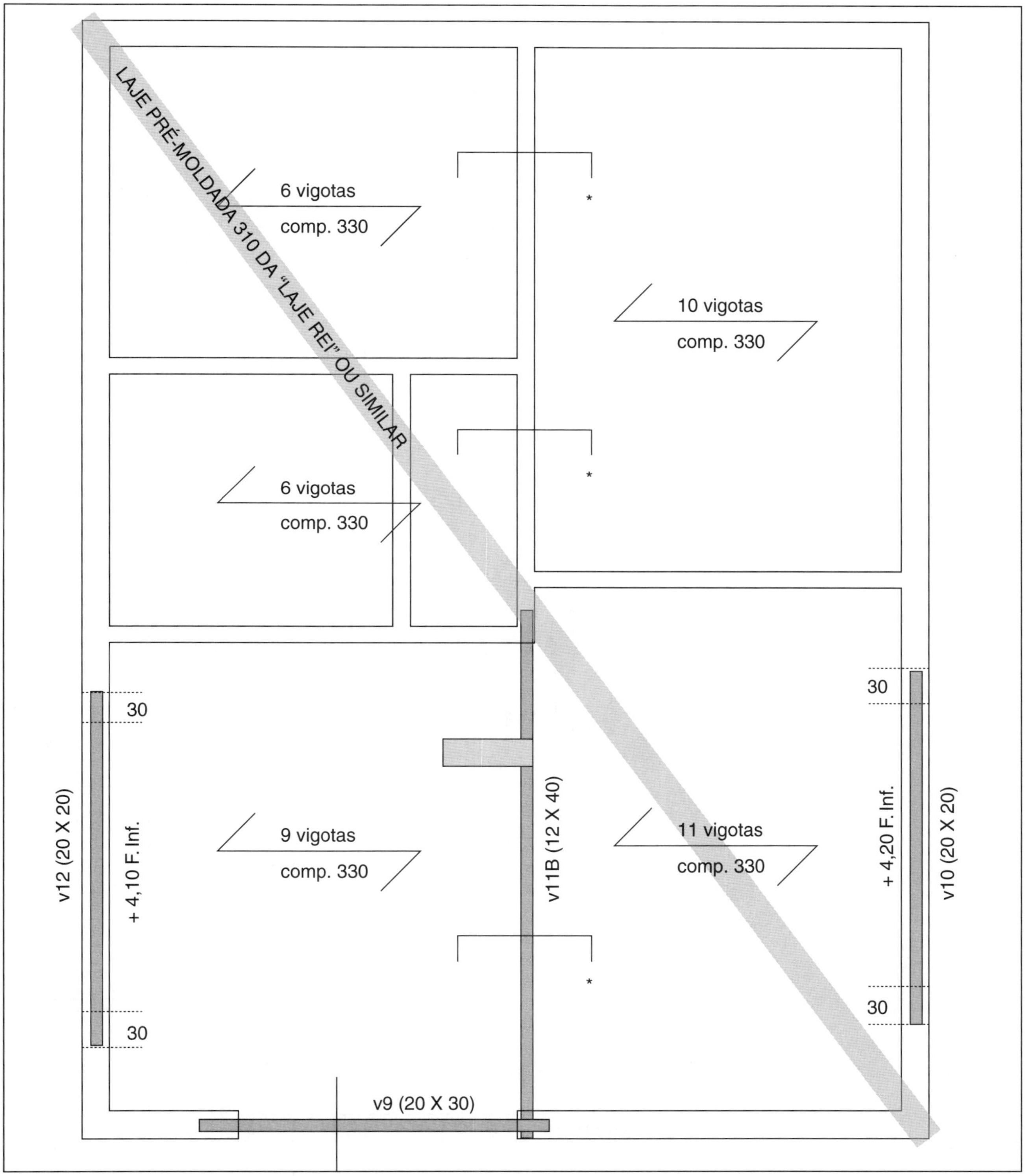

Parte do desenho de formas. Notar a recomendação de uso de lajes pré-moldadas comum. Notar a indicação de armadura negativa no apoio interno as lajes pré-moldadas. É para evitar fissuras.

VIGAS

Modelos

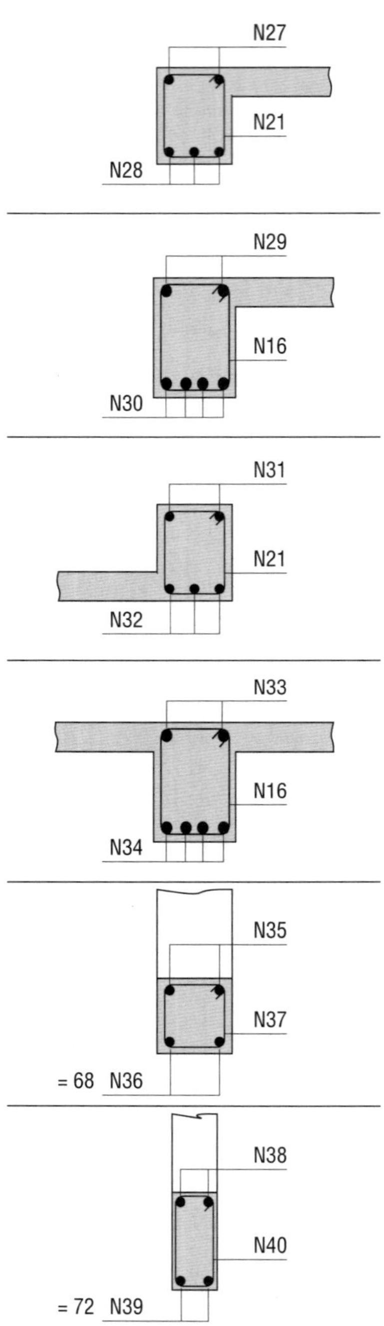

Aço CA50

N	Ø mm	Q	Unit.	Total
1	6,3	2	348	6,96
2	6,3	2	268	5,36
3	12,5	2	595	11,90
4	12,5	2	230	4,60
5	12,5	4	503	20,12
6	12,5	2	688	13,76
7	6,3	93	98	91,14
8	12,5	2	513	10,26
9	6,3	2	398	7,96
10	12,5	2	300	6,00
11	12,5	1	200	2,00
12	12,5	1	260	2,60
13	12,5	1	260	2,60
14	12,5	1	458	4,58
15	12,5	2	876	17,52
16	6,3	98	108	105,84
17	10	3	288	8,64
18	6,3	2	288	5,76
19	10	1	408	4,08
20	10	2	541	10,82
21	6,3	84	88	73,92
22	10	2	450	9,00
23	10	2	450	9,00
24	6,3	2	363	7,26
25	12,5	8	363	29,04
26	6,3	21	128	26,88
27	6,3	2	340	6,80
28	10	3	340	10,20
29	6,3	2	350	7,00
30	10	4	350	14,00
31	6,3	2	300	6,00
32	10	3	300	9,00
33	6,3	2	290	5,80
34	10	4	290	11,60
35	6,3	4	280	11,20
36	10	4	280	11,20
37	6,3	64	68	43,52
38	6,3	2	265	5,30
39	10	2	265	5,30
40	6,3	17	72	12,24
41	6,3	21	92	19,32
42	10	2	175	3,50
43	10	2	175	3,50

Lista de materiais AÇO CA50

Ø	m	kg
6,3	448,26	112,06
10	109,84	69,19
12,5	124,98	124,98
TOTAL		306,23

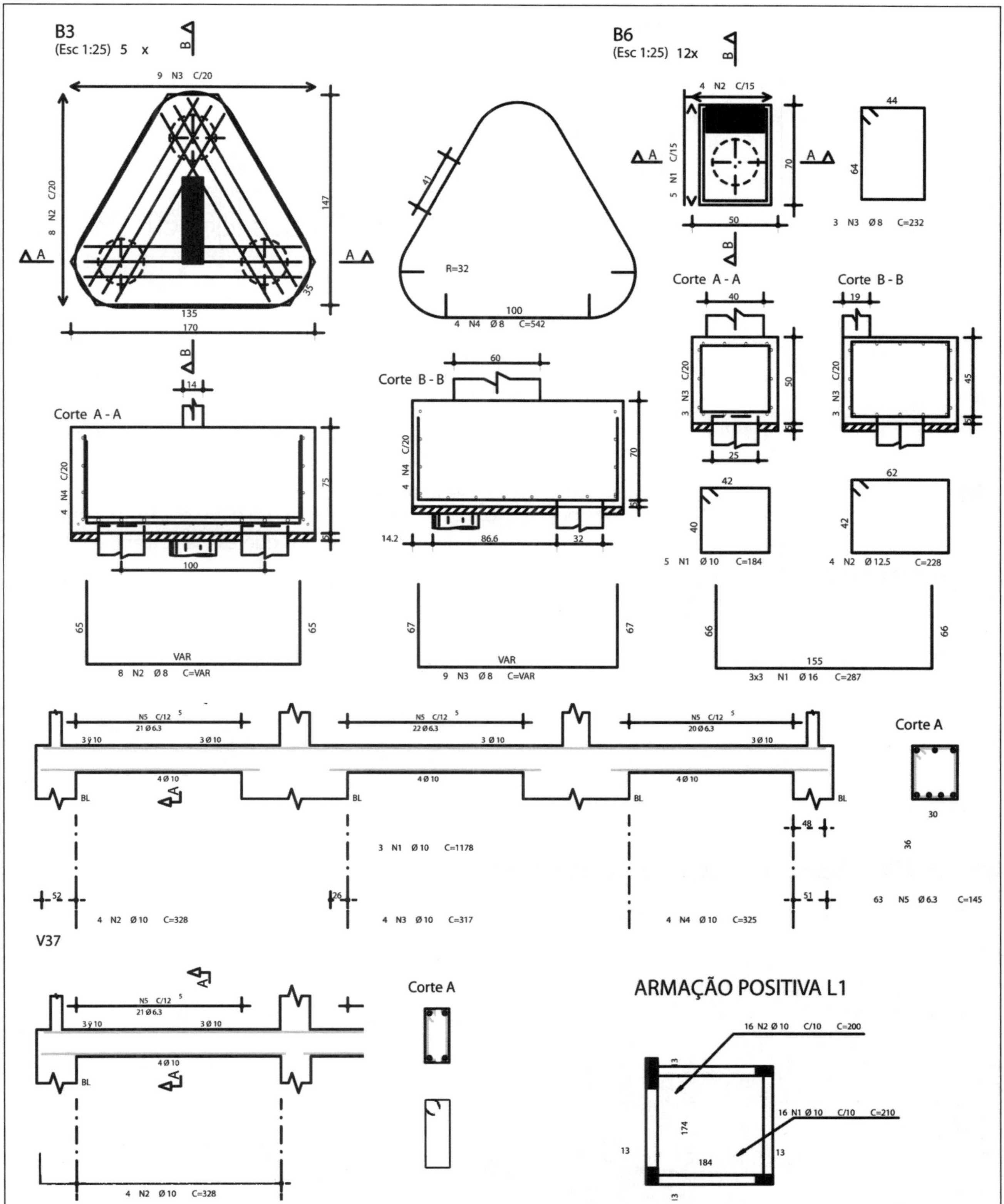

Blocos de ancoragem
Desenhos em CAD da Eng[a]. Marisa Leonel Fuzihara

35

A parte frágil e perigosa das estruturas de concreto armado: as lajes-marquise (o mesmo que lajes em balanço)

As lajes-marquise são lajes com um só apoio (engastamento) num prédio de concreto armado. A marquise se projeta para fora do alinhamento principal do prédio e está ligada a ele, via o engastamento, numa viga do prédio.

As lajes-marquise são as peças mais delicadas e perigosas, pois não têm reserva de segurança. Numa laje maciça apoiada em quatro vigas, se uma viga ceder, as outras possivelmente resistirão. Todavia, se a ligação da marquise com o resto da estrutura ceder, a marquise desabará, com todos que estiverem em cima dela e em cima dos que estiverem abaixo dela.

A marquise trabalha sempre com momentos fletores negativos e exige armadura negativa, ou seja, armadura alta. Só que a marquise tem pequena espessura e manter a armadura alta não é difícil, mas pode ser sabotada por pessoas pisando nela durante a obra (e, consequentemente abaixando a armadura). A armadura da marquise precisa, além de ser resistente ao momento fletor, ser bem amarrada (ancoragem) ao restante da estrutura. Outro problema das marquises é acontecer acúmulo de água ou umidade,

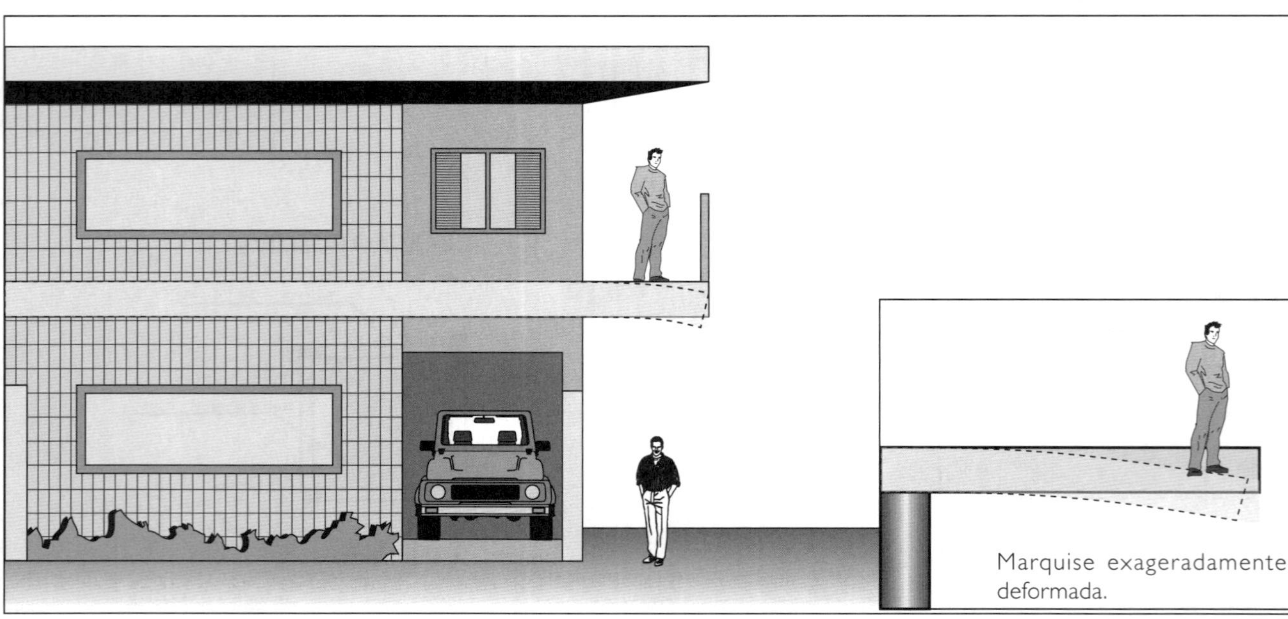

Marquise exageradamente deformada.

atacando a armadura. Deficiências de drenagem podem também derrubar uma marquise, se essa deficiência de drenagem acarretar a estocagem de água sobre ela.

Tomados os cuidados, podemos usar as marquises, mas devemos sempre verificar se não estamos sabotando essa peça estrutural.

Há cidades que têm legislação municipal, para que se façam inspeções periódicas em marquises.

Vejamos um exemplo de solução estrutural de marquise.

A armadura de Ø 1/4" com 20 cm é a armadura principal, ou seja, a armadura resistente. A armadura transversal Ø 3/16" com 25 cm é a armadura secundária, chamada armadura de distribuição, que absorve e distribui pela laje, toda uma carga eventual, num determinado ponto da laje.

ATENÇÃO: Laje marquise é sinônimo de laje em balanco.

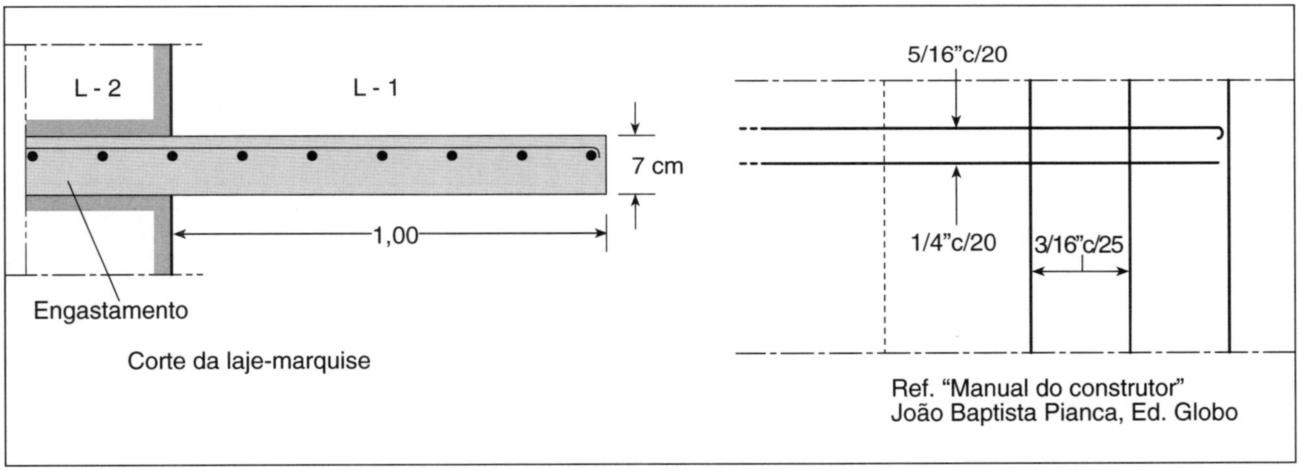

Em respeito ao autor J.B.Pianca, mantivemos a notação das barras de aço em polegadas.

36

Soluções estruturais criticáveis: fuja delas, se possível

Vamos analisar várias situações que, por vezes, acontecem nos prédios e que são aceitáveis, porém não desejáveis.

1 – Viga saliente à alvenaria

O ideal é que as vigas fiquem "invisíveis", pela sua inserção dentro da alvenaria. Claro está que para isso é necessário que a largura da viga seja igual ou inferior à largura da alvenaria. Vejamos o *indesejável*:

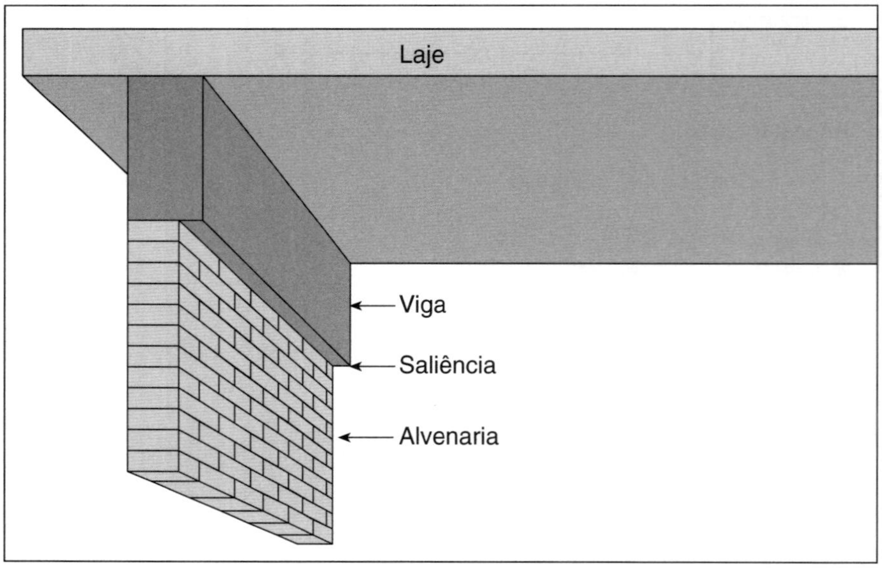

2 – Vigas não colineares

Duas vigas sequenciais devem ter o mesmo eixo, para facilitar seu cálculo estrutural e tornar seu funcionamento bem racional. Nem sempre se consegue isso, como se mostra na foto a seguir em uma garagem.

Por que as vigas não estão alinhadas? Atrás de cada projeto arquitetônico há uma história que explica muita coisa.

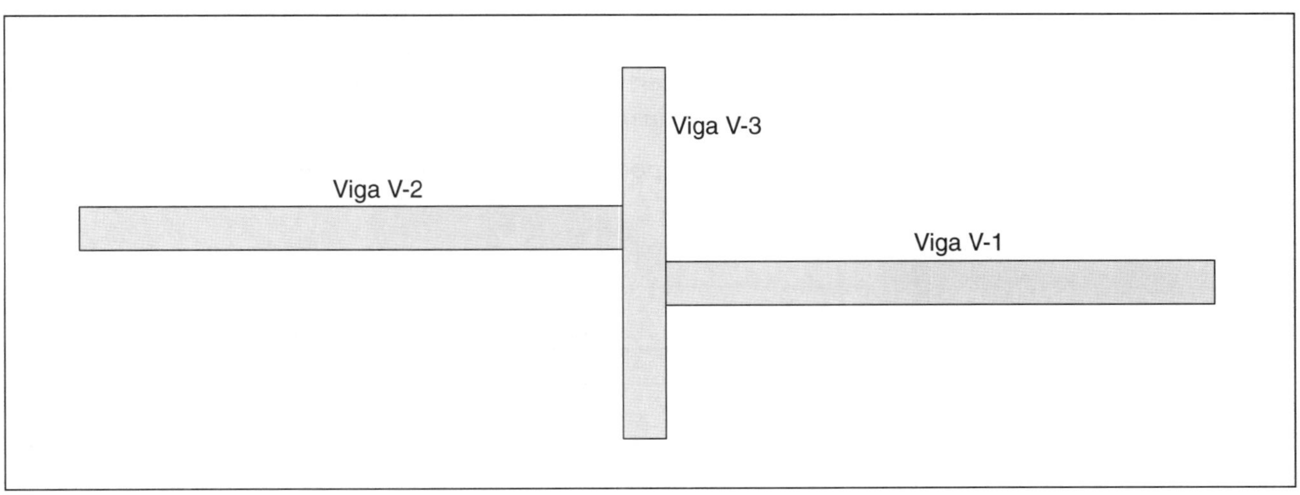

Planta da estrutura da foto

3 – Pilar mais que saliente

Se as vigas deveriam, na medida do possível, ser invisíveis, o mesmo se dirá dos pilares. Só que este autor já esteve num prédio público onde o pilar ficava no meio da entrada do prédio, numa solução altamente indesejável.

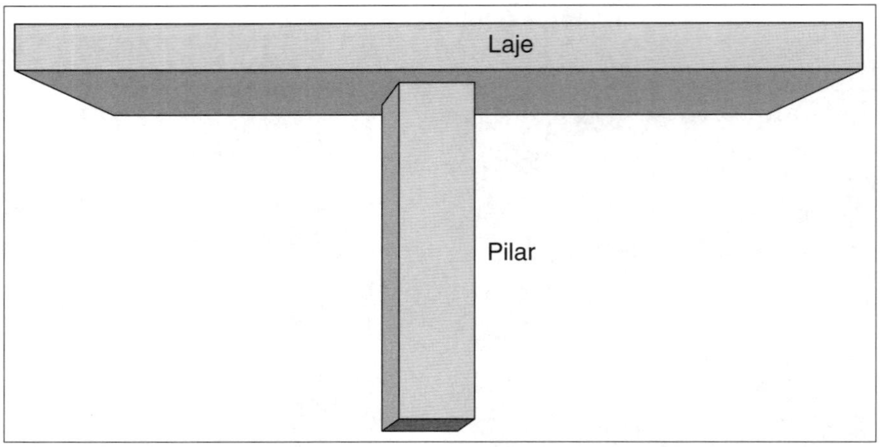

4 – Lajes com desnível

Quando temos lajes com diferentes espessuras, o desnível deve ficar por baixo e assim o topo das duas lajes coincidem e o usuário nem fica sabendo da diferença de nível. Todavia, um dos autores visitou uma casa assobradada onde existia um degrau entre a laje do corredor dos quartos superiores e a laje de um dos quartos.

Não se sabe por que isso aconteceu, mas é lamentável, e lamentável eternamente.

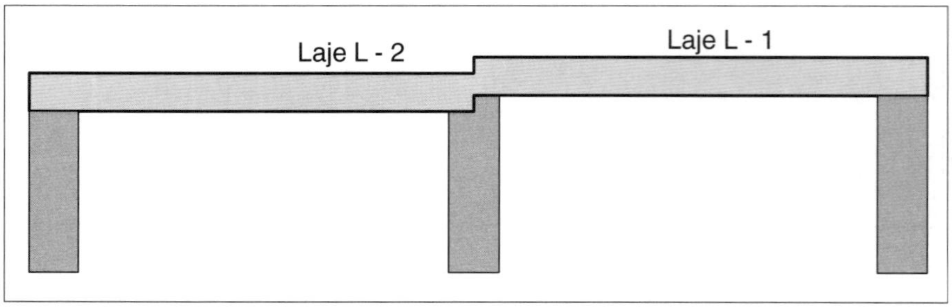

5 – Uma viga contínua com vãos muito desiguais

Não se recomenda uma viga contínua com vãos desiguais, pois pode acontecer de ocorrer flexão negativa no meio do vão do trecho menor.

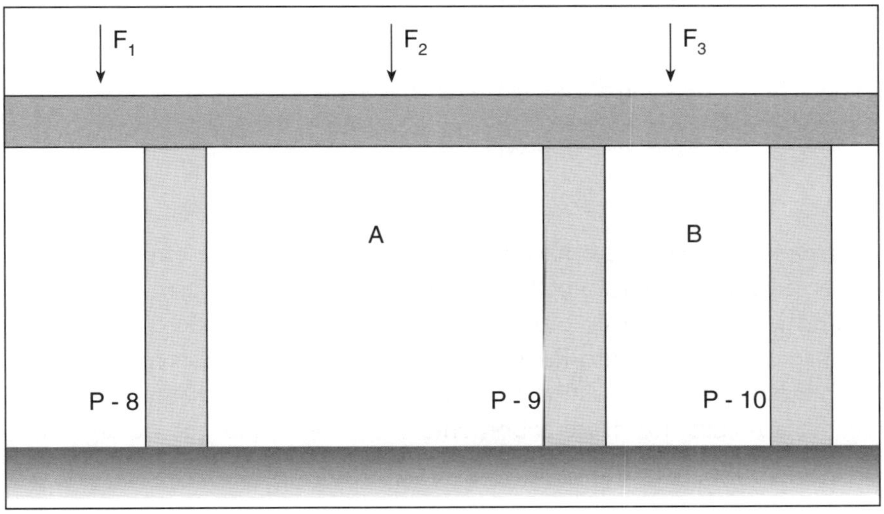

6 – Viga invertida

Para ganhar visibilidade é comum usar, em certas edificações, vigas invertidas.

Lembramos que só devemos usar viga invertida se houver a certeza de que o prédio não será ampliado junto a esta, pois se isso vier a acontecer, a viga invertida será uma cruz do calvário, sendo sempre um estorvo ao uso.

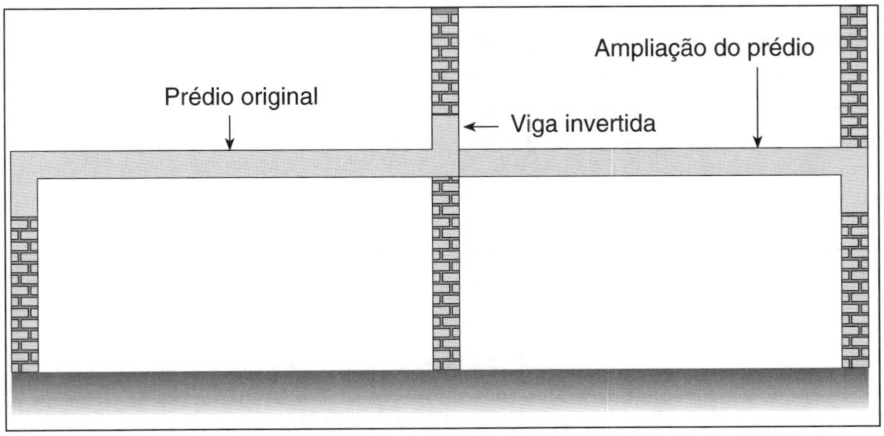

37

Cobrimento da armadura

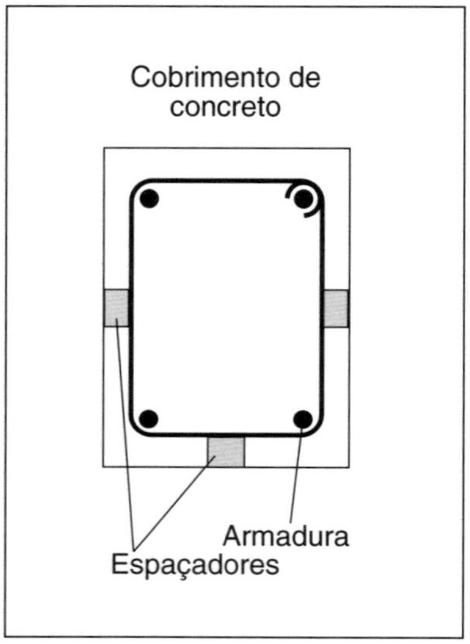

A armadura do concreto não deve estar exposta ao ambiente, pois pode sofrer e sofrerá oxidação pela umidade do ar. A melhor forma de impedir a exposição e a oxidação é protegê-la com uma camada de concreto, que chamamos de cobrimento. Para garantir esse cobrimento usamos pastilhas de concreto ou peças de plástico. A nova norma 6118 é extremamente rigorosa quanto aos cuidados desse cobrimento. Vejamos, em função do ambiente, mais ou menos agressivo, a espessura mínima do cobrimento:

Espessura mínima do cobrimento				
Peça	Classes de agressividade			
	I	II	III	IV
Laje	20 mm	25 mm	35 mm	45 mm
Viga	25 mm	30 mm	40 mm	50 mm
Pilar	30 mm	35 mm	45 mm	55 mm

Ref. Tabela 7.2 da NBR 6118.

Crítica à norma – A norma, usando a unidade mm, dá ao leitor uma falsa noção de precisão. O certo seria indicar o cobrimento pela unidade mais comum da obra da construção civil, que é o centímetro. Assim, onde se lê 20 mm, o realista seria dizer 2 cm.

Corrosão da armadura. Ao ser colocada na forma, não se observou a necessidade de espaçamento entre a forma e o aço, resultando falta de cobertura (não cobrimento do aço), expondo-o às intempéries.

Entendamos agora as classes de agressividade:

Classe de agressividade ambiental	Agressividade	Exemplo	Risco de deterioração
I	Fraca	Área rural ou estrutura submersa	Insignificante
II	Moderada	Área urbana	Pequeno
III	Forte	Área marinha ou área industrial	Grande
IV	Muito forte	área industrial ou área com respingos de maré	Elevado

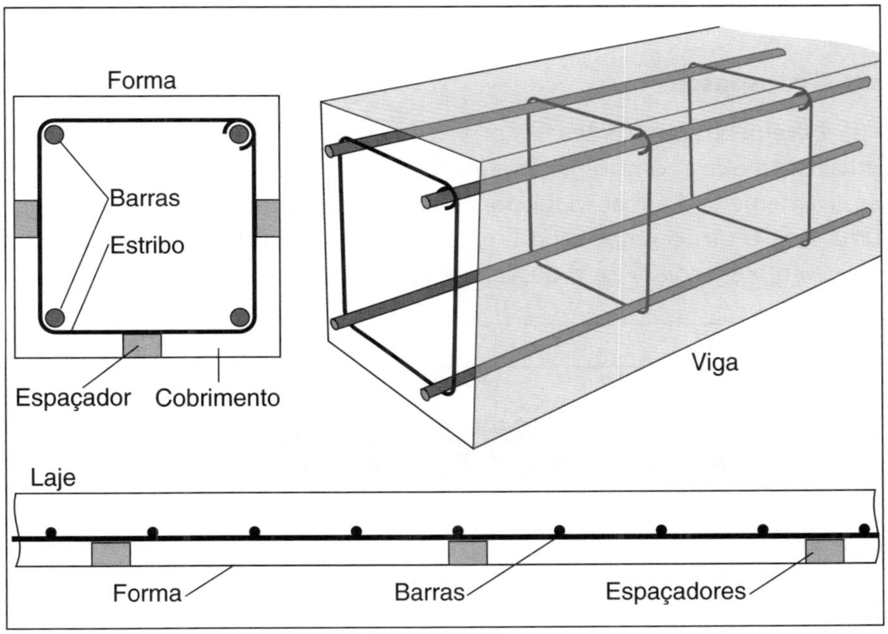

O uso de espaçadores, que são pequenas pastilhas de concreto sem pedras com arame preso, garante a colocação da armadura dentro da forma. Assim, ao ser lançado o concreto, a cobertura do aço será completa, evitando a perda da armadura por corrosão.

Relembrando sempre:

– Quem dá resistência à flexão de uma viga é a ação conjunta do concreto e a armadura principal.

– Os estribos permitem a colocação da armadura principal durante a obra (função construtiva) e garantem a viga contra o cisalhamento (grampeiam a viga). O cisalhamento é uma tendência de deslizamento (escorregamento) das camadas horizontais do concreto.

38

Ligando barras de aço

Por vezes, numa obra, precisamos ligar barras da armadura de aço. Há situações nas quais isso é possível e há situações em que isso é proibido.

Temos três possibilidades de ligação de barras:

a) Transpasse

Na emenda por transpasse aproximamos duas barras de aço, amarramos uma com a outra com arame 18 e garantimos um trecho em comum. Quem efetivamente fará a ligação funcional das barras transformando as duas em uma será o atrito entre cada uma e o concreto envolvente. O concreto envolvente é a cola. Veja o desenho esquemático.

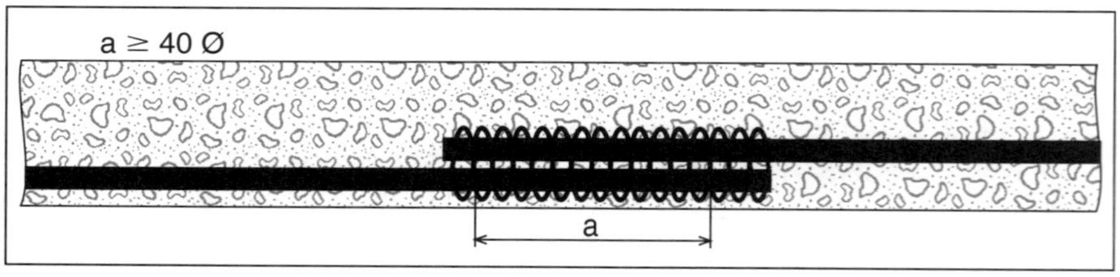

A função do arame é proteger a posição relativa de cada barra até o lançamento do concreto, que, endurecendo, dará ao conjunto um funcionamento único.

b) Solda

Com os devidos cuidados, podemos usar a solda ligando duas barras. Veja no desenho.

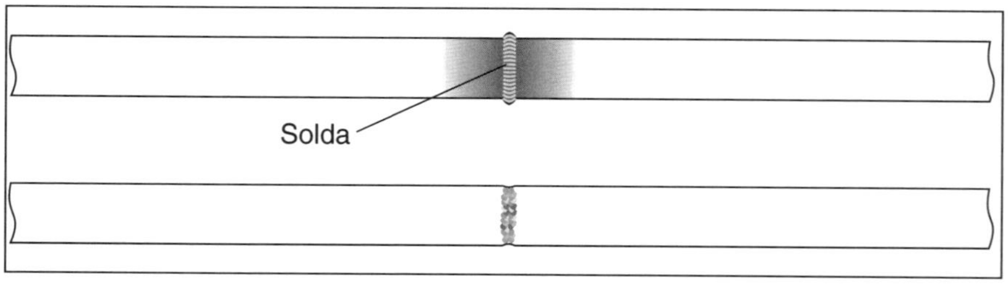

c) Luva

Dispositivo mecânico ligando duas barras.

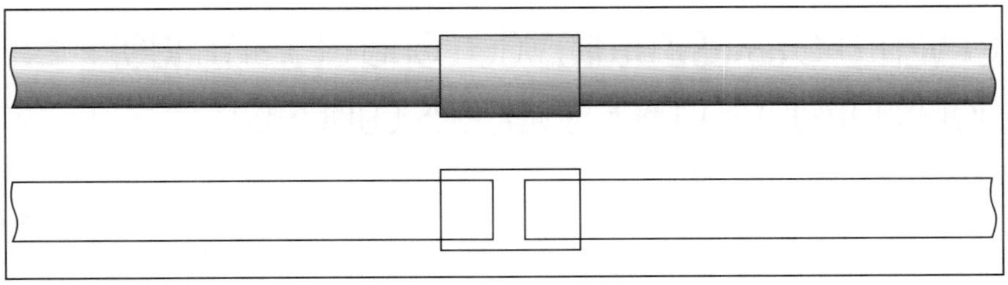

d) Como escolher o tipo de ligação barra com barra em cada caso

A resposta é simples. A ligação barra a barra comum, padrão usual, é a ligação por transpasse.

A solda ou dispositivo mecânico são soluções não usuais. Às vezes, é necessário usar a solda, quando acontece o erro no corte das barras, ficando as mesmas com o comprimento abaixo do mínimo exigido.

39

O vento e as estruturas de concreto armado: notas introdutórias e soluções curiosas

O vento sopra e pode danificar estruturas principalmente em regiões abertas (campo, alto de colinas). Para estudar a ação do vento e preparar as estruturas de prédios para enfrentar o vento, a ABNT emitiu a norma NBR 6123.

Para estruturas convencionais de concreto armado de baixa altura não é necessário estudar a ação do vento. A norma do Ibracon(*) para prédios de baixa altura assegura essa dispensa nas condições seguintes:

- o número máximo de pavimentos não deve ser superior a quatro e os vãos, menores de 6 m;
- as sobrecargas (cargas acidentais) não devem ser superiores a 300 kgf/m^2;
- os pilares devem ser contraventados em ambas as extremidades em direções perpendiculares, altura de pilares menores que 4 m;
- na direção considerada, a altura livre do pilar não deve exceder o dobro da largura da construção.

Atendidos os itens acima, não preocupa a ação do vento, mas podemos adicionalmente tomar alguns cuidados:

- criar uma estrutura interna da alta rigidez (normalmente caixa de elevadores ou escadas) e amarrar algumas vigas do prédio a essa estrutura;
- dispor os pilares de forma que sua maior dimensão seja ortogonal à menor dimensão do prédio;
- criar nervuras de concreto armado ligando duas partes de um prédio.

A norma NBR 6118, no seu item 15.4.3, Contraventamento, chama a estrutura de alta rigidez de "subestrutura de contraventamento".

Veja a aplicação disto nos desenhos.

(*) Ibracon – Instituto Brasileiro do Concreto – www.ibracon.org.br

"Prática recomendada Ibracon para estruturas de edifícios de nível 1 (Estruturas de pequeno porte)."

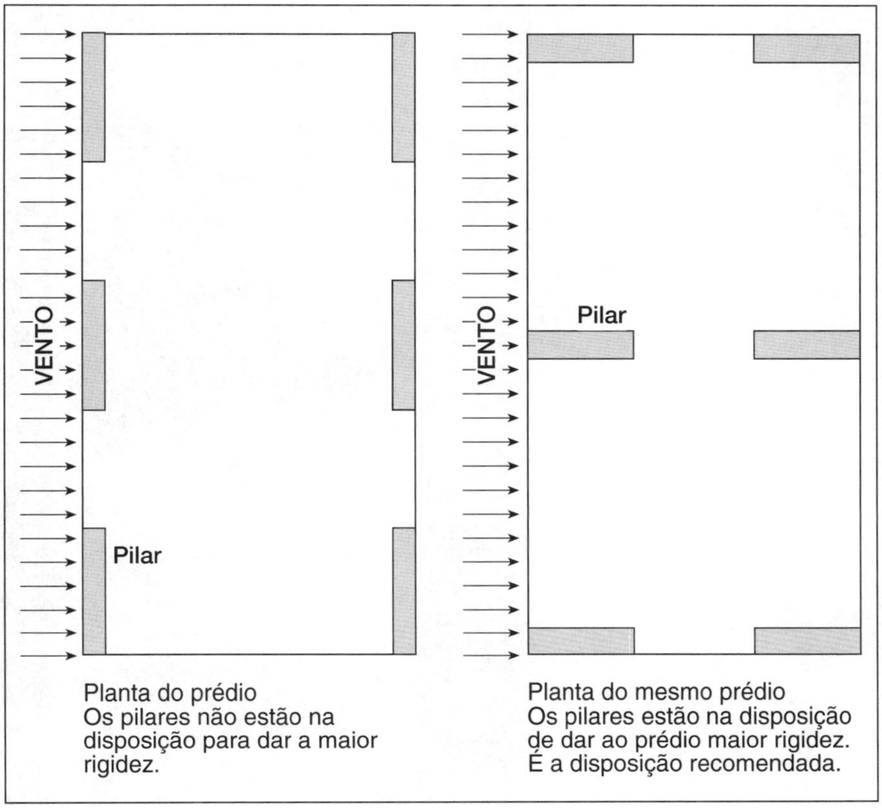

A planta de um pilar e sua representação em perspectiva. Embaixo, duas plantas colocadas em posição ao vento; à esquerda, uma planta inconveniente e à direita, uma planta com total aproveitamento do contraventamento, considerando a direção do vento.

Edifício mostrando o detalhe da construção das nervuras unindo os dois blocos que compõem o prédio.

Nervura: pequena peça que poderá sofrer compressão.

Prédio esbelto, solitário no alto de uma colina. Necessidade de muita proteção contra o vento. Talvez o projetista tenha criado a estrutura interna de rigidez.

A estrutura interna de rigidez pode ser ou a caixa de elevadores ou a caixa das escadas.

Prédio com cerca de 30 andares, próximo à Av. 23 de Maio, no tradicional bairro do Bexiga, em São Paulo. O contraventamento por meio de vigas inclinadas dá um belo aspecto ao prédio. Conclui-se que até em contraventamento se pode procurar o belo.

A solução usada foi apelidada de "contraventamento zigue-zague" ou "contraventamento prendedor de roupa".

O prédio é baixo, tem menos de oito andares e parece usar uma viga de grande altura para dar rigidez e talvez ligar as duas alas do prédio (frente e fundos).

40

Prova de carga: uma prova de carga histórica devido a uma disputa arquitetônica

Um prédio de concreto armado ou parte dele está pronto. Como se sabe se ele atende às necessidades estruturais de projeto para o qual ele foi construído?

Uma solução é fazer uma prova de carga que corresponde a ir carregando, criteriosamente e cuidadosamente, a estrutura a partir da carga zero até a carga de uso. Tudo deve ser acompanhado e principalmente:

- deformações devem ser medidas;
- fissuras devem ser acompanhadas e até medidas.

Se a estrutura em prova aguentar até a carga-limite, tudo bem. Se antes disso ela der sinal de problemas, para-se o teste e estuda-se o que fazer, que pode ser uma das atitudes possíveis:

- reforço estrutural;
- mudança de uso para um uso de menos esforços.

Não é fácil fazer uma prova de carga. Leva tempo e é difícil arrumar as enormes cargas que simulam a carga que o prédio irá receber. A norma geral de concreto armado 6118 não é clara no sentido de explicar quando a prova de carga é necessária, obrigatória ou optativa.

Poucos prédios convencionais fazem prova de carga. Em pontes de médio ou grande vulto, o uso da prova de carga é comum.

Há um caso famoso de prova de carga na cidade de São Paulo. Aconteceu nos anos 30, do século XX, no Edifício Martinelli. Aprovada pela Prefeitura de São Paulo sua construção, as fundações foram totalmente executadas. Seria o maior prédio da cidade e o mais alto em termos de maior cota do seu último andar, se comparado com os prédios das imediações. Só que na mesma rua Libero Badaró, no centro de São Paulo, foi aprovado também o Prédio Sampaio Moreira, situado em cota mais alta da rua. Esse outro prédio tinha um número de andares bem menor que o Martinelli, mas, como estava em cota mais alta, o Sampaio Moreira tinha o topo mais alto que o Martinelli.

O construtor do Prédio Martinelli, o Conde Martinelli, que era um imigrante italiano, desejoso de mostrar seu poder, decidiu aumentar a altura de seu prédio, fazendo com que o seu ponto mais alto fosse, ainda uma vez, mais alto que o ponto alto do Sampaio Moreira. E decidiu aumentar o número de andares do Martinelli. A Prefeitura de São Paulo não concordou, pois as fundações tinham sido projetadas para uma carga e com o pretendido aumento de andares, a carga seria maior e talvez as fundações não aguentassem. O que fazer se as fundações já estavam prontas? Solução: prova de carga nas fundações. As fundações aceitaram a nova carga e o aumento do número de andares aconteceu e está lá até hoje. O conde, para não deixar dúvidas, foi morar com sua família no último andar do prédio.

O indireto causador de toda essa polêmica foi o Arq. Cristiano Stockler das Neves, projetista do Edifício Sampaio Moreira e fundador da Faculdade de Arquitetura Mackenzie, São Paulo, SP.

Notas:

1) A norma 6118 não cita a norma de prova de carga na sua listagem de normas de referências. É a norma NBR 9607, antiga NB 1029/86.

2) Neste início do século XXI, pouquíssimas prefeituras aprovam projetos estruturais de obras particulares e praticamente nenhuma exige, ou acompanha, provas de carga das estruturas ou de fundações.

Prova de carga no Edifício Martinelli

Ref. "*O Prédio Martinelli – A ascensão do imigrante e a verticalização de São Paulo*" – Maria Cecilia Naclerio Homem.

Prédio Martinelli – 1928 – O primeiro arranha céu da cidade de São Paulo. A briga com o vizinho.

Os prédios Sampaio Moreira e Martinelli. A imponência do Martinelli perante o Sampaio Moreira já era muito evidente, mas o Conde queria que seu prédio fosse mais alto também. Conseguiu.

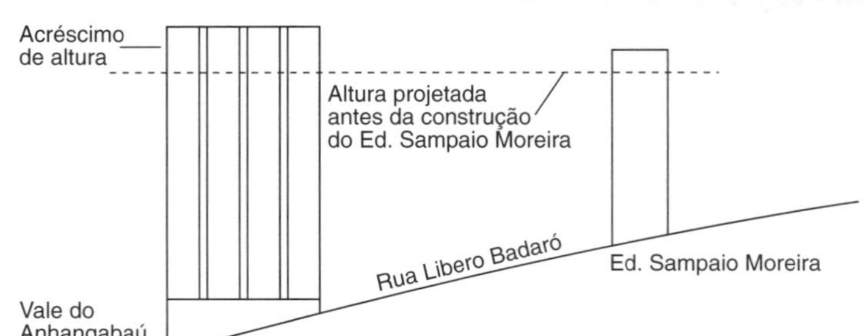

41

Entendendo o uso de programas de computador no projeto de estruturas de concreto armado

Atualmente, o projeto da maioria das estruturas de concreto armado usa para o seu cálculo e dimensionamento programas de computador.

O autor deste livro usa o programa da Pallet (www.pallet.com.br).

Existem programas integrados em que os dados e os resultados vão alimentando novas soluções. Programas mais simples como o Pallet são não integrados e por isso cabe ao profissional calcular elemento por elemento e ir transportando os resultados de um cálculo para outro. Isso ajuda muito aos iniciantes.

Uma coisa é certa: *os programas de computador não fazem o lançamento da estrutura.* Programas de computador não sentem o projeto arquitetônico. Isso é missão do profissional de estruturas em diálogo com o arquiteto.

Assim, sempre cabe ao profissional de estruturas:

- escolher o tipo de estrutura, se concreto armado, se estrutura metálica. Se for estrutura de concreto armado cabe ao profissional de estruturas escolher entre estrutura convencional ou estrutura com alvenaria participante;
- dispor lajes, vigas e pilares, o grande momento criativo estrutural;
- decidir se a seção do pilar será constante e variando andar por andar a seção da armadura;
- definição do fck e o tipo do aço das barras;
- definir as cargas acidentais;
- levar ou não em conta o efeito do vento;
- estudar as consequências do tipo de fundação na estrutura;
- escolher o tipo de apoio de lajes, se do tipo apoio simples e ou engastamento etc.

Com tudo isso resolvido, cada programa de computador é usado e produz seus desenhos de obra. A seguir, alguns desenhos do programa Pallet.

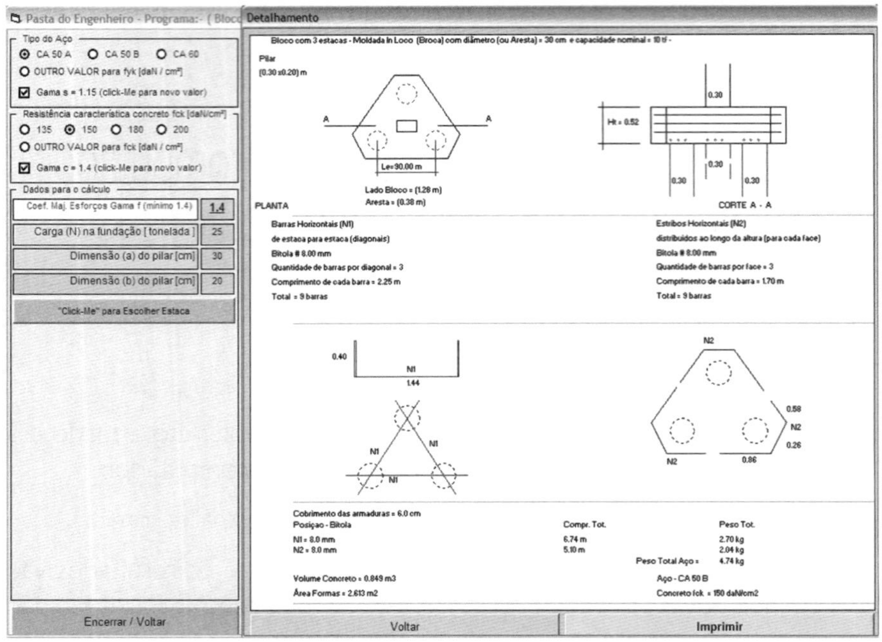
Pasta do Engenheiro - Programa:- (Bloco
Detalhamento
Tipo do Aço
CA 50 A
CA 50 B
CA 60
OUTRO VALOR para fyk [daN / cm²]
Gama s = 1.15 (click-Me para novo valor)
Resistência característica concreto fck [daN/cm²]
135
150
180
200
OUTRO VALOR para fck [daN / cm²]
Gama c = 1.4 (click-Me para novo valor)
Dados para o cálculo
Coef. Maj. Esforços Gama f (mínimo 1.4)
1.4
Carga (N) na fundação [tonelada]
25
Dimensão (a) do pilar [cm]
30
Dimensão (b) do pilar [cm]
20
"Click-Me" para Escolher Estaca
Encerrar / Voltar
PLANTA
CORTE A - A
Lado Bloco = (1.28 m)
Aresta = (0.38 m)
Barras Horizontais (N1)
de estaca para estaca (diagonais)
Quantidade de barras por diagonal = 3
Comprimento de cada barra = 2.25 m
Total = 9 barras
Estribos Horizontais (N2)
Quantidade de barras por face = 3
Comprimento de cada barra = 1.70 m
Total = 9 barras
Cobrimento das armaduras = 6.0 cm
Posiçao - Bitola
Compr. Tot.
Peso Tot.
N1 = 8.0 mm
N2 = 8.0 mm
6.74 m
5.10 m
2.70 kg
2.04 kg
Peso Total Aço =
4.74 kg
Volume Concreto = 0.849 m3
Área Formas = 2.613 m2
Aço - CA 50 B
Concreto fck = 150 daN/cm2
Voltar
Imprimir

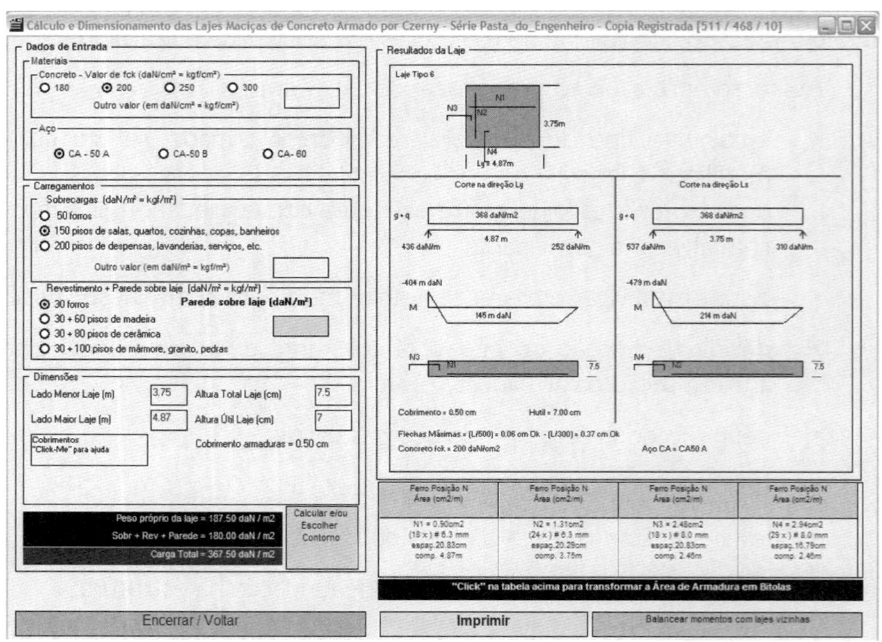
Cálculo e Dimensionamento das Lajes Maciças de Concreto Armado por Czerny - Série Pasta_do_Engenheiro - Copia Registrada [511 / 468 / 10]
Dados de Entrada
Materiais
Concreto - Valor de fck (daN/cm² = kgf/cm²)
180
200
250
300
Outro valor (em daN/cm² = kgf/cm²)
Aço
CA - 50 A
CA-50 B
CA- 60
Carregamentos
Sobrecargas (daN/m² = kgf/m²)
50 forros
150 pisos de salas, quartos, cozinhas, copas, banheiros
200 pisos de despensas, lavanderias, serviços, etc.
Outro valor (em daN/m² = kgf/m²)
Revestimento + Parede sobre laje (daN/m² = kgf/m²)
30 forros
Parede sobre laje (daN/m²)
30 + 60 pisos de madeira
30 + 80 pisos de cerâmica
30 + 100 pisos de mármore, granito, pedras
Dimensões
Lado Menor Laje (m)
3.75
Altura Total Laje (cm)
7.5
Lado Maior Laje (m)
4.87
Altura Útil Laje (cm)
7
Cobrimentos "Click-Me" para ajuda
Cobrimento armaduras = 0.50 cm
Peso próprio da laje = 187.50 daN / m2
Sobr + Rev + Parede = 180.00 daN / m2
Carga Total = 367.50 daN / m2
Calcular e/ou Escolher Contorno
Resultados da Laje
Laje Tipo 6
3.75m
Ly = 4.87m
Corte na direção Ly
Corte na direção Lx
368 daN/m2
4.87 m
3.75 m
436 daN/m
252 daN/m
537 daN/m
310 daN/m
-404 m daN
-479 m daN
145 m daN
214 m daN
Cobrimento = 0.50 cm
Hutil = 7.00 cm
Concreto fck = 200 daN/cm2
Aço CA = CA50 A
Ferro Posição N Área (cm2/m)
N1 = 0.50cm2
N2 = 1.31cm2
N3 = 2.48cm2
N4 = 2.94cm2
"Click" na tabela acima para transformar a Área de Armadura em Bitolas
Encerrar / Voltar
Imprimir
Balancear momentos com lajes vizinhas

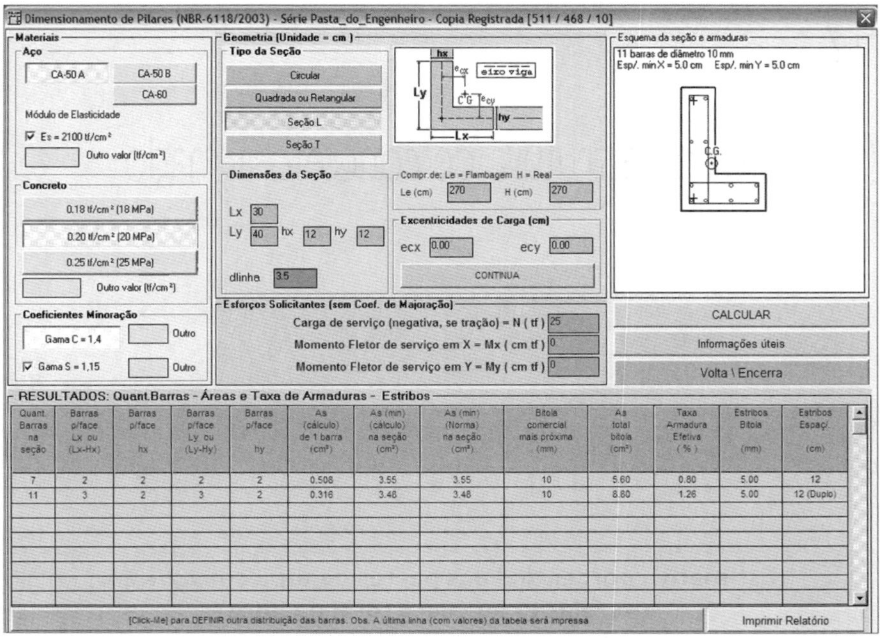

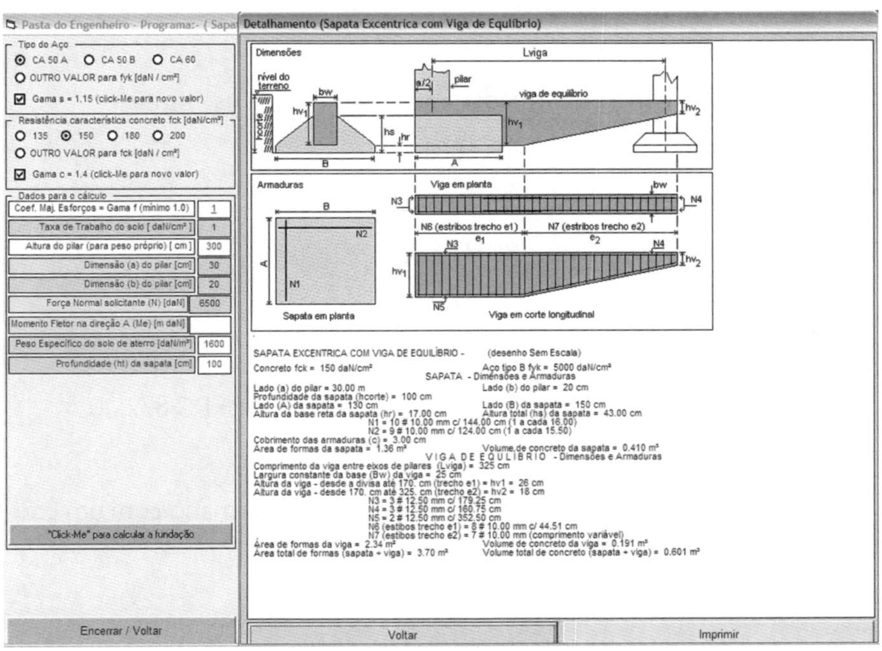

42

Os custos da estrutura de concreto armado

Segundo a Revista Construção Mercado (2005), temos os seguintes dados:

Estimativa porcentual das partes de uma construção em relação ao custo total da obra				
	Residencial fino	Residencial médio	Prédio com elevador fino	Prédio sem elevador
Superestrutura	17 a 20	12 a 16,5	26 a 32	28 a 35
Vedação	6 a 10	7 a 11	2,5 a 3,5	6 a 12

Estrutura de concreto armado – custo por m^3 da estrutura.

- concreto R$ 180,00
- aço para armadura R$ 286,00
- forma de madeira R$ 336,00(*)
- andaime R$ 5,00
- lançamento R$ 65,00

Preço total da estrutura por m^3 (soma das parcelas) R$ 872,00.

Logo, em um prédio com estrutura de concreto armado com um consumo de 300 m^3 de concreto, esta estrutura custará:

R$ 872 × 300 = R$ 261.600,00

(*) Notar o alto custo das formas, isso denota a necessidade de se trabalhar tendo em vista seu reaproveitamento.

43
Explicando sumariamente uma estrutura de concreto protendido: um exemplo famoso

Seja uma viga de concreto armado vencendo um vão e vamos aumentando a carta acidental F sobre ela.

A tensão no aço em tração vai aumentando e a tensão no concreto na parte superior da seção da viga considerada vai também aumentando. Vamos nos concentrar na parte tracionada positiva, que é o aço e o concreto tracionado. O concreto tracionado não é levado em conta na resistência ao esforço e começa a fissurar a partir de um determinado valor da força F. Isso não traz problemas estruturais, mas as fissuras começam a aumentar e mesmo o aço resistindo, as fissuras incomodam.

Há mais de oitenta anos, um engenheiro europeu teve uma ideia para vencer um vão, já que a parte tracionada da viga limita o uso. Antes de a viga receber a carga acidental, foi colocada uma armadura ativa de compressão, ou seja, fios de aço de grande nobreza comprimindo previamente a parte tracionada da viga. A introdução dessa armadura ativa e atuante ajudou não só a eliminar as fissuras como ajudava no trabalho da própria armadura positiva. Nascia o concreto protendido.

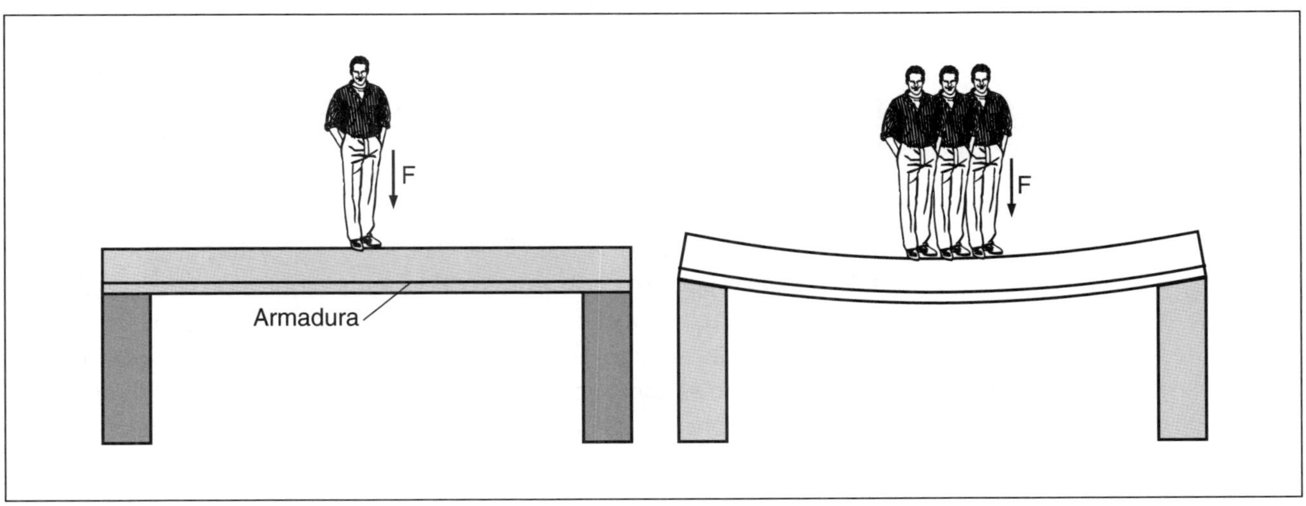

O concreto armado usa uma armadura que só começa a trabalhar de verdade depois que se retira o escoramento, e o peso próprio e a sobre-carga começam a exigir a viga. Essa armadura do concreto armado é chamada de *armadura passiva*.

No concreto protendido atua uma armadura inicialmente já em função (de compressão), que é chamada de *armadura ativa*.

Além da armadura ativa, os elementos da estruturas de concreto protendido usam armaduras complementares não ativas (passivas).

O concreto protendido é usado principalmente em:

- vigas de pontes de grandes vãos;
- lajes;
- e em muitas outras estruturas.

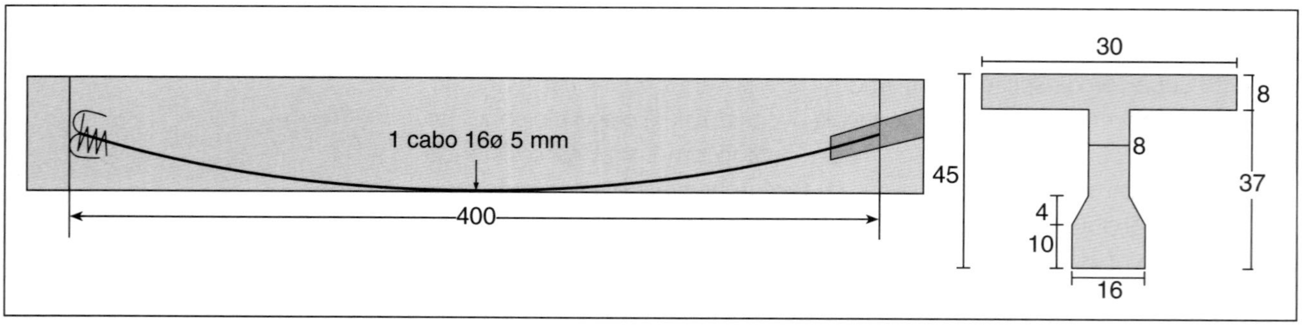

Conceito de concreto protendido – o concreto nasce sendo comprimido externamente. Uso muito comum em pontes e em estruturas especiais.

Com o tempo, a armadura ativa do concreto protendido perde parte de sua compressão, numa situação chamada de "afrouxamento", mas que é levada em conta nos cálculos e no projeto.

A primeira estrutura de concreto protendido no Brasil foi construída na Ilha do Fundão, servindo de acesso ao Aeroporto do Galeão, Rio de Janeiro.

Nota: O concreto armado e o concreto protendido estão sempre em disputa para saber qual é o mais adequado para servir a determinada situação. Um fato ficou marcante na história da construção das pontes paulistas. Para vencer o braço de mar do Casqueiro, em Santos, na década de 1950, o Departamento de Estradas de Rodagem fez um concurso definindo uma ponte que desejava (largura, número de pistas, altura etc.), mas não definindo o tipo da estrutura. Havia também um sério problema de fundações, como é comum na cidade de Santos, SP. Na falta de um projeto que definisse uma solução, um grupo de construtoras concorrentes contratou um escritório de projetos de alto nível, que optou pelo uso do concreto protendido. Todas as construtoras orçaram esse anteprojeto. Uma outra construtora fez um outro caminho e, com recursos próprios de equipe, fez também um anteprojeto em concreto protendido e um anteprojeto em concreto armado convencional. Ambos os anteprojetos foram orçados e, para surpresa dessa construtora, ganhou o melhor preço: a solução em concreto armado. Com esse orçamento, a construtora foi para a concorrência pública e ganhou com a solução em concreto armado. Ficou a lição: nem sempre para grandes pontes a solução em concreto protendido é a melhor solução em termos de custos.

A construtora vencedora foi a Cia. Comercial Construtora, e participaram da obra:

Eng. Tulio Stucchi – coordenação geral;

Eng. Lauro Rios fundações.

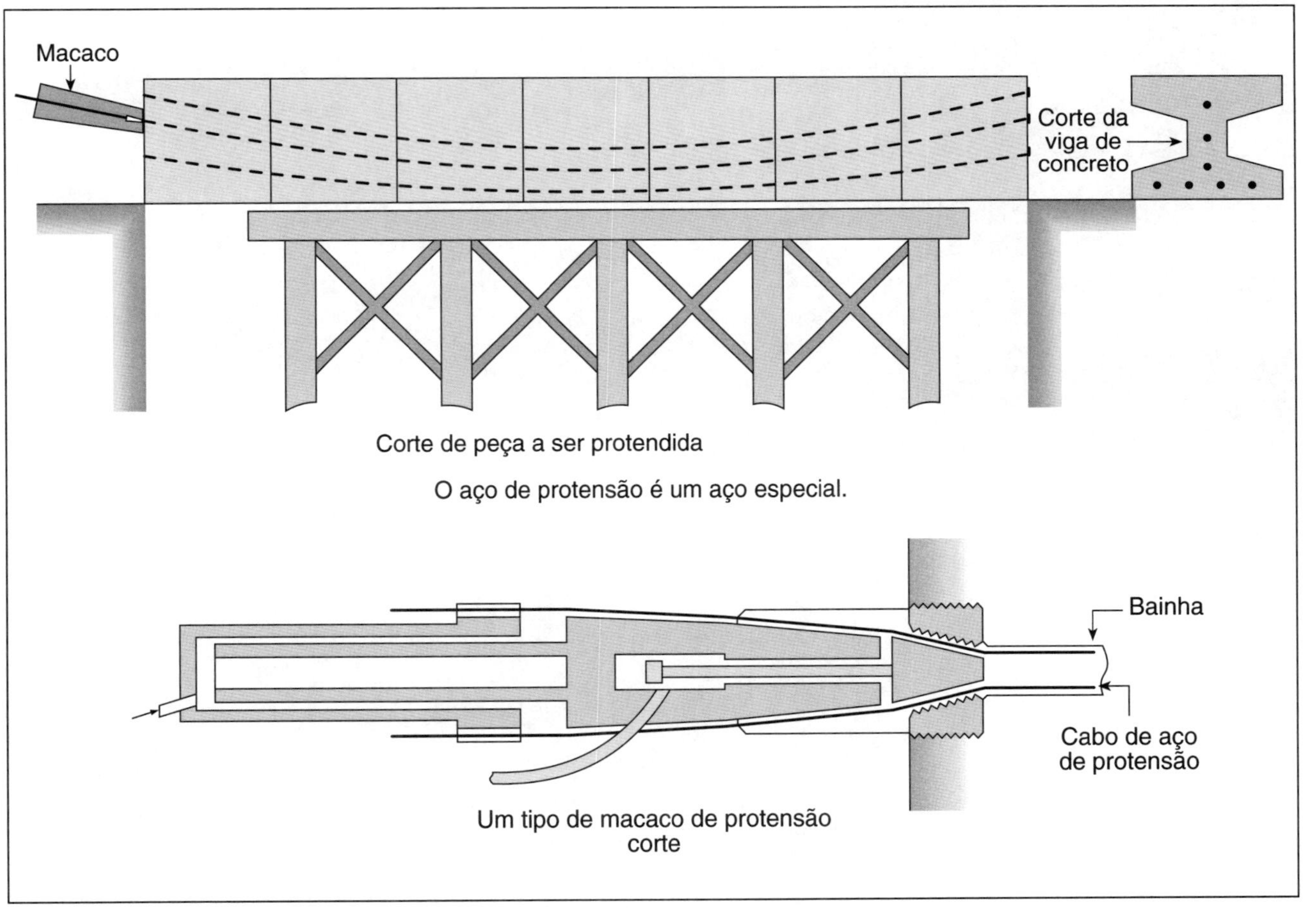

Um grande exemplo de concreto protendido. Projeto arquitetônico de Lina Bo Bardi e projeto estrutural do Escritório Figueiredo Ferraz, anos 60, do século XX.

Passarela do Detran

A chamada Passarela do Detran, em São Paulo (Parque Ibirapuera), e mais corretamente chamada Passarela Ciccillo Matarazzo, é um belo exemplo de estrutura de concreto protendido, vencendo um vão de mais de 100 m, sem pilares intermediários.

44
Glossário para rápida consulta

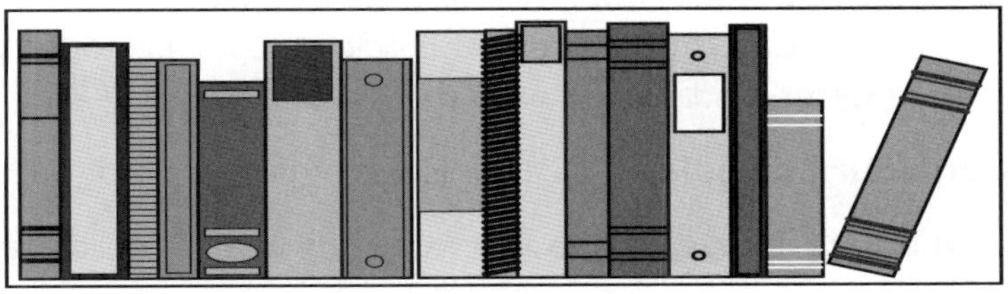

Para facilitar a consulta à norma 6118/2007 e a outras publicações técnicas do mundo do concreto armado, preparou-se este glossário de rápida consulta, que esclarece de forma sumária cada conceito.

Recomenda-se vivamente o desenvolvimento da compreensão dos termos pela consulta aos doutos compêndios.

abatimento – medida de quanto o concreto fresco se abate no teste do cone de Abrams (teste do slump). É uma avaliação grosseira, mas prática, de como o concreto irá preencher os espaços nas formas e também uma estimativa grosseira do teor de água de uma mistura de concreto.

adensamento – expulsão do ar do concreto fresco por meio de batidas ou vibradores e, com isso, aumentando a densidade do concreto, sua resistência, pela eliminação de vazios, e também sua durabilidade.

adobe – o mesmo que barro, ou seja, material rico em argila.

aglomerantes aéreos – aglomerantes (colas) que ganham resistência pela ação do ar. A cal é um exemplo de aglomerante aéreo. O barro das construções de pau a pique e de barro socado é outro exemplo.

aglomerantes hidráulicos – aglomerantes (colas) que ganham resistência pela ação da água. O cimento é o exemplo típico.

água de amassamento – o mesmo que água de mistura do concreto. Essa água terá duas funções: hidratar o cimento, iniciando as ações de cola, e dar plasticidade e moldabilidade ao concreto, permitindo que o mesmo ocupe os espaços entre a forma e as barras da armadura.

alma – seja uma viga Tê. É a parte vertical da viga.

arco – estrutura plana de forma, de parte de uma semicircunferência. Para ter estabilidade deve ter ou gigantes nas suas extremidades ou ser atirantado.

argamassa armada – mistura de areia, cimento e água, além de armadura. É o concreto armado sem pedras.

armadura ativa – armadura com esforço anterior à sua colocação para trabalhar. É a armadura do concreto protendido. O oposto dela é a armadura passiva, colocada nas formas sem tensão, armadura passiva esta que é a do concreto armado.

armadura de distribuição – armadura complementar a uma armadura principal. A armadura de distribuição faz com que toda a peça trabalhe de forma solidária.

armadura de pele – usada em vigas com altura maior que 60 cm.

armadura de suspensão – armadura de vigas, colocada para suportar o esforço de uma carga centrada.

armadura passiva – ao contrário da armadura ativa, a armadura passiva só recebe esforços depois de começar a trabalhar. É a armadura típica do concreto armado.

baldrame – viga que suporta principalmente a carga de alvenaria do andar mais baixo.

barras redentes – barras colocadas no concreto fresco para formar uma junta de concretagem.

betoneira estacionária – betoneira de obra. Estacionária pois não se move do local.

biela – pequena viga.

CAD – concreto de alto desempenho

carbonatação – ação do tempo que faz com que o CO_2 da atmosfera reaja com o cimento da parte mais superficial do concreto das estruturas e, com isso, essa parte mais superficial ganha condições diferentes do restante do concreto. A carbonatação "aumenta" (falsamente) a resistência do concreto medida pela esclerometria.

carga acidental e carga de serviço – a carga acidental (carga útil, ou carga viva) é a carga de utilização de um prédio (pessoas, móveis, utensílios). É a carga que só entra no prédio teoricamente depois do "Habite-se". A carga morta é o peso próprio da estrutura. A carga de serviço é a carga que resulta na estrutura face à existência das cargas acidentais + peso próprio. A carga de serviço é a carga com que se dimensiona a estrutura.

carga cíclica – carga que oscila periodicamente e obedecendo a uma certa lei de periodicidade. Num estádio de futebol, a carga das pessoas é variável, pois há momentos em que o estádio está lotado e há momentos em que ele está vazio, mas essa carga não é cíclica. A vibração do pessoal do estádio ao ouvir uma música pode gerar uma carga cíclica.

carga morta – peso das partes da estrutura. O mesmo que peso próprio. Teoricamente, antes de o prédio ser ocupado, só existe na estrutura a carga morta. Os prédios de concreto armado têm analogicamente mais carga morta que os prédios de estruturas metálicas.

carga variável – carga que oscila, que varia.

cimbramento – o mesmo que escoramento. Estrutura provisória que sustenta as formas do concreto ainda plástico e que, portanto, não tem capacidade resistente. O cimbramento é retirado depois que o concreto ganhou resistência. O cimbramento costuma ser feito ou de madeira ou com estrutura metálica.

concreto magro – união de pedra, areia, pouco cimento e água. Serve em escavações como primeira camada antes de lançar o concreto principal. Não tem função estrutural. O traço volumétrico CAP (cimento areia pedra) 1: 4 : 8 é um exemplo disso.

concreto plástico – concreto fácil de ocupar os espaços nas formas.

concreto simples – mistura de pedra, areia, cimento e água. Não tem armadura. É o material usado para fazer blocos, tubulões, tubos de concreto de pequeno diâmetro, brocas etc.

contraventamento – dispositivo que dá rigidez (pequena deformabilidade) a uma estrutura. Vigas de travamento, alvenaria, podem ajudar a dar a uma estrutura de concreto armado o contraventamento necessário. Etimologicamente é a estrutura que combate a ação do vento.

contraverga – estrutura colocada embaixo de uma abertura para evitar trincas.

cura – processo de impedir que a água de constituição do concreto ainda fresco evapore-se. Para se ter a cura, um dos processos é molhar abundantemente a superfície do concreto fresco, impedindo a evaporação.

deformação lenta (o mesmo que fluência) – aplicada uma carga numa peça de concreto, acontece uma deformação imediata. Se a carga continua aplicada, a deformação cresce. O acréscimo é a chamada deformação lenta ou fluência.

ductilidade – o que se deforma, dando avisos antes de romper. O aço é bastante dúctil e o concreto não é dúctil. Os aços CA25 são muito dúcteis. o CA50 é dúctil e o aço CA60 é considerado apenas medianamente dúctil.

efeitos de segunda ordem – quando comprimimos uma peça de pequena altura, os efeitos resultantes são os chamados de primeira ordem. Quando uma peça tem maior altura e sofre compressão, a deformação do efeito de primeira ordem pode agravar a situação, pois ela influencia o funcionamento da peça, agora deformada, gerando efeito de segunda ordem. A flambagem é um efeito de segunda ordem. Numa linguagem popular, seria a consequência da consequência.

empuxos de terra não equilibrados – ação de um maciço terroso em uma edificação, gerando esforços na edificação que os transmite até a fundação.

escoramento – proteção, apoio.

estabilidade global – estudo de uma estrutura de forma global e estudando como o conjunto estrutura-solo-fundações trabalha e interage.

fissuras – pequenas trincas no limite da visibilidade (até cerca de 0,3 mm)

flambagem – perda de equilíbrio de peças comprimidas por efeitos de segunda ordem. O prego que dobra ao ser martelado sofreu flambagem. O serrote que se dobra ao ser usado está sofrendo flambagem.

fluência – deformação lenta do concreto, ou seja, acréscimo com o tempo na deformação do concreto, se comparada com a deformação imediata do concreto.

G (giga) – sigla que expressa mil milhões.

grelhas – no mundo do concreto armado, uma rede de vigas.

grouting – concreto bem plástico, feito de cimento, areia e areia para preencher vazios.

hiperestático – número de apoios superior ao estritamente necessário, como, por exemplo, uma viga com cinco apoios.

hipostático – número de apoios inferior ao estritamente necessário, como, por exemplo, uma viga apoiada em um apoio simples. A viga não tem estabilidade e gira.

instabilidade lateral – vigas sofrendo flexão, se tiverem espessura muito reduzida, podem perder a estabilidade por flambagem. Uma folha de papel é um exemplo de peça com instabilidade lateral face à pequena espessura.

isostático – número de apoios estritamente necessário para que uma viga fique estável. Exemplo: uma viga com dois apoios simples ou uma viga com um apoio engastado.

junta de dilatação – prédios com uma dimensão em planta muito grande devem ser divididos em duas partes com separação estrutural total. As juntas de dilatação são o elemento que escondem essa separação da ordem de milímetros.

laje-cogumelo – estrutura com laje e pilar, sem viga. As lajes-cogumelo apoiam-se diretamente em pilares através de uma peça chamada capital.

laje maciça – peça estrutural de duas dimensões que cobre um vão com uma dimensão bem reduzida (espessura), de 5 mm no mínimo de espessura. Tem dois tipos de armadura: armadura positiva no meio do vão e armadura negativa nos apoios, no caso de laje aí engastada.

laje mista – sobre a forma colocam-se tijolos, com espaçamento entre eles. No espaçamento coloca-se uma armadura de tração. Sobre tudo lança-se o concreto, formando uma capa. Gera-se uma laje em que a armadura resiste à tração, e quem resiste à compressão é a capa e trecho da nervura. O tijolo serviu apenas de forma.

laje pré-moldada – solução usada no Brasil a partir da década de 1940. Compõe-se de elementos pré-moldados de concreto armado denominados vigota ou trilho e tijolo de enchimento. Esse conjunto, além de ser um conjunto estrutural, serve de forma à camada adicional de concreto e armadura que se coloca na obra em cima da vigota e trilho.

laje-treliça – evolução da laje pré-moldada face a uma armação em forma de treliça. A laje-treliça tendo maior capacidade que a laje pré-moldada possibilita a eliminação de vigas.

linha neutra – numa peça em flexão, na seção transversal, linha sem tração e sem compressão.

mata-junta – dispositivo que disfarça a junta de concretagem.

microssílica – material finíssimo que se adiciona ao concreto e, com isso, consegue-se o aumento da resistência. A microssílica ocupa o espaço interno das partículas do cimento.

momento de inércia – medida da forma de uma seção transversal de uma peça. Conceitualmente, é a integral do produto do elemento de área vezes o quadrado da distância do elemento de área em relação ao eixo considerado.

mossas – saliências.

não conformidade – em desacordo.

parada de concretagem – parada de uma etapa de concretagem pela impossibilidade de se continuar a mesma seja pelo adiantado da hora, seja pela falta de material.

pega – ação aglomerante do cimento hidratado.

pilar-parede – pilar com enorme comprimento horizontal.

pré-moldados – peças fabricadas fora do local de sua instalação definitiva e cuja destinação depende mais do comprador do que o fabricante. Por exemplo, o fabricante de lajes pré-moldadas fabrica a vigota de concreto armado e revende o tijolo cerâmico. Esse conjunto pode ser usado para ser uma laje horizontal ou uma cobertura inclinada como um telhado.

punção – ação de uma força em uma pequena área.

quinhão – parte, divisão.

ressonância – repercussão, consequência.

retração (concreto) – redução de volume do concreto por perda de água. Pode dar trincas enormes e absolutamente indesejáveis.

rigidez – não deformabilidade.

rótula – tipo de apoio que permite giro sem permitir deslocamento. Os espelhos retrovisores dos automóveis são ligados à estrutura do carro por rótulas.

rótula plástica – ligação que girou e ficou na nova situação. A situação plástica é a situação de uma deformação permanente.

ruptura frágil – ruptura que acontece sem apresentar antes grandes deformações permanentes. As rupturas do concreto são frágeis e as rupturas do aço são não frágeis (dúcteis).

***slump* teste** – o mesmo que o teste de abatimento do concreto ou que tem ainda a denominação de teste do cone de Abrams. É um teste que mede quanto uma mistura de concreto colocada em um cone se abate quando vertida sobre uma mesa. É uma medida expedita da trabalhabilidade do concreto. Em princípio, quanto maior a medida do *slump*, o concreto tem maior trabalhabilidade, ou seja, maior facilidade de ocupar os espaços vazios deixados nas formas pelas armaduras.

sobrecarga – o mesmo que carga acidental, ou seja, a carga de pessoas, móveis e utensílios. É o que a estrutura de um prédio suporta depois de pronto, excluso o peso morto da estrutura.

superestrutura – parte da estrutura que está acima das fundações.

taxa de armadura – porcentagem da armadura em relação à seção da peça de concreto armado. Assim, a taxa de armadura máxima em pilares é de 8%, ou seja, um pilar com seção 20 x 40 cm e, portanto 800 cm^2 de área tem a taxa máxima de armadura de 800 x 0,08 = 64 cm^2.

tirante – peça em tração.

torção – esforço de giro de uma parte da estrutura.

torção de compatibilidade – quando se tem uma marquise, a ligação desta com a viga de sustentação geraria uma torção na viga que é impedida pela existência da laje contígua (se existir). Existindo a laje contígua à viga não é necessário prever armadura de torção para essa situação, que é chamada de torção de compatibilidade.

torção em prédios altos – prédios altos com estruturas delgadas e formatos não simétricos podem sofrer torções.

trabalhabilidade – medida da capacidade de uma porção de concreto penetrar numa forma e ocupar, sem deixar falhas, os espaços deixados pela armadura. A trabalhabilidade é medida pelo teste do *slump* (abatimento).

traço – composição de uma massa de concreto envolvendo pedra, areia, cimento e água.

traço volumétrico – quando se exprime a participação dos componentes da mistura em medidas volumétricas (litros, metros cúbicos). O traço volumétrico é o mais comum dos traços, pela facilidade de se medir volumes, se comparado com a maior dificuldade de se medir pesos em obras. A precisão do traço volumétrico é bem menor que a precisão do traço em peso (traço gravimétrico). Quando se controla a mistura do concreto usando latas de areia estamos trabalhando volumetricamente. No traço gravimétrico, a areia seria pesada.

trefilação – técnica em que uma barra de aço passa sucessivamente por dispositivos que, por tracionamento, vão diminuindo seu diâmetro. Assim, numa trefila existe um orifício de entrada com diâmetro Ø1 e um orifício de saída com diâmetro ligeiramente menor de saída Ø2, e a barra passa por essa redução de diâmetro e depois vai para outra trefila com orifício de entrada com diâmetro Ø3 de entrada e outro orifício de saída com diâmetro Ø4 menor que Ø3 e, assim, sucessivamente.

valor característico – um tipo de média associada a um critério estatístico. O valor característico da resistência à compressão do concreto é o fck e representa, numa grande amostra, o valor que só é menor em 5% das amostras.

valor nominal (diâmetro, cobertura, taxa) – valor aproximado, valor de uso comercial, valor prático. Exemplo: o valor nominal do peso de cada pessoa é de 70 kgf, embora o peso de cada um varie. Tubos com diâmetro de 150 mm usam essa expressão nominal de seu diâmetro, embora sua medida interna varie de acordo com o material e com sua classe e espessura.

valor útil – valor aproveitável.

verga – pequena viga colocada em cima e embaixo de aberturas em paredes para evitar trincas.

vibração – aplicação de energia à massa fresca do concreto para expulsar o ar. Não é mistura nem meio de transporte. Quem faz mistura é betoneira ou mistura manual. Vibração é expulsão do ar. Um dos maiores erros de obra é usar a vibração para misturar e transportar concreto dentro da forma.

vibrador – peça colocada na massa do concreto ou externa à forma para fazer a expulsão do ar, aumentando com isso a densidade da mistura. O vibrador introduz energia à massa ainda bem plástica do concreto e, com isso, o ar é expulso. Em pequenas obras, a função de vibração é feita com batidas cuidadosas na forma e/ou com a introdução de varas de aço no concreto, procurando eliminar vazios.

viga-alavanca – chamada em alguns estados do país como viga de equilíbrio. Viga que liga fundações no limite do terreno ao resto da estrutura de fundações, permitindo desconsiderar o aspecto de excentricidade da carga.

viga-baldrame – viga de concreto armado que recebe carga da alvenaria do andar mais baixo. Normalmente é apoiada no solo.

viga-parede – viga com grande altura e que não pode ser calculada com as tabelas correntes de dimensionamento de vigas comuns.

viga contínua – viga com três ou mais apoios.

viga de rigidez – viga que tem a função principal de diminuir a deformabilidade de uma estrutura. Por exemplo, nas pontes pênseis, se não houver vigas de rigidez, a ponte "joga" (movimenta-se) com o vento.

viga de transição – viga de grande responsabilidade que recebe cargas de pilares. É uma viga muito comum em garagens e que vence vãos grandes recebendo as cargas de muito pilares que morrem nela, e a viga de transição descarrega essas cargas em poucos pilares. Chama-se de transição pelo fato de ser uma à disposição de pilares abaixo dela e outra acima dela.

45

Numeração de documentos estruturais, indicação de revisão, como fazer os carimbos dos desenhos, tamanho de desenhos e datas

Ver NBR 7191 (antiga NB-16) "Execução de desenhos para obras de concreto simples e armado".

Existem informações que, às vezes, só circulam parcialmente em grandes empresas e de mestre para discípulos, e quem não trabalha nessas empresas e não tem um mestre, deixa de aprender. Este livro é sobre estruturas de concreto armado, mas as informações deste capítulo são válidas, em geral, para outras especialidades.

Numeração de documentos – Regras de experiências vividas e sofridas

Nunca, em cada novo projeto, começar a numerar documentos por 1. 2. 3 etc. Se fizermos vários projetos para um mesmo cliente, repetindo-se os números, está decretado o caos na procura e arquivamento desses documentos.

Assim, adote algo como:

3821 – ST – 3 – 189 – 5

onde:

38 é o código do cliente na sua empresas;

21 é o número da obra na sua firma (número do contrato);

ST indica sempre desenho de estrutura;

3 indica sempre detalhes de armação;

189 é um serial dentro do código ST – 3;

5 é a revisão, ou seja, no caso, a quinta revisão desse documento.

Revisão

Cada vez que um documento for modificado em relação a outra versão, entregue ao cliente; sagradamente, deve ser anotada a revisão. Sugere-se também a indicação no desenho de onde está a modificação, usando-se para isso coordenadas ou sombreamento de destaque. Se estamos na revisão 5, então o cliente recebe o documento indicando em sombreado o que mudou em relação à revisão 4. Na emissão da revisão 6 retira-se o sombreado da revisão 5 e coloca-se o sombreado da mudança indicada na revisão 6.

Tamanho de letras dos títulos dos carimbos dos desenhos

Se estamos fazendo o projeto estrutural do almoxarifado da Fábrica de Alimentos Colibri, sugerimos a seguinte escala de proporção de tamanho de letras em um desenho A1:

Tamanho certo de letras

Fábrica de Alimentos Colibri

Almoxarifado

Formas – Cortes DD e GG

Este autor trabalhou com um projetista que fazia o contrário:

Tamanho errado de letras

Fábrica de Alimentos Colibri

Almoxarifado

Formas – Cortes DD e GG

Para quem está trabalhando em uma grande obra e em seu canteiro, é claro que ele sabe qual o nome do cliente e qual a seção (Almoxarifado). O que o homem de obra quer saber é exatamente:

Formas – Cortes DD e GG

Datas

Colocar datas em todos os documentos, em cada e em todas as revisões.

Tamanho de documentos

Usar somente os tamanhos da ABNT – A1, A3 e A4. Tamanhos A0 e A2 não são práticos. Usar tamanhos fora da norma, jamais. Lembrar que os tamanhos de desenho ABNT derivam do padrão DIN (normas alemãs) e quase o mundo inteiro as segue.

Curiosidade importantíssima

Uma famosa firma estatal, ao contratar serviços de terceiros, como os de arquitetura e ou engenharia, costuma destinar no carimbo dos desenhos dois espaços. Um é para o número do executante, segundo critérios do executante e de preenchimento optativo. O outro espaço é para o número da firma estatal. Há uma verdadeira cartilha para usar esses números da firma estatal. Agora o importante: a *chamada dos desenhos tem que ser sempre via número da firma estatal.*

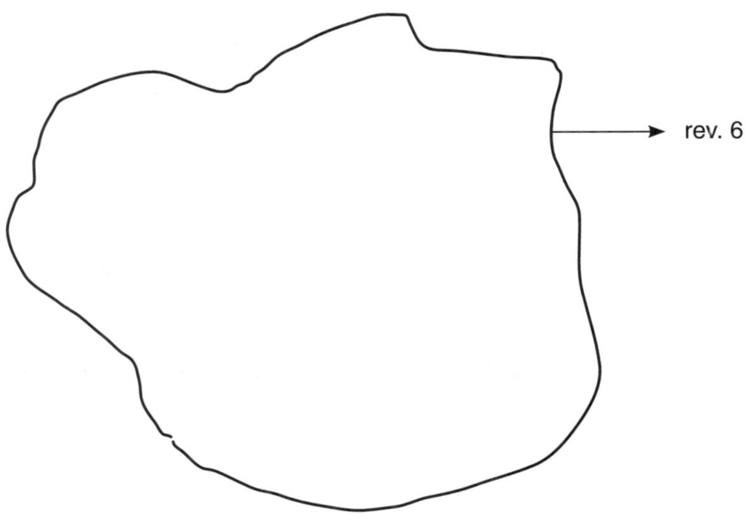

Sigla do cliente →	BRP - SM - 4 - 17	Rev. 9	4/jan/12
Projetista (executante) →	3804 - ST - 4 - 17	Rev. 6	4/jan/06

Nota: Por que dois códigos de revisão e de data num mesmo desenho? Nos casos em que o projeto é feito por terceiros, para o cliente que também tem sua engenharia, pode acontecer que a engenharia do cliente deseja depois dos desenhos já entregues fazer uma revisão, e aí obrigatoriamente deve colocar a data dessa revisão.

46

Estruturas complementares de concreto armado

Muito do visto até aqui pode e deve ser usado em outras estruturas, como caixas-d'água, piscinas, muros de arrimo etc.

Valem as velhas verdades:

- A armadura é a parte mais cara no concreto armado.
- A armadura de aço vai sempre onde existe tração, pois o concreto resiste pessimamente à tração.
- A seção de concreto é a aproximação grosseira da estrutura e a seção de aço é a seção de ajuste fino.

Caixas-d'água (reservatórios) e piscinas

Uma seção típica pode ser:

Corte de um reservatório de água

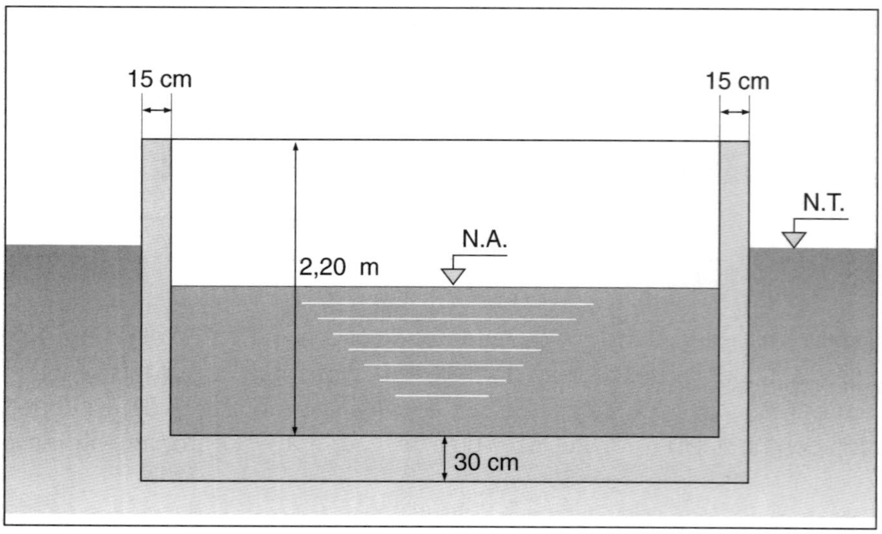

Empuxo de Arquimedes

Nos locais onde o lençol freático (nível de água) é alto, ocorre nas estruturas enterradas o empuxo de Arquimedes (direção vertical, sentido para cima), de valor igual ao peso de água deslocado. Logo, o peso da estrutura de concreto armado, nesses locais, deve ser, no mínimo, ligeiramente superior ao peso da água deslocado. Se esvaziarmos a caixa-d'água e esse cuidado não foi tomado, o empuxo de Arquimedes faz subir a estrutura e destrói a caixa-d'água, retorcendo-a.

Dizem que, em uma certa cidade do Estado de São Paulo, no decantador da estação de tratamento de esgoto, havia uma plaqueta de aviso e alerta:

Nunca esvaziar este decantador.

Ordem do Sr. Arquimedes.

Muro de arrimo

Para conter certos maciços terrosos, uma forma de se conseguir isso é usando, por exemplo, um muro de arrimo. Existem vários tipos de muro de arrimo e o exemplo a seguir é um deles. Ver "Cadernos de Muro de Arrimo", do Prof. Antonio Moliterno – Editora Blucher.

Exemplo de solução:

Colocamos no desenho a indicação de drenagem, pois está provado que mais da metade dos muros de arrimo que cedem, fazem isso por deficiência de drenagem.

Nunca esquecer a drenagem do terreno contido pelo muro de arrimo.

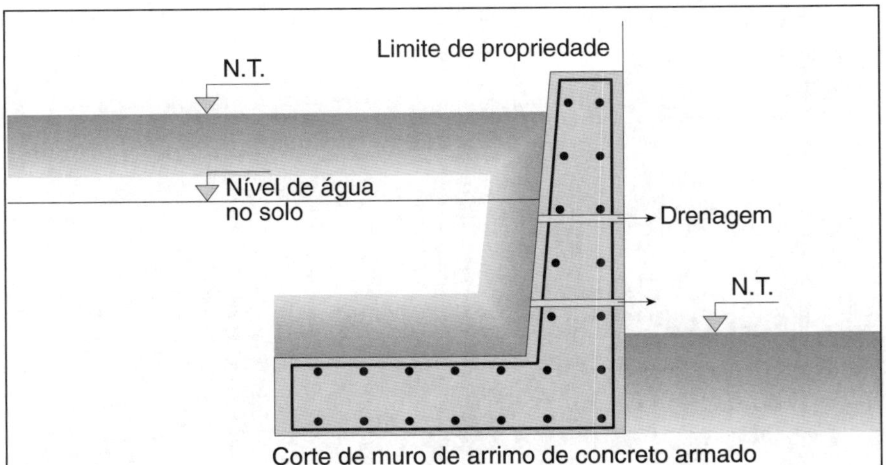

Corte de muro de arrimo de concreto armado

47

Fotos arquitetônicas estruturais explicadas

Foto 1 – O prédio mais alto de São Paulo, em 2005

36 pavimentos, 84.000 m^2 de área construída, 158 m de altura. f_{ck} de 50 MPa, para os pilares, e fck de 35 MPa, para as lajes. Volume de concreto usado para a estrutura de 28.000 m^3.

Prédio CENU – Centro Empresarial Nações Unidas.

Projeto arquitetônico
Botti e Rubin

Projeto estrutural
Eng. Mario Franco

Ref. Boletim "Tecnologia do Concreto Armado em Notícias", março de 1999.

Foto 2 – Um dos prédios mais altos, sem vigas e sem pilares

15 andares sem vigas e sem pilares. Foram usados blocos com orifícios, e, nesses orifícios foram colocados *grouting* e armadura.

Foto de catálogo comercial do empreendimento.

Foto 3 – Parece contraventamento

Mas não é. As aletas em escuro talvez sejam elementos estéticos. Bairro Pinheiros, São Paulo, SP.

Prezado leitor,

Participe das próximas edições deste livro. Hoje em dia, com as máquinas fotográficas digitais e com os celulares, torna-se fácil documentar tudo o que se vê.

Mande alguma curiosidade, alguma história sobre alguma estrutura interessante, algo fora do comum, se possível com foto, que, nas próximas edições, poderão ser incluídas.

e-mail: manoelbotelho@terra.com.br

Foto e comentários do leitor A. P. B.

48

Crônicas estruturais

A) Por favor, acreditem: quando o autor era criança, o sobrado onde ele morava ruiu parcialmente, com estrutura de concreto armado e tudo. Conheça a história.

Foi nos anos 1950, quando o autor MHCB tinha cerca de dez anos. Meu pai tinha acabado de adquirir uma residência assobradada novinha na cidade de São Paulo. Compramos do incorporador e ficamos conhecendo o Seu Faria, empreiteiro dos bons(*), como se dizia. Ele era o construtor da obra, um sobrado com lajes maciças, vigas e cintas de concreto armado e pilares. O sobrado tinha no térreo duas salas, cozinha e banheiro. Uma escada saindo de uma das salas a ligava ao andar superior, onde estavam o banheiro e dois quartos. Nos fundos, havia uma edícula com quarto de empregada e banheiro. A casa tinha um largo corredor lateral da frente ao fundo, onde o carro da família podia se abrigar em qualquer posição. A rua era em declive e o ponto mais baixo da rua em relação à casa era a direita de quem a olhava. Desse lado mais baixo não havia nada, era um terreno baldio. No limite do terreno da casa com o terreno baldio tinha sido construído um muro divisório de meio-tijolo (tijolo com a maior dimensão na linha do muro). Esse muro iria dar o que falar.

Com essa situação e já entrando na casa, meu pai pediu proposta do empreiteiro construtor, para fazer no andar superior, um quarto em cima da passagem de carro, e, debaixo desse quarto, faríamos um jardim de inverno e, com isso, o carro ficaria protegido da chuva. Seu Faria fez a proposta, que foi aceita, e a casa começou a ser ampliada no lado vizinho ao terreno mais baixo. Meu pai não era engenheiro e não tinha capacidade de julgar soluções técnicas. A questão estava no muro divisório de meio-tijolo, com precaríssima sapatinha de fundação. O quarto foi construído e, de início, não deu problemas, e para indicar problemas a alvenaria é rainha. O quarto foi construído, sendo uma laje de concreto armado ligada à laje anterior da residência e no mesmo nível, e essa nova laje descansava sobre uma cinta que se apoiava na parede, que era, na verdade, o muro divisório de alvenaria.

(*) Julgue o leitor se ele era bom, no final da história.

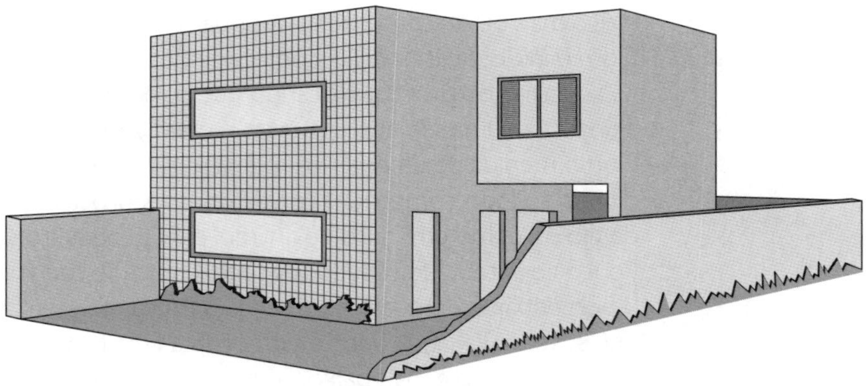

O sobrado, com estilo modernoso dos anos 1980. Nos anos 1950 o estilo era mais tradicional e despojado.

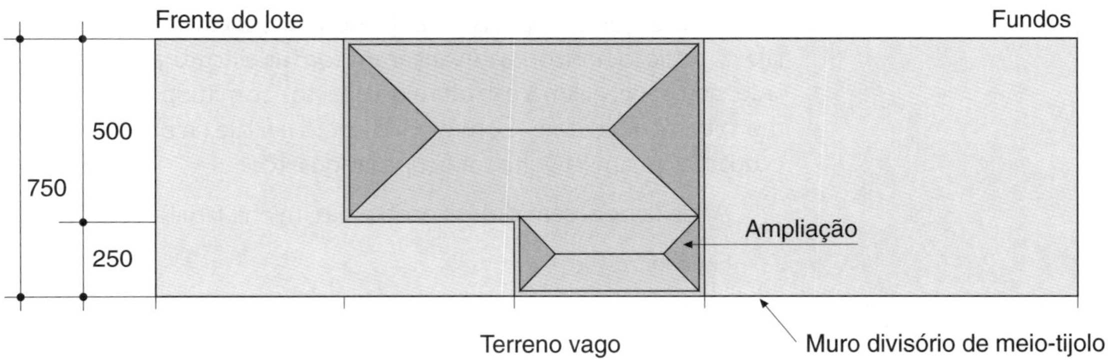

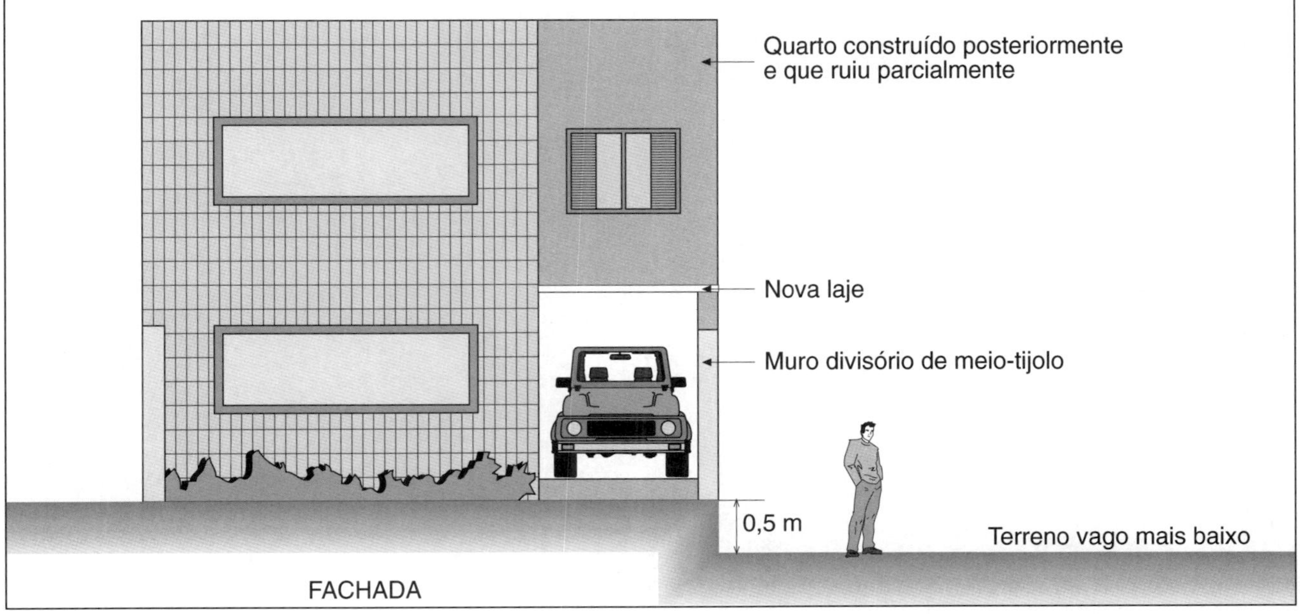

O problema começou a acontecer quando o vizinho do terreno ao lado e algo mais baixo, começou escavar para construir uma série de sobradinhos. Com o início da escavação, começaram a surgir fissuras, que viraram trincas na alvenaria do quarto, indicando que o mesmo começava a ceder, ou seja, afundar. Em uma semana, as trincas já eram enormes e o quarto foi esvaziado. Como medida de emergência, numa segunda-feira, o construtor dos sobradinhos ao lado começou a construir umas brocas no fundo e uma cortina de tijolos, como um muro de arrimo, para proteger o quarto de minha casa. Pouco adiantou. No sábado seguinte, o piso de caquinho cerâmico, que era o piso debaixo do quarto, começou a trincar e, em minutos, parte do muro que sustentava (?) o quarto começou a ruir. E ruiu mesmo em direção ao terreno lindeiro e mais baixo. Só não houve ruína total pela obra de reforço. Por sorte, havia gente e material (madeira) na obra em início e o quarto com grande inclinação na sua laje foi escorado. Para alegria parcial de meus pais, o construtor do nosso quarto e o construtor dos sobradinhos vizinhos assumiram logo de início a responsabilidade do reparo a fazer. Desmontaram o telhado e a alvenaria das paredes do quarto. Com macacos, colocaram a laje na posição horizontal. Avançaram com as estruturas dos sobradinhos ao lado, que confinavam a estrutura do quarto. Com tudo isso recompuseram o muro de apoio da laje. Com o novo apoio e a laje na posição, reconstruíram o quarto. A família voltou a ocupar o quarto.

Anos depois, sem outros problemas, minha família vendeu o sobrado.

Final feliz...

B) O que acontece se eu tirar uma barra prevista de um projeto estrutural?

Os caminhos didáticos clássicos para ensinar um assunto por vezes não mostram toda a riqueza de situações. Na discussão de casos ou na discussão de erros, ao se, obrigatoriamente, abordar assuntos não tradicionais, aparecem aspectos da verdade que a abordagem tradicional não costuma abordar.

Seguindo esse raciocínio, vamos propor questões que procuram desenvolver o assunto "compreensão estrutural".

Questão 1

Seja o nosso prédio padrão, prédio de apartamentos, de baixa altura.

Digamos que temos um projeto estrutural benfeito e a obra foi bem executada, e, portanto, pressupõe-se que seguiu, dentro da precisão possível de obra, o projeto estrutural.

Digamos que, ao se colocar a armadura da laje maciça, por engano, foi ela colocada com espaçamento incorreto (espaçamento algo maior do que o previsto), tendo resultado, na prática, numa laje com uma barra, uma única barra a menos que o previsto no cálculo. Qual a consequência, na prática?

Resposta

Nos termos da pergunta, podemos garantir que nada acontecerá com a estrutura, pois a precisão dos cálculos não é sútil a ponto da falta de uma barra, levar a um dano a estrutura.

Questão 2

Se construirmos com *uma barra de aço a menos* na laje maciça, nada acontece. O que sucede se construirmos com *duas barras a menos* no total da obra?

Resposta

Nos termos da pergunta, pode-se dizer que nada acontecerá com a estrutura, pois a precisão dos cálculos não é tão sútil que a falta de duas barras em toda a obra leve um dano à estrutura. Todavia, se começarmos a tirar barras progressivamente, estamos saindo de uma região conhecida pelos conhecimentos atuais, conhecimentos esses que as normas consolidam, e estamos entrando num campo mais desconhecido e, portanto, perigoso.

Além do aspecto meramente tecnológico, quando saímos da norma estamos saindo dos limites de uma aceitação social, elemento importantíssimo no relacionamento humano.

Se um prédio convencional, calculado e construído obedecendo as normas, tiver problemas (o que é extremamente improvável, mas não impossível) numa demanda judicial seus profissionais envolvidos estarão protegidos socialmente, ou seja, dificilmente serão imputados como maus profissionais.

Se um prédio convencional, calculado e ou construído fora das normas, tiver problemas estruturais, o fato de não obedecer as normas, mesmos que os defeitos sejam de outra origem, seus profissionais envolvidos poderão vir a ter problemas jurídicos. Um viaduto que caiu no Brasil, levou seu projetista a ser condenado, só não tendo cumprido a pena face aos bons antecedentes desse profissional.

Seguir as normas é um cuidado técnico e social.

Notar que apresentamos o problema no caso de lajes. E no caso de vigas e ou pilares?

O problema é o mesmo, sendo que a responsabilidade estrutural cresce das lajes para vigas e das vigas para os pilares.

C) A história do nascimento de um projeto estrutural de concreto armado. O erro e o acerto inesquecíveis.

Paulo é um engenheiro civil que adora cálculo estrutural, mas não o exercia pelo fato de ser também dono de uma jovem construtora, e, com isso, não podia curtir sua paixão, pois a construtora absorvia todo o seu tempo. Paulo agora está gerenciando a construção de um prédio de concreto armado de seis andares e decidiu pedir uma proposta ao colega e seu ex-professor João. Paulo levou o anteprojeto arquitetônico ao João para este orçar o projeto estrutural. João olhou com carinho o anteprojeto arquitetônico e falou: "Antes de eu dar o meu preço, noto grandes problemas no anteprojeto arquitetônico".

Falando isso, foi mostrando paredes e vigas mal coordenadas, pilares mal localizados e muitas outras coisas. Foi anotando tudo e já propondo num rascunho como o anteprojeto arquitetônico deveria ser mudado.

Depois disso e depois que Paulo *recolhesse com carinho e admiração o rascunho das críticas ao sistema arquitetônico*, João considerou:

- o tipo de prédio;
- o número de andares;
- a área por andar, e
- uma estimativa de consumo de concreto.

Com esses dados e levando em conta o nome do arquiteto, que era muito dialogável e, portanto, fácil de trabalhar, orçou: "Proponho para fazer o projeto da estrutura de concreto armado, excluso o estudo de fundações, o valor de x mil reais".

Paulo se surpreendeu, pois era muito alto pelos padrões vigentes no local. Não houve papo, e o Eng. João, que devia estar com muito trabalho em carteira, fincou pé e Paulo, contrariado, teve que procurar outro colega engenheiro estrutural.

Ao procurar o outro colega de nome Miguel, que era algo menos especialista que João, Paulo ficou com um problema ético. Deveria usar o que aprendera e anotara na consultoria gratuita e de altíssimo nível com João? Paulo realisticamente usou o conhecimento, dado sem custo (!!).

O projeto foi feito e a obra também: final feliz.

Dessa história resultam duas lições: um erro e um acerto inesquecíveis.

O erro. (Para o João) Um erro profissional, ou, se quiserem, um erro de marketing. João não deveria jamais, antes de ter sido contratado, ter entregue o mais valioso de tudo, que era a sua experiência profissional que ficou de forma incrivelmente didática, documentada num pedaço de papel-rascunho, rascunho em forma de apresentação, mas de grande valor.

O acerto. (Para mim) A qualidade da consultoria, lamentavelmente de graça.

D) Por causa de um projeto estrutural com problemas e as obras de execução mal conduzidas de um grande ambulatório médico, meu partido político perdeu uma eleição

Crônica do leitor B. V.

Era época de eleição e haveria uma disputa apertada entre o candidato do meu partido, no poder de uma cidade, e um candidato de oposição. Pesquisas eleitorais indicavam que num bairro populoso dessa cidade a tendência era apoiar a oposição. Todavia, nós da situação tínhamos uma arma secreta. Como a região era carente de hospital, o nosso partido, no comando do governo, prometeu entregar antes da eleição (sempre antes de eleição, por que será ???) um grande ambulatório médico que, na prática, só não tinha internação dos doentes. O resto tinha tudo. O projeto arquitetônico desse ambulatório mal começara e a eleição seria daí a cerca de 14 meses, exatamente o tempo, sem folga, que estimávamos demandaríamos para terminar o ambulatório com a indefectível festa de inauguração, obrigatoriamente pré-eleitoral. Mas não poderíamos ter problemas, pois, senão, a entrega da obra aconteceria depois da eleição (situação inaceitável, sem dúvida). Diante dessa situação, fui chamado pelo secretário de obras para uma missão espinhosa e difícil:

cumprir o prazo eleitoral da entrega do ambulatório.

O desafio a mim foi:

– Profissional B. V. – Você é um destacado profissional de engenharia desta prefeitura e por isso vamos lhe dar importante missão e confiamos em você. Entregue o ambulatório pronto antes das eleições e para isso você tem carta branca, totalmente carta branca... sem limites...

Fui então para a guerra com uma enorme esperança e dotado do que precisava, ou seja, a carta branca sem limites. Pelo menos foi o que eu ouvi. Convoquei de imediato uma reunião de coordenação dos participantes do projeto e da futura obra e avisei com a empáfia dos poderosos (ou dos que se acham poderosos):

– Tenho carta branca no comando deste empreendimento e ai de quem sair da linha.

Não sei por que um leve sorrisinho apareceu em vários semblantes de alguns dos participantes dessa reunião. O tempo me explicaria a razão dos sorrisinhos...

Perguntei qual a rotina que o departamento dessa entidade usava para fazer projetos e execução de edificações. Eu era de outro departamento Para minha total surpresa e desespero a resposta foi:

– Faz-se inicialmente o anteprojeto arquitetônico, e este ainda bem inicial e sujeito obrigatoriamente a mudanças de vulto, é enviado ao projetista de estrutura, e outra via, ao projetista das instalações hidráulicas, de vapor, de telefonia, ar-condicionado e instalações elétricas em geral. A partir daí cada um desenvolvia independentemente cada um dos seus projetos. Em geral aconteciam, quando dos projetos prontos, os indefectíveis conflitos de espaço, de localização e de falta de informações mas tudo isso era deixado para o pessoal de obra (!!!!!!!!!), que se virava e tinha muita experiência em resolver, sabe lá Deus como, esses conflitos. Isso é o que me foi dito.

Usei então do meu poder total (será?), produzido pela carta branca recebida. Avisei que:

- eu contrataria uma firma de coordenação;
- teríamos no mínimo dez reuniões de integração para criar uma *cross-fertilization* (adoro usar termos estrangeiros, pois impressionam bastante);
- todo o trabalho seria coberto por troca de atas de reunião, troca de e-mail's, troca de desenhos em vários estágios entre todos os participantes;
- assim, os desenhos das várias especialidades chegariam à obra com mínimos problemas de conflito.

Alguém que não estava gostando da história perguntou:

– Se na obra chegarem desenhos sem problemas, o que eles vão fazer então?? Com essa integração de projetos, o pessoal de obra poderá ir trabalhar de *smoking*... e ficar ouvindo música clássica...

Expliquei, em tom de réplica, que o pessoal de obra tem é que cuidar da qualidade, custos e prazos da obra e não ficar refazendo projetos em conflitos... Projetos tem que chegar à obra redondos e integrados.

Contratei a firma de coordenação. Os projetos avançaram. Descobri depois, e alertado por essa firma, que o que era combinado nas várias reuniões de coordenação não era encarado como lei, e, sim, como sugestão, mera sugestão, que podia ou não ser seguida pelos três participantes !!!!!!!!. Consequentemente vários problemas totalmente solúveis na fase de projeto foram para a obra, com consequências de custo e demanda adicional de tempo. Lutei e decidi afastar um criador de problemas, mas veio de cima de mim o aviso:

– Não mexe nele que é uma indicação política...

A socos e pontapés, terminamos os projetos, sem uma integração total, e esses projetos com potenciais problemas foram para a obra. Face a alguns conflitos não resolvidos na fase de projeto, principalmente na área de projetos estruturais pelo seu porte e pequena flexibilidade, e face à demora da entrega de vários equipamentos, como o gerador, das duas caldeiras produtoras de vapor para lavar as roupas dos funcionários e higienização geral do ambulatório, a obra se atrasou. Não deu para ficar pronto o enorme ambulatório médico antes das eleições.

As eleições implacavelmente chegaram...

No bairro do ambulatório, apenas semipronto, mas sem funcionar, tivemos baixa votação e no geral da cidade perdemos por pouco as eleições, tudo isso talvez devido a não inauguração do grande ambulatório médico.

Alguns dos leitores deste livro talvez desejem saber qual o bairro e qual a cidade de que estou falando.

Sabe que eu me esqueci...!!!!!

Autoria B.V.

49

Dados de um marcante projeto arquitetônico e estrutural: o Edifício Itália, São Paulo, SP

Vamos apresentar, como um caso-limite, os dados arquitetônicos e estruturais do Edifício Itália, situado na Praça da República, centro de São Paulo, e construído na década de sessenta do século XX. Foi inaugurado em 1965.

O empreendimento é do Circolo Italiano, clube da colônia italiana.

Obtivemos os dados no próprio prédio, catálogos da época e da Revista Dirigente Construtor de novembro de 1964.

O prédio tem projeto arquitetônico de A. Franz Heep, professor de Arquitetura da Faculdade de Arquitetura Mackenzie, disciplina Grandes Composições.

O projeto estrutural é do Escritório de Osvaldo de Moura Abreu, Waldemar Tietz e Nelson de Barros Camargo.

A construtora final foi R. Cecchi e Cia Ltda – Engenharia e Construções, que sucedeu a firma Engenharia e Construções Otto Meimberg S. A., tendo atuado também a firma Edifício Itália – Comercial e Administradora S.A.

A altura do prédio é de 150 m, com 47 pavimentos. A área construída é de 52.000 m^2. A área do terreno é de 2.382 m^2, originalmente do clube Circolo Italiano.

É um prédio comercial com andares de escritórios, teatro, restaurante no piso superior e um clube de nome Circolo Italiano nos andares mais baixos.

A estrutura é de concreto armado.

Como este é um texto didático de estruturas de concreto armado, vamos aos detalhes estruturais.

O prédio utilizou lajes nervuradas e vigas embutidas (invertidas). O uso das vigas invertidas é para dar grande versatilidade de uso dos espaços dos escritórios.

A estrutura usa pilares de seção circular (pilares existem mais de cem), sendo que existe nos andares inferiores uma estrutura de transição (vigas) de onde morrem os pilares dos andares mais altos.

A imponência do Edifício Itália, São Paulo, SP.

Foram utilizados:

- 14.000 m^3 de concreto;
- 150.000 sacos de cimento;
- 20.000 t de aço;
- 3.500.000 tijolos;
- 120.000 tábuas de pinho.

Quanto às fundações, foram usadas 276 estacas e cravadas com percussão, cada uma de 60 cm de diâmetro, com profundidade média de 30 m e capacidade de 170 t.

Destaque-se o aspecto de combate à ação do vento.

Transcreve-se o que está escrito na revista:

"A localização central dos elevadores favoreceu bastante a implantação dos contraventamentos. Paredes de concreto armado localizadas nessa zona, além de formarem o poço dos elevadores, conseguem absorver 90% dos esforços do vento. Para os restantes 10% foram construídas cortinas laterais, também em concreto armado..."

Um dos aspectos considerados no combate ao vento foi a torção que o vento causa em toda a estrutura.

Sugere-se uma visita dos leitores.

Como essa estrutura é dos anos cinquenta do século XX, os instrumentos de cálculo da estrutura foram régua de cálculo, calculadoras mecânicas e elétricas, além de muito estudo e arte...

50

Os personagens de uma obra arquitetônica estrutural

Vejamos quem são os personagens da edificação de um prédio.

o arquiteto, que a concebe, às vezes a dimensiona e faz a integração com outros profissionais;

o projetista da estrutura, normalmente um engenheiro civil, que cuida das alternativas estruturais e de fundações e do dimensionamento da estrutura;

o projetista das instalações hidráulicas, elétricas e sistemas, que pode ser um arquiteto, um engenheiro ou um tecnólogo;

o construtor, que pode ser um arquiteto ou engenheiro, lembrando uma declaração do saudoso arquiteto João Batista Villanova Artigas, algo como:

"o arquiteto tem de construir, se necessário com as próprias mãos...";

o mestre de obras, pessoa simples que subiu os degraus da profissão. Nestes primeiros anos do século XXI, o nome do mestre de obras tem sido muito justamente colocado nas placas de obra;

o pedreiro, a função-símbolo da construção civil[(*)];

o armador que cuida das barras de aço, seu dobramento e colocação nas formas;

o encarregado de formas, carpinteiro que, pelas formas, vai dar forma à estrutura de concreto;

o servente, que faz de tudo, desde fazer a massa até qualquer outra coisa, e um dia vira um dos profissionais acima.

A todos, a nossa homenagem.

(*) Por que o pedreiro é o símbolo da construção civil? Porque a principal obra da construção civil é a casa. Casa não são as fundações, não é o teto, nem são as instalações. Casa é a parede que delimita os seus limites e que defendia a toca dos inimigos. A Constituição brasileira dá à casa, independente do que ela seja, uma imunidade mágica. *Nem com mandado judicial específico*, alguém pode ser preso dentro de sua casa, à noite. O que define e delimita uma casa são as suas paredes e quem edifica paredes é o pedreiro.

51

Anexo: anteprojeto estrutural, com objetivo didático, de uma edificação (depósito) com estrutura de concreto armado

A) Abordagem didática

O edifício que iremos desenvolver em nível de anteprojeto estrutural foi escolhido e concebido para favorecer o aprendizado de como se projeta e calcula manualmente (sem computador) uma estrutura de concreto armado. O objetivo é didático e, com isso, apresentamos os assuntos como matéria facilitada, mas correta, pressupondo que arquitetos e jovens engenheiros se desejarem se desenvolver no campo do projeto estrutural o façam em livros complementares, sigam a sisuda norma NBR 6118/2003 e este presente livro será, como é, um livro de primeira leitura.

Passemos ao anteprojeto estrutural que, pronto, atenderá portanto a dois objetivos:

- didático;
- suas conclusões permitem, hipoteticamente, que essa obra tenha contratada sua execução por preços unitários ou até preço global, existindo obrigatoriamente a fase de projeto estrutural detalhado com desenhos de forma, armação e especificações.

B) A edificação

Trata-se de uma edificação para ser depósito com dois andares. O andar térreo está na cota zero, o primeiro andar na cota 2,70 m e a cota da laje do segundo andar está na cota 5,40 m. O prédio terá estrutura de concreto armado e uma escada externa metálica independente estruturalmente. Ver desenho(*).

O prédio terá alvenaria de blocos de concreto ou blocos cerâmicos bem encunhados nos tetos e pilares.

Não há banheiros. Se houvesse, não traria problemas estruturais, desde que a sua laje fosse em nível com as lajes contíguas.

A descida de águas pluviais é externa. Estamos, com isso, eliminando o grande problema do conflito da passagem dessa tubulação com as vigas.

(*) A estrutura de concreto armado será argamassada.

As lajes são de dois tipos: a laje de cobertura é pré-moldada, sistema convencional com trilhos nervuras, blocos cerâmicos e cobertura de concreto e armadura transversal. Serão usadas, no alto das alvenarias, cintas de concreto armado como apoio da laje pré-moldada. Portanto, a carga da laje pré-moldada será distribuída ao longo da alvenaria. A cinta correrá em cima de todas as paredes ao nível 5,40 m do prédio.

Sobre as lajes pré-moldadas (cota 5,40 m), além do seu peso próprio, atua como critério de projeto uma carga de 50 kgf/m^2, carga típica da norma para locais sem a presença permanente de pessoas.

As lajes do primeiro piso (nível 2,70 m) são lajes maciças, e a carga acidental sobre ela é de 300 kgf/m^2, dado ligado ao tipo do material a estocar nesse depósito.(*)

As vigas são de eixo reto e de concreto armado. No térreo, temos vigas-baldrames recebendo a carga da alvenaria do térreo e descarregando essa carga nas sapatas de fundação.

Os pilares são de concreto armado e começam no nível 2,70 m, pois a carga da cobertura desce via alvenaria até as lajes do nível 2,70 m. As fundações são por sapatas centradas isoladas.

Voltemos a falar das alvenarias. Embora não consideradas no cálculo como elementos resistentes, elas deverão ser amarradas (encunhadas) nos tetos e lateralmente nos pilares.

(*) O tipo de material a ser estocado no futuro prédio é um dado do projeto e tem que ser fornecido pelo dono da obra.

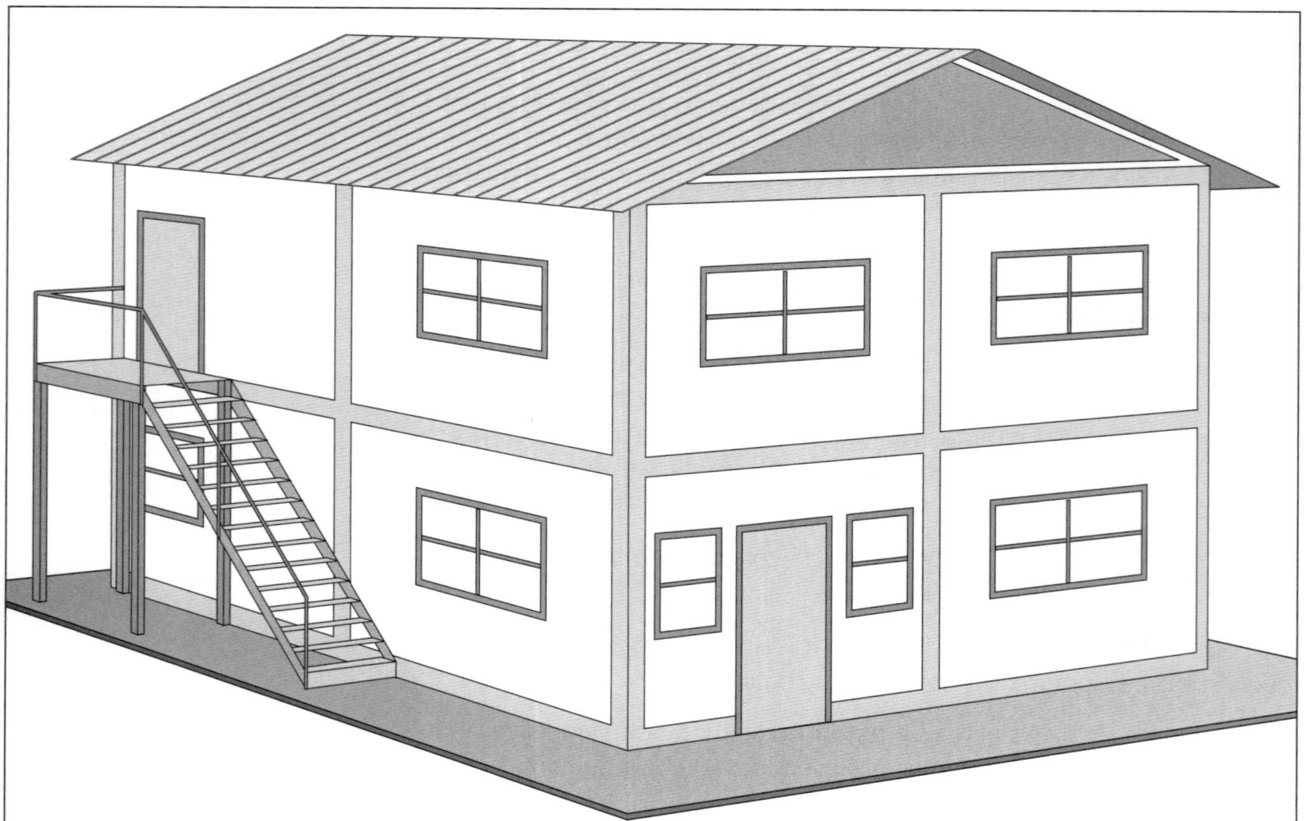

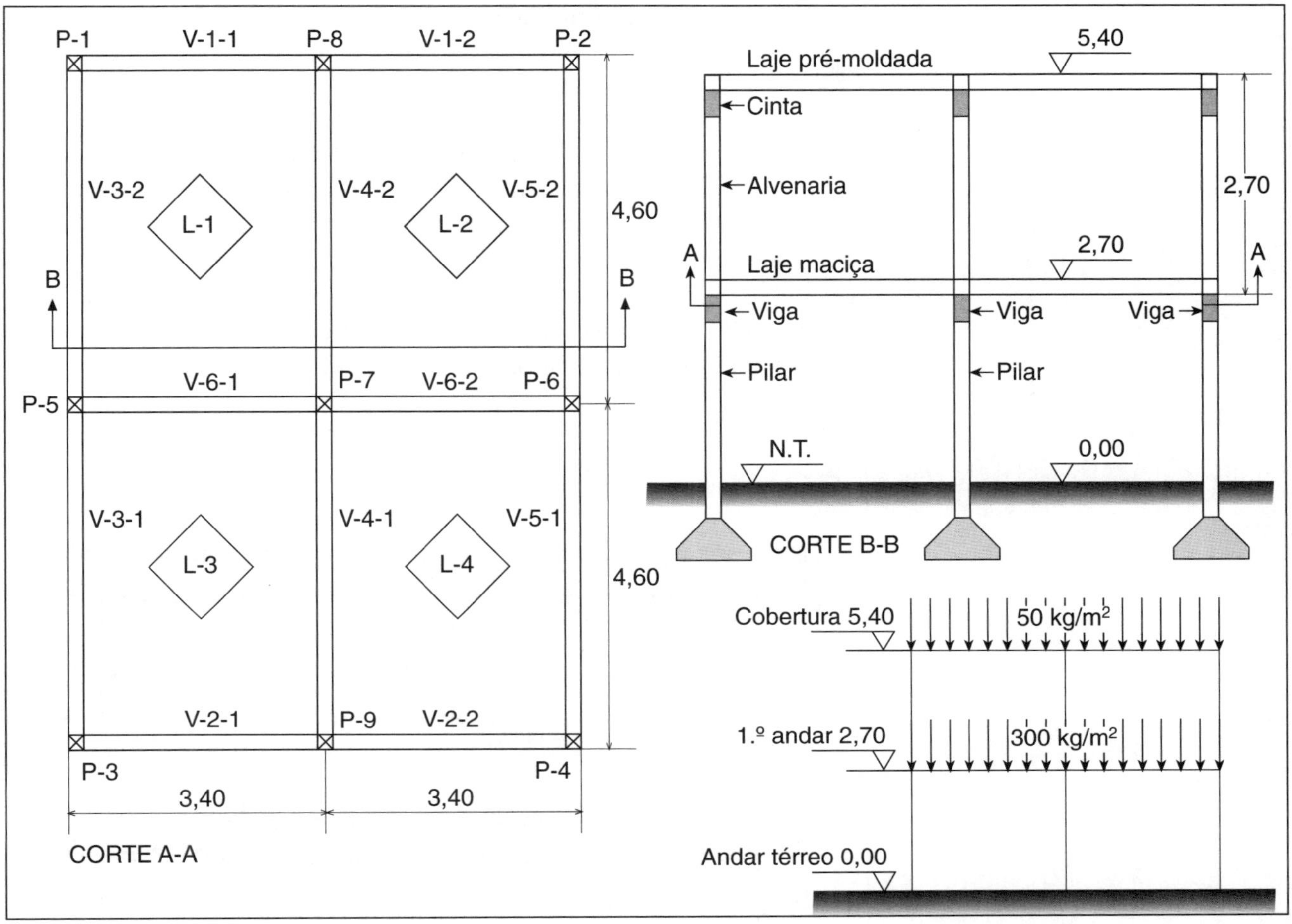

C) Identificação das lajes, vigas e pilares

Existem quatro lajes iguais L-1, L-2, L-3 e L-4, todas situadas no nível 2,70 m. Existem doze vigas a saber:

V-1-1, V-1-2, V-2-1, V-2-2, V-3-1, V-3-2, V-4-1,
V-4-2, V-5-1, V-5-2, V-6-1, V-6-2.

Na verdade, são seis pares de vigas que tornam cada trecho independente por razões de facilidade de apresentação e cálculo estrutural.

As paredes são de tijolo cerâmico furado com vergas e contravergas em cima de janelas e portas. Essa alvenaria está cuidadosamente amarrada a pilares e, no seu topo, amarrada com encunhamento de tijolos ao teto.

O concreto será comprado usinado com fck igual a 25 MPa e *slump* (abatimento) de 5 cm (abatimento mais comum). O aço em geral será o CA50 e o aço dos estribos será o CA60 de 5 mm de diâmetro. O aço de 5 mm é o mais fácil de dobrar com torquês de obra.

O arame de obra é o arame recozido n. 18, e as pastilhas espaçadoras serão feitas na obra com argamassa (cimento, areia e água) usando, como formas, forminhas de gelo.

Nota: Os nove pilares têm no seu topo duas vigas ortogonais cruzando-se, ou seja, os nove pilares tem o sinal da "benção estrutural", dando rigidez à estrutura.

D) Critérios para o projeto

Lajes

As quatro lajes maciças de concreto armado do 1º andar (nível 2,70 m) serão iguais entre si. Elas serão concebidas estruturalmente como simplesmente apoiadas e independentes uma das outras. São lajes quadradonas. Com isso, calcularemos as armaduras positivas, em dois sentidos (meio do vão). Dessa forma, elas seriam livres para girar nos apoios e, com isso, inapelavelmente haveria fissuras entre elas nos apoios internos. Para evitar essas fissuras, pelos problemas estéticos decorrentes, previmos uma armadura negativa antifissuras nos apoios internos dessas lajes.

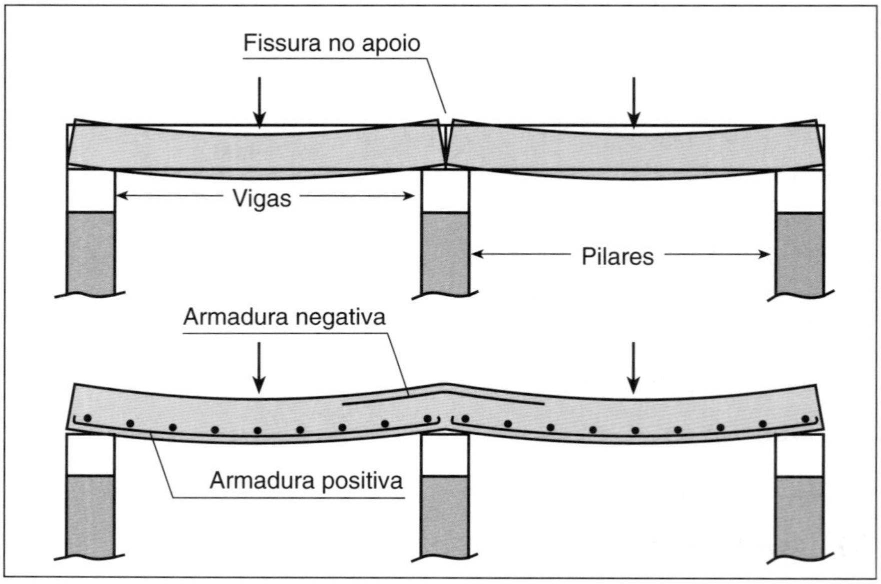

Vigas

As doze vigas que suportam as lajes e as paredes serão calculadas como simplesmente apoiadas nos dois apoios extremos. Do cálculo só resulta a armadura positiva consubstanciada em barras que correrão toda a viga junto à borda inferior. Haverá estribos ao longo de toda a viga e duas barras (porta-estribos) que correrão também por toda a viga, garantindo posicionamento vertical aos estribos.

Não calcularemos a armadura negativa de cada viga (semelhantemente ao caso das lajes), mas haverá a previsão dessa armadura negativa na extremidade interna de cada viga para evitar fissuras. Assim calculamos:

- lajes e vigas como simplesmente apoiadas;
- isso facilita enormemente os cálculos, mas a estrutura fica com pouca solidariedade, ou seja, seria uma estrutura que, além de fissurar, não teria solidariedade entre as peças.

A armadura negativa de lajes e vigas dará amarração a tudo.

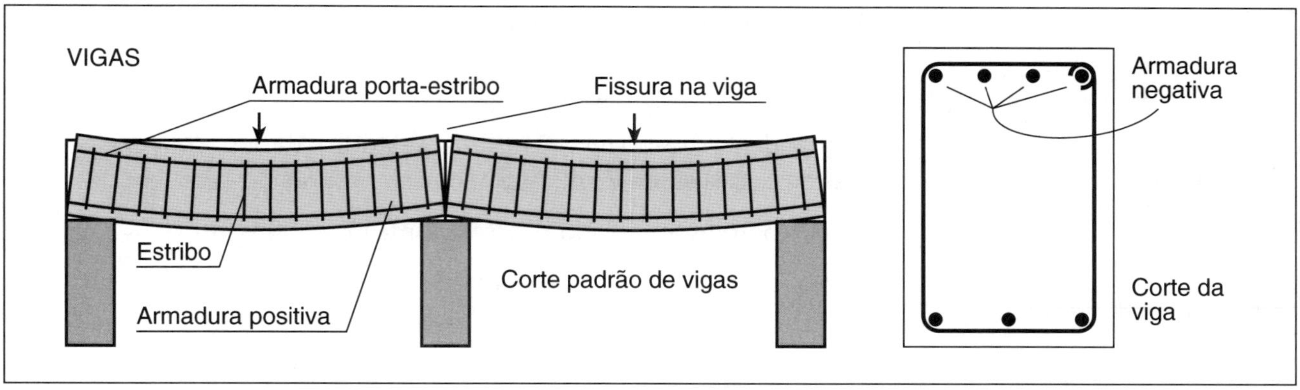

E) Início do projeto

Começamos o projeto pelas "partes moles" da estrutura, indo depois para as partes mais duras, ou seja, se tivermos, por exemplo, lajes-marquise (a parte mais mole de uma estrutura), começaremos o cálculo por elas e se não tivermos lajes-marquise, começaremos pelas lajes pré-moldadas, depois as lajes maciças, depois as vigas e depois os pilares. Entende-se facilmente que os pilares são as peças mais duras de uma estrutura.

Cálculo das lajes pré-moldadas

Primeiramente, selecionamos uma fábrica de lajes pré-moldadas que forneça ART (Anotação de Responsabilidade Técnica) e nota fiscal. Compraremos lajes pré-moldadas pelos critérios de:

- menor vão (ou seja, vamos cobrir o espaço pelo menor vão);
- carga acidental – no caso, como é laje de cobertura, usaremos a carga de 50 kgf/m^2. O peso próprio da laje pré-moldada é usado no cálculo pelo próprio fabricante e deve constar dos dados do folheto do fabricante;
- seriedade do fabricante no mercado.

Vamos, pelo catálogo do fabricante, escolher uma laje denominada de laje β 12. Pelo catálogo do fabricante, a laje β 12 (altura total da laje de 12 cm) tem o peso próprio de 163 kgf/m^2 e inclui nesse peso: a nervura, o bloco cerâmico, a capa de concreto e a armadura transversal.

Assim, as lajes e a carga acidental transmitirão às cintas uma carga de 50 + 163 kgf/m^2 = 213 kgf/m^2.

As cintas, peças só de distribuição de cargas pela alvenaria, não têm cálculo ou dimensionamento. Constroem-se cintas segundo critérios práticos e tradicionais.

Quando o fabricante entregar o projeto de instalação dessas lajes, deverá surgir a lista de armadura necessária ao uso dessa laje. Essa lista de materiais referente à armadura, que corresponde à armadura transversal da capa, deve ser adicionada à lista de armadura (ferros) do projeto de concreto armado do resto do prédio.

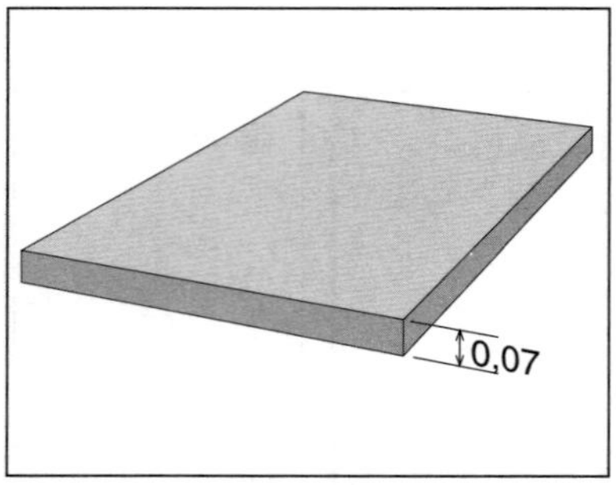

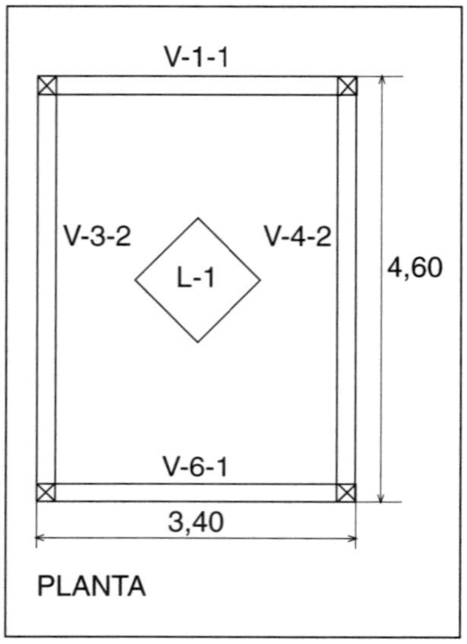

F) Cálculo de lajes maciças do depósito

São quatro lajes maciças de concreto armado do tipo quadradona. Elas são iguais no formato (3,40 × 4,60 m). Suportarão a carga de 300 kgf/m^2 (carga acidental face ao tipo de material a estocar). Vamos adotar a espessura para todas as lajes, de 7 cm. Assim, o peso próprio das lajes será de

- peso específico do concreto armado: 2.500 kgf/m^3;
- peso de 1 m^2 de laje com 0,07 m de espessura:
  1 × 1 × 0,07 × 2.500 = 175 kgf/m^2;
- carga acidental (característica do material estocado no depósito): 300 kgf/m^2;
- peso total por m^2: 175 + 300 = 475 kgf/m^2.

Cada laje será calculada como simplesmente apoiada em quatro lados como a laje L-1, a seguir:

Para o cálculo da armadura usaremos a Tabela de Marcus. Essa tabela prevê (ver o livro *Concreto armado eu te amo*, vol. 1)(*) seis casos de lajes quadradonas, em função da existência ou não de engastamento laje com laje.

No nosso caso, por opção didática, cada uma das quatro lajes do nosso prédio será calculada como sendo sem engastamento com outras lajes. Iremos, pois, usar apenas o Caso 1 da Tabela de Marcus que é reproduzida a seguir.

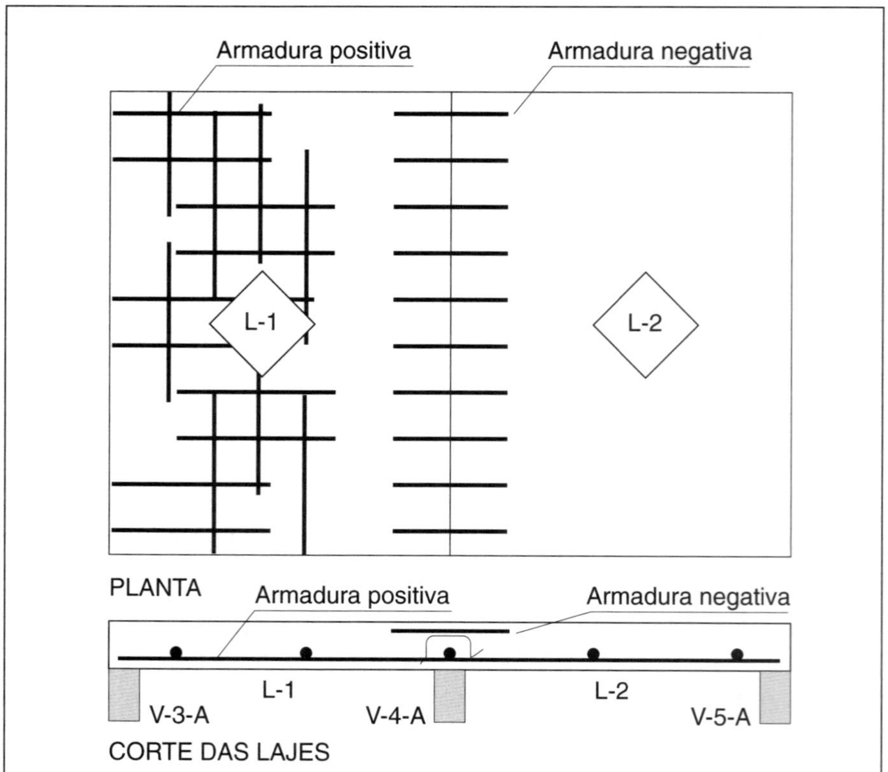

(*) Em futuras edições deste livro, trocaremos as Tabelas de Marcus pelas Tabelas de Czerny, mais modernas, mas semelhantes na disposição às Tabelas de Marcus. Adotaremos com 20 cm a altura da cinta.

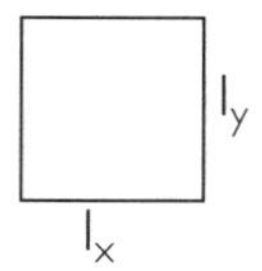

TABELA DE MARCUS

Tabela de cálculo das lajes em cruz

$$l_y/l_x \qquad M_x = \frac{ql_x^2}{m_x} \qquad M_y = \frac{ql_x^2}{m_y}$$

l_y/l_x	m_x	m_y	l_y/l_x	m_x	m_y
1,00	27,4	27,4	1,50	13,0	31,3
1,01	27,0	27,4	1,51	13,8	31,4
1,02	26,5	27,4	1,52	13,7	31,6
1,03	26,0	27,4	1,53	13,6	31,8
1,04	25,6	27,5	1,54	13,5	31,9
1,05	25,1	27,5	1,55	13,4	32,1
1,06	24,6	27,5	1,56	13,3	32,3
1,07	24,2	27,5	1,57	13,2	32,4
1,08	23,7	27,5	1,58	13,1	32,6
1,09	23,2	27,6	1,59	13,0	32,8
1,10	22,8	27,6	1,60	12,9	33,0
1,11	22,4	27,6	1,61	12,8	33,2
1,12	22,1	27,7	1,62	12,7	33,4
1,13	21,8	27,7	1,63	12,6	33,6
1,14	21,4	27,8	1,64	12,5	33,8
1,15	21,1	27,8	1,65	12,4	34,0
1,16	20,8	27,8	1,66	12,4	34,2
1,17	20,4	27,9	1,67	12,3	34,4
1,18	20,1	27,9	1,68	12,2	34,6
1,19	19,8	27,9	1,69	12,1	34,8
1,20	19,4	28,0	1,70	12,0	35,0
1,21	19,2	28,1	1,71	12,0	35,2
1,22	19,0	28,2	1,72	11,8	35,5
1,23	18,7	28,3	1,73	11,8	35,7
1,24	18,5	28,4	1,74	11,7	35,9
1,25	18,2	28,4	1,75	11,7	36,2
1,26	18,0	28,5	1,76	11,6	36,4
1,27	17,7	28,6	1,77	11,5	36,7
1,28	17,5	28,7	1,78	11,5	36,9
1,29	17,2	28,8	1,79	11,4	37,1
1,30	17,0	28,8	1,80	11,4	37,4
1,31	16,8	28,9	1,81	11,4	37,6
1,32	16,7	29,0	1,82	11,3	37,8
1,33	16,5	29,1	1,83	11,3	38,1
1,34	16,3	29,2	1,84	11,2	38,3
1,35	16,1	29,3	1,85	11,2	38,5
1,36	16,0	29,5	1,86	11,1	38,8
1,37	15,8	29,6	1,87	11,1	39,0
1,38	15,6	29,7	1,88	11,0	39,2
1,39	15,4	29,8	1,89	11,0	39,5
1,40	15,2	29,9	1,90	11,0	39,7
1,41	15,1	30,0	1,91	10,9	40,0
1,42	14,9	30,2	1,92	10,9	40,2
1,43	14,8	30,3	1,93	10,8	40,5
1,44	14,7	30,5	1,94	10,8	40,8
1,45	14,5	30,6	1,95	10,8	41,0
1,46	14,4	30,7	1,96	10,7	41,3
1,47	14,3	30,9	1,97	10,7	41,6
1,48	14,1	31,0	1,98	10,6	41,8
1,49	14,0	31,2	1,99	10,6	42,1
1,50	13,9	31,3	2,00	10,6	42,3

A direção y a se adotar é a direção do lado maior.

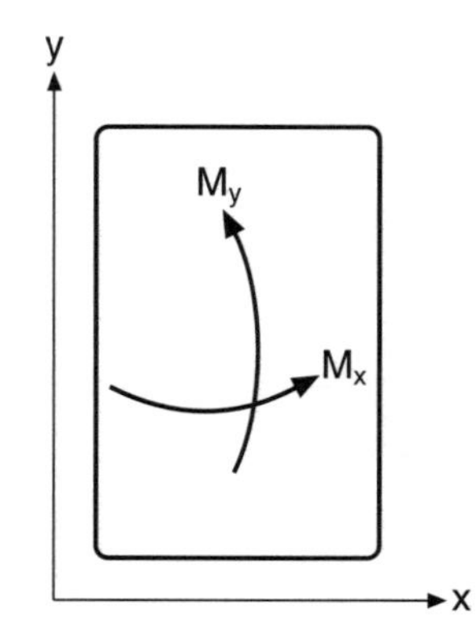

Se concebemos assim o funcionamento independente das quatro lajes e assim as construirmos, ocorrerão implacavelmente fissuras nas bordas "lajes com laje", pois cada laje flexionará (dobrará) independentemente uma da outra e o preço da independência é a fissura.

Vamos ao cálculo dos momentos fletores no meio dos vãos, nas direções x e y da Tabela de Marcus.

Nota:

As quatro lajes (que são iguais entre si) não são do tipo salsicha, e, sim, quadradona, pois o lado maior é menor que o dobro da menor dimensão da laje.

Pela tabela de Marcus:

$$M_x = \frac{ql_x^2}{m_x} \quad M_y = \frac{ql_x^2}{m_y} \qquad q = 475\ \text{kgf/m}^2 = (300+175)$$

Vejam a relação entre os lados, que é a chave de entrada na Tabela de Marcus:

$$\frac{l_y}{l_x} = \frac{4{,}60}{3{,}40} = 1{,}36$$

$$1{,}36 \xrightarrow{\text{tabela}} \begin{matrix} m_x = 16 \\ m_y = 29{,}5 \end{matrix}$$

$$M_x = \frac{ql_x^2}{m_x} = \frac{475 \times 3{,}40^2}{16} = 343\ \text{kgm} = 34{,}3\ \text{tcm}$$

$$M_y = \frac{ql_y^2}{m_x} = \frac{475 \times 4{,}60^2}{16} = 628\ \text{kgm} = 63\ \text{tcm}$$

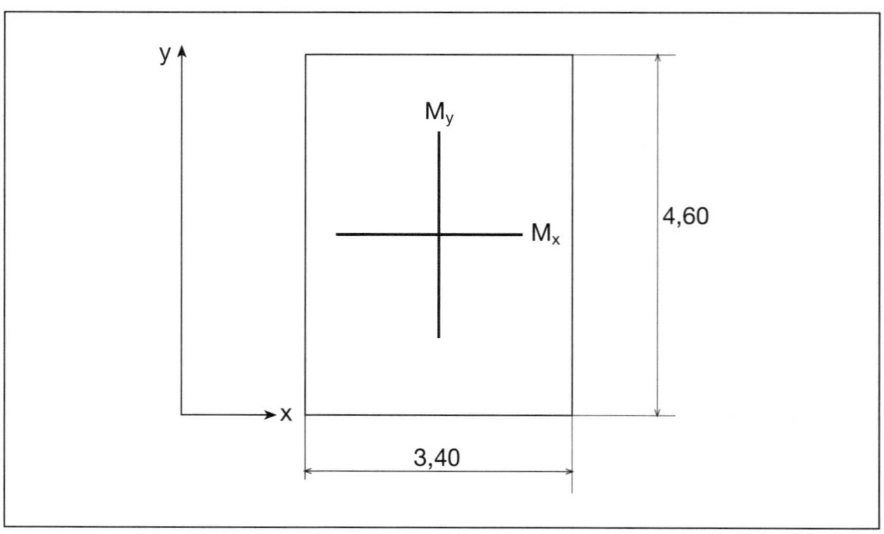

Já temos os momentos fletores positivos (no meio do vão) nas duas direções. Vamos agora dimensionar as lajes.

Outros dados são:

- fck = 25 MPa, (25 kgf/cm^2)
- aço CA 50

Calcularemos a laje à flexão (dobramento), como se fosse uma viga de um metro da largura. A armadura que resultará deverá ser colocada em cada metro.

$$k_6 = \frac{bw \times d^2}{Mx} = \frac{100 \times 6^2}{34,3} = 104 \qquad \begin{array}{l} bw = 1\,m = 100\text{ cm} \\ Mx = 34,3\text{ tcm} \end{array}$$

Da tabela, se obtém:

$$\begin{cases} k_6 = 104 \\ \text{aço CA50} \end{cases} \rightarrow k_3 = 0,338$$
$$fck = 25\,MPa$$

Para se achar a área da armadura por metro:

$$As = \frac{k_3 \times Mx}{d} = \frac{0,338 \times 34,3}{6} = 1,93\text{ cm}^2/\text{m} \qquad \text{ver Tabela-Mãe}$$

Devemos colocar em cada metro de laje, no meio do vão, 1,93 cm^2 de aço CA 50 em barras.

As boas práticas profissionais recomendam ter, no mínimo, 5 barras por metro.

Consultemos a Tabela-Mãe Métrica. Se usarmos Ø 6,3 mm a cada 20 cm isso resultará 1,58 cm^2/m inferior a 1,93 cm^2. Vamos pois usar Ø 8 mm.

Logo, devemos ter no mínimo 5 barras por metro.

Vamos usar Ø 8 mm a cada 20 cm. Para a direção y, faremos o mesmo raciocínio.

As outras lajes seguem o mesmo raciocínio.

Nota construtiva:

Como as lajes são contíguas, as barras de aço positivas de uma laje podem encompridar e servir à outra laje contígua.

Tabela de dimensionamento de lajes e vigas à flexão			
fck = 250 kgf/cm² (25 MPa) $k_6 = \frac{bw \times d^2}{Mk}$ $As = \frac{k_3 \times Mk}{d}$			
k_6	k_3 para aço		
	CA-25	**CA-50**	**CA-60**
581,1	0,649	0,315	0,270
292,9	0,654	0,327	0,273
196,9	0,660	0,330	0,275
148,9	0,665	0,333	0,277
120,1	0,671	0,335	0,280
100,9	0,676	0,338	0,282
87,24	0,682	0,341	0,284
76,99	0,688	0,344	0,287
69,02	0,694	0,347	0,289
62,66	0,700	0,350	0,292
57,46	0,706	0,353	0,294
53,14	0,712	0,356	0,297
49,49	0,719	0,359	0,299
46,37	0,725	0,363	0,302
43,37	0,732	0,366	0,305
41,32	0,739	0,369	0,308
39,25	0,745	0,373	0,311
37,41	0,752	0,376	0,313
35,78	0,759	0,380	0,316
34,31	0,767	0,383	0,319
31,99	0,774	0,387	0,323
31,80	0,782	0,391	0,326
30,72	0,789	0,395	
29,73	0,797	0,399	
29,27	0,801	0,400	
28,82	0,805	0,402	
27,99	0,810	0,407	
27,23	0,812	0,411	
26,53	0,830	0,415	
25,88	0,839	0,419	
25,28	0,847	0,424	
24,73	0,856	0,428	
24,47	0,861	0,434	
24,21	0,866		
23,73	0,875		
23,73	0,885		
22,88	0,894		
22,49	0,904		
22,31	0,910		
22,13	0,915		
21,80	0,925		
21,64	0,931		

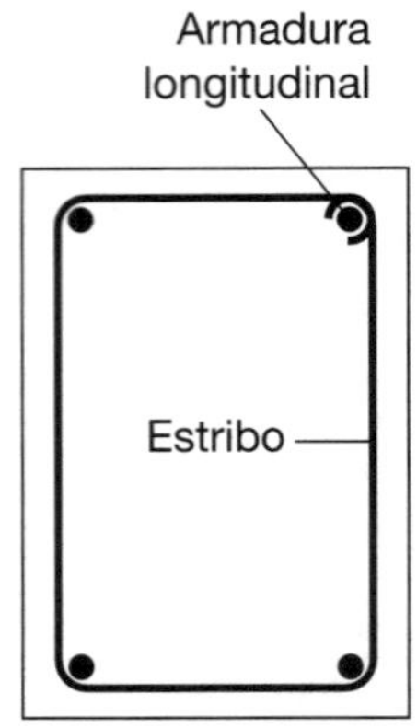

Seção transversal da viga

Nota: Esta tabela vale tanto para o dimensionamento de lajes como de vigas. Aliás uma viga é uma laje com 1 metro de largura.

Nota: Nesta tabela já estão inclusos os coeficientes de segurança do aço, concreto e cargas.

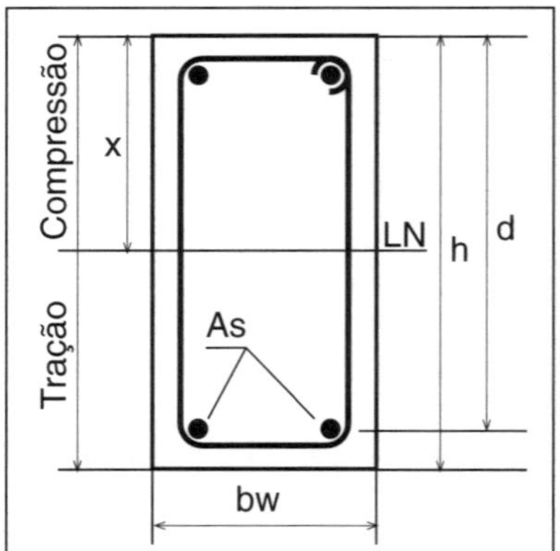

Seção de viga

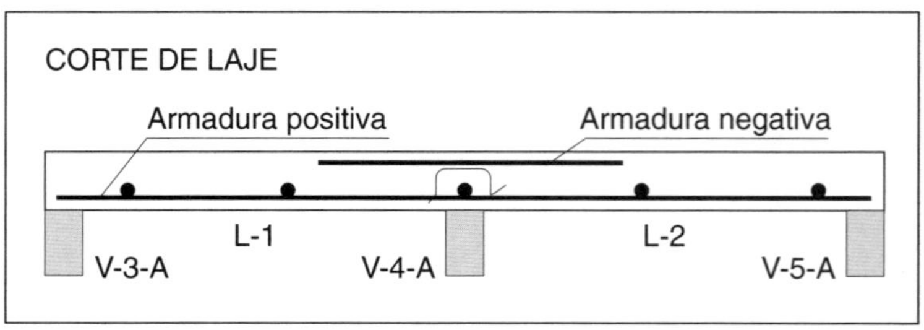

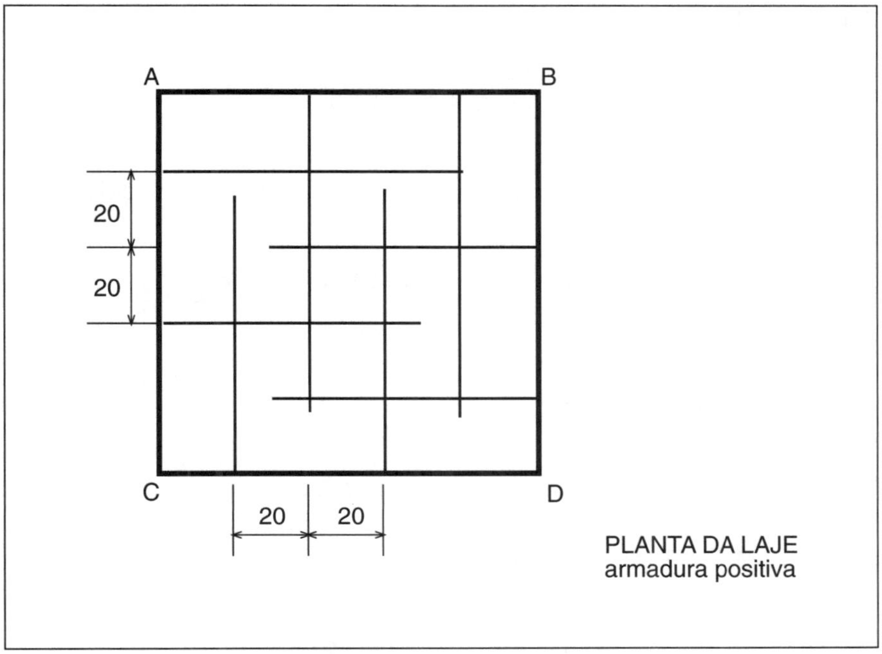

Armadura negativa (alta) nos apoios internos

A armadura negativa neste caso deve ter uma área da ordem de 65% da área da armadura positiva. Uma ideia é usar 5 mm a cada 25 cm.

Tomar cuidado para que essa armadura negativa (alta) fique sempre na posição alta, por meio do uso do chamado caranguejo.

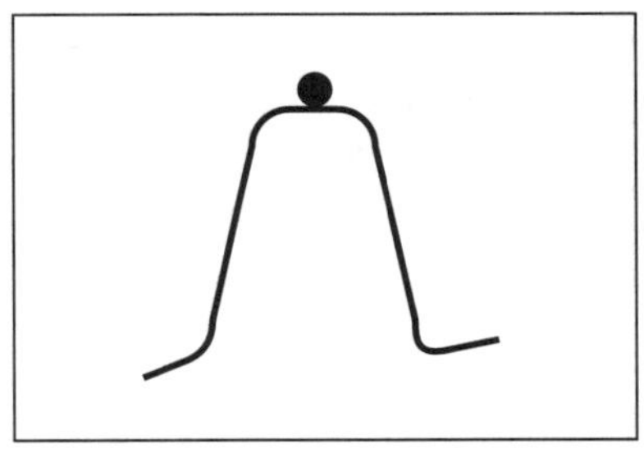

Caranguejo, armação construtiva que tem a finalidade de posicionar a armadura negativa em posição alta.

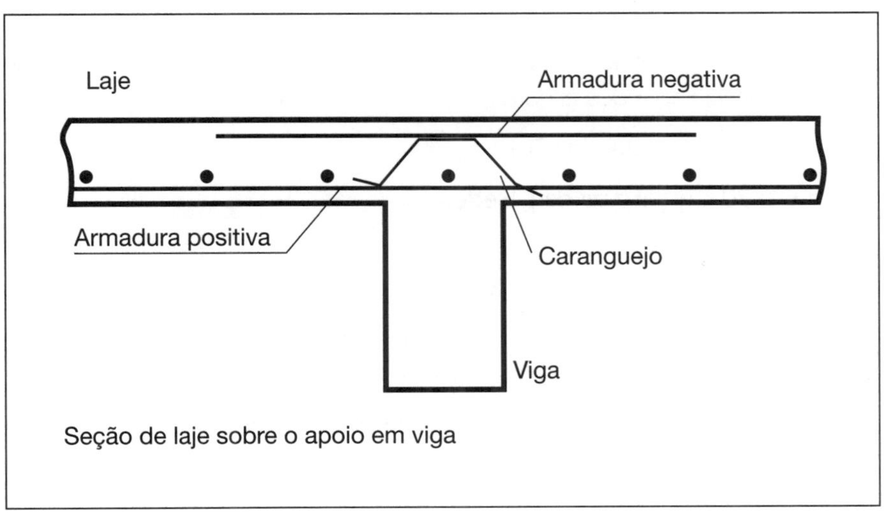

G) Cálculo de vigas

Temos doze vigas no prédio; a saber: V-1-1, V-1-2, V-2-1, V-2-2, V-3-1, V-3-2, V-4-1, V-4-2, V-5-1, V-5-2, V-6-1 e V-6-2.

Pela numeração das vigas vemos que estamos considerando cada trecho de viga como independente e simplesmente apoiada nos dois apoios extremos.

Assim, para todas as vigas vale o esquema:

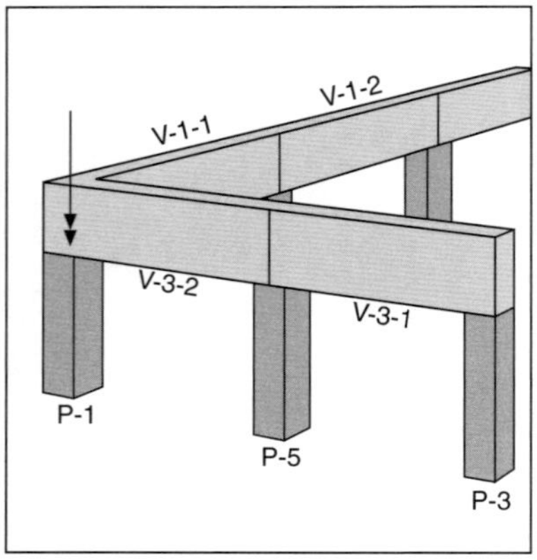

O pilar P-1 recebe as cargas (peso) das vigas V-1-1 e V-3-2.

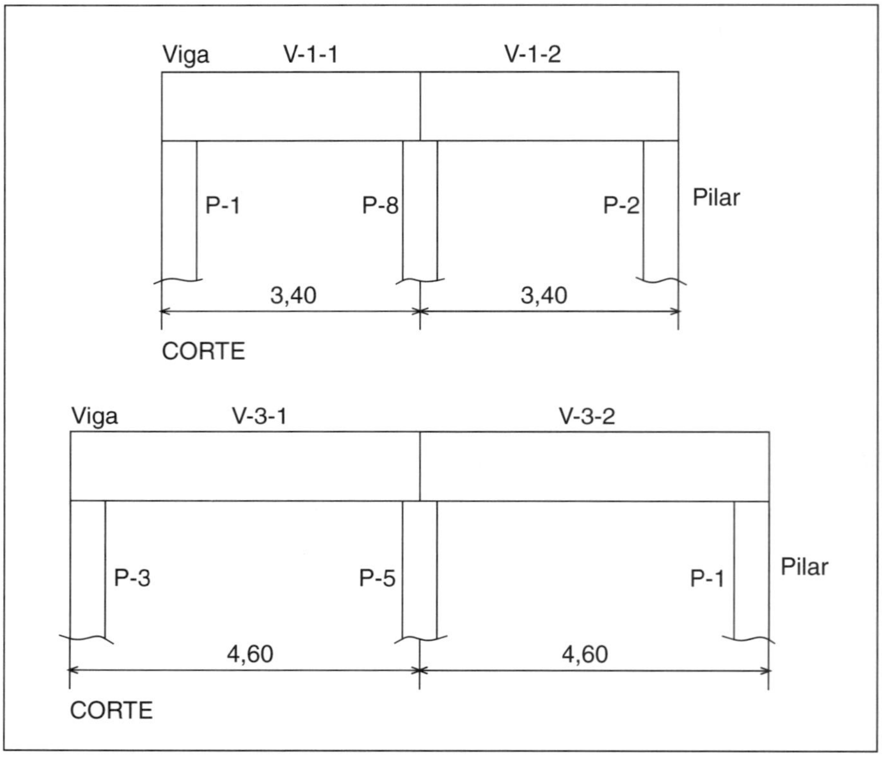

Vamos fazer o cálculo e dimensionamento da viga V-3-2 de 4,70 m de vão. Usemos a regra dos arquitetos para fixar a altura da viga.

h = 50 cm (~ 10% do vão)

bw = 20 cm (largura da parede)

Cálculo da carga sobre a viga V-3-2 (um dos suportes da laje L-1 maciça)

Temos que, *disciplinadamente*(*), levar em conta todas as cargas que essa viga suporta, e uma das cargas é o seu peso próprio.

1) cálculo da laje pré-moldada e carga acidental sobre ela. Como a laje descarrega 100% de sua carga nas duas extremidades de apoio, as cargas serão:

(*) Quem calcula estruturas tem que ser organizado e disciplinado.

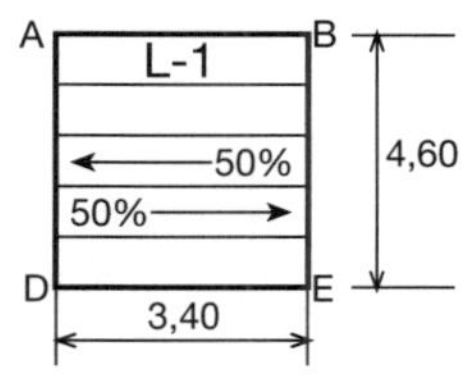

Carga acidental:	50 kg/m^2
Peso próprio de laje pré-moldada (dado de fábrica)	163 kg/m^2
total	213 kg/m^2

$$\text{Carga em AD} = \left[\frac{(4{,}60 \times 3{,}40)}{2}\right] \times 213 = 1.665 \text{ kg}$$

$$\text{O peso por metro em AD é} = \frac{1.665}{4{,}60} \cong 362 \text{ kg/m}$$

2) peso da cinta (0,2 x 0,2) + peso da alvenaria (tijolo furado).

Altura da alvenaria = 5,40 – 2,70 – 0,2 – 0,12 = 2,38
(0,12 = espessura da laje pré-moldada)
Peso da alvenaria = 2,38 x 0,2 x 1.300 = 618 kg/m
Peso da cinta = 0,2 x 0,2 x 2.500 = 100 kg/m
Peso total = 618 + 100 = 718 kg/m

3) contribuição do peso da laje maciça (7 cm de espessura) + carga acidental sobre a laje (300 kgf/m^2).

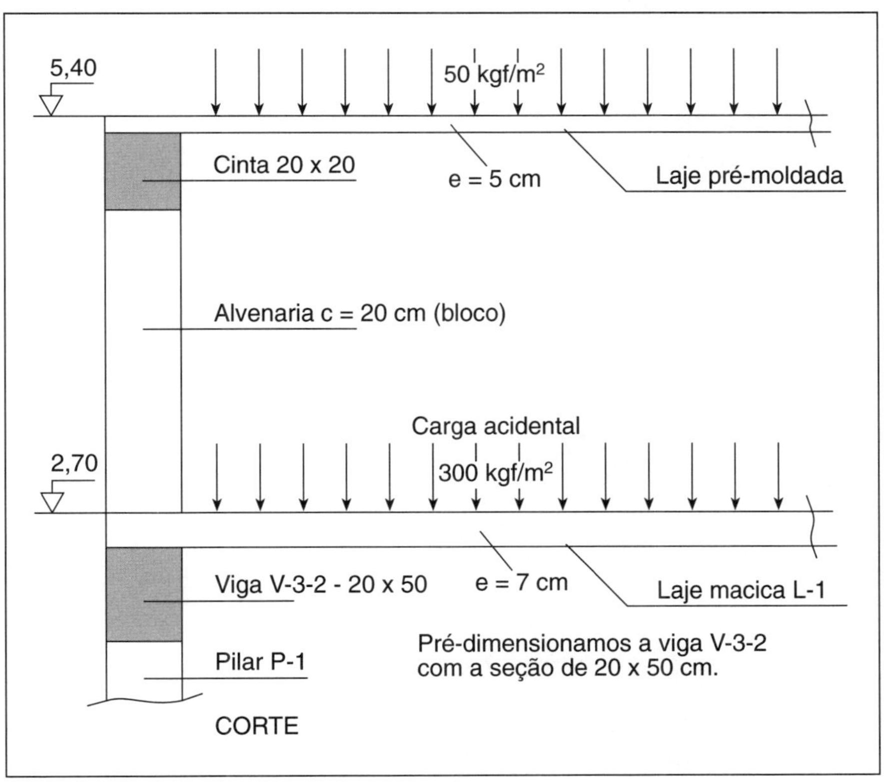

Nota: O cálculo das cargas nas vigas é simples e essencialmente aritmético, mas muito minucioso, desviando dessa forma a atenção do leitor. Por isso, apresentamos esses cálculos de cargas no fim deste capítulo do anteprojeto estrutural.

Total das cargas

Peso da laje pré-moldada	=	362 kg/m
Cinta + parede de alvenaria	=	718 kg/m
Laje maciça + carga acidental	=	516 kg
Total	=	1.596 kg/m

Iniciamos o cálculo da viga pelo cálculo das reações

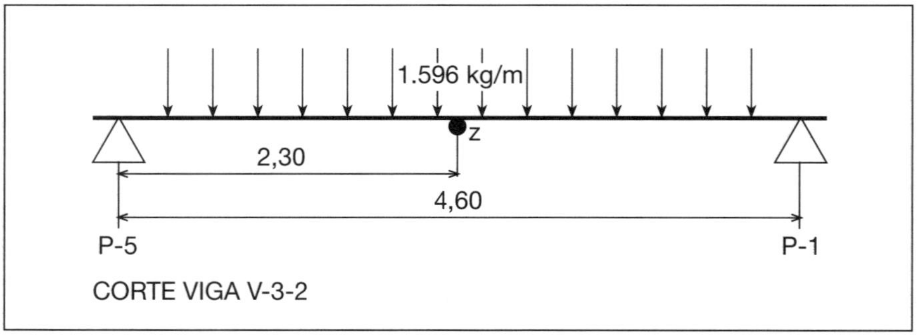

O maior momento fletor da viga V-3-1 acontece no meio do vão (carga uniformemente distribuída) e vale:

$$Mz = \frac{pl^2}{8} = \frac{1.596 \times 4,60^2}{8} = \begin{matrix} 4.221 \text{ kgm} \\ 422 \text{ tcm} \end{matrix}$$

Temos os dados de entrada:

M = 422 tcm
bw = 20 cm
d = 48 cm
h = 50 cm
fck = 25 MPa
aço CA-50

Calcular k_6

$$k_6 = \frac{bw\,d^2}{M} = \frac{20 \times 48^2}{422} = 109$$

k_3 vem de tabela de dimensionamento à flexão com a entrada de $k_6 = 109 \rightarrow k_3 = 0,338$.

$$As = \frac{k_3 M}{d} = \frac{0,338 \times 422}{48} = 2,97 \text{ cm}^2$$

Ver Tabela-Mãe para saber que Ø usar.

3 Ø 12,5 mm, $A_S = 3,75 \text{ cm}^2 > 2,97 \text{ cm}^2$.

Depois de calculada a viga, colocaremos (analogamente as vigas), para evitar fissuras, uma armadura negativa assim indicada:

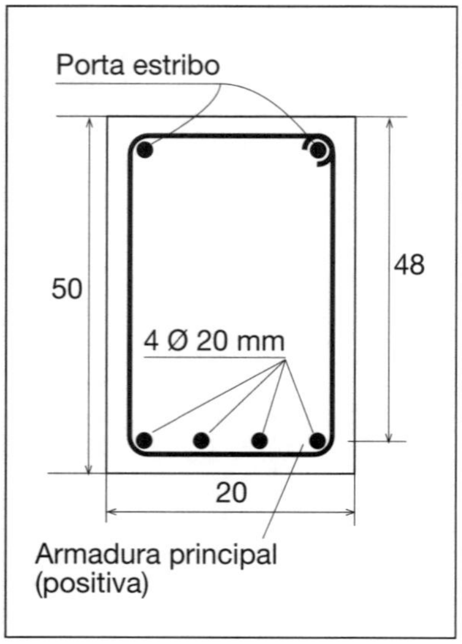

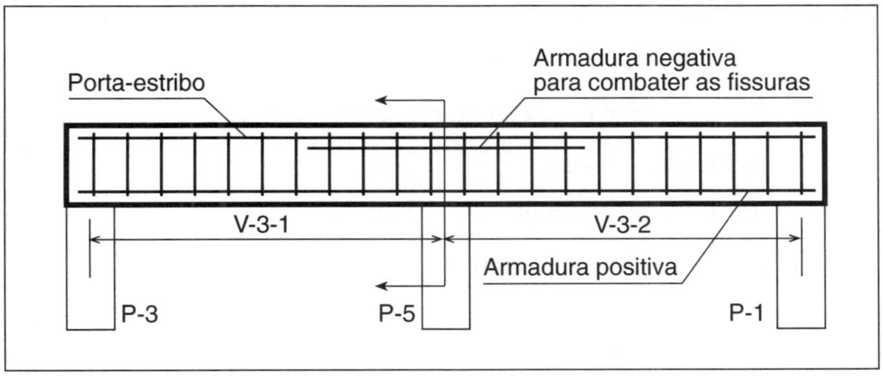

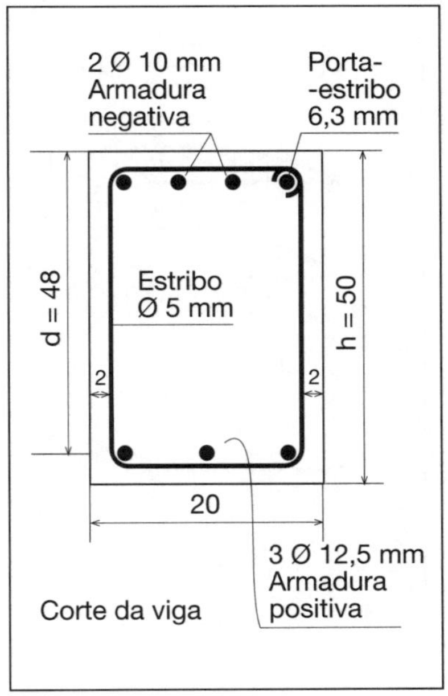

A área da armadura negativa deve ser da ordem de 50% da armadura positiva no meio do vão. Logo 0,5 x 2,97 ≅ 1,5 cm^2 → 2 Ø 10.

Estribos

O cálculo dos estribos da viga é algo mais complicado, mas tende sempre a convergir para uma faixa comum de resultados, e como este é um anteprojeto, vamos adotar regras práticas para a estribagem das vigas.

- espaçamento dos estribos – no máximo metade da altura. No nosso caso é = 50 cm/2 = 25 cm;
- diâmetro = 5 mm;
- aço CA60 (aço só usado para estribos e pré-moldados).

Como sabido e relatado neste livro, as funções dos estribos são:

- colocar as armaduras principais nas posições que desejamos;
- combater o cisalhamento, ou seja, a tendência das teóricas lamelas horizontais da viga se separarem.

Para as barras porta-estribos usaremos 2 Ø 6,3 mm, correndo no alto de todas as vigas. Ver desenho.

Nota: A armadura porta-estribo também ajuda a combater a ocorrência de fissuras, mas está sendo desconsiderada essa ajuda.

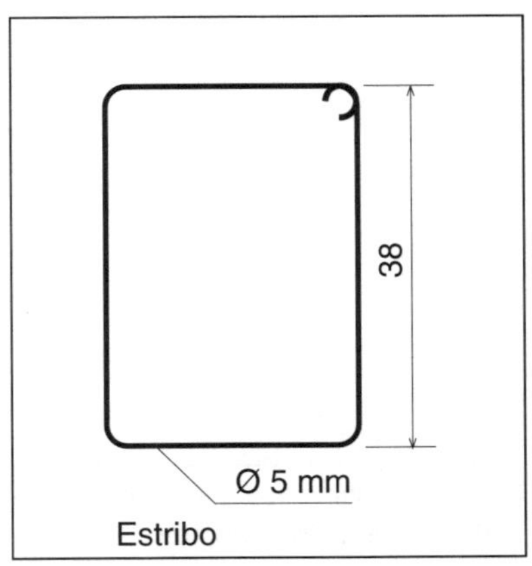

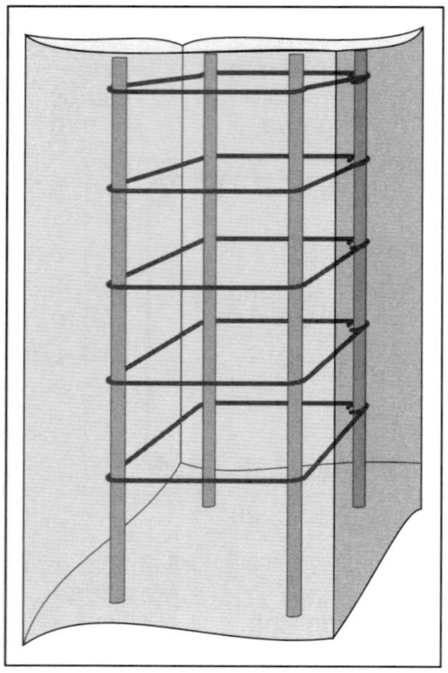

H) Cálculo de pilares

Para o cálculo dos pilares é importante saber:

- altura (pé-direito) e que no nosso caso vale 2,70 m;
- cargas que chegam;
- concreto, por exemplo, fck = 25 MPa;
- aço CA50 caso mais comum(*).

Vamos entrar na tabela prática de pilares e ver a seção de concreto e armadura de aço necessária.

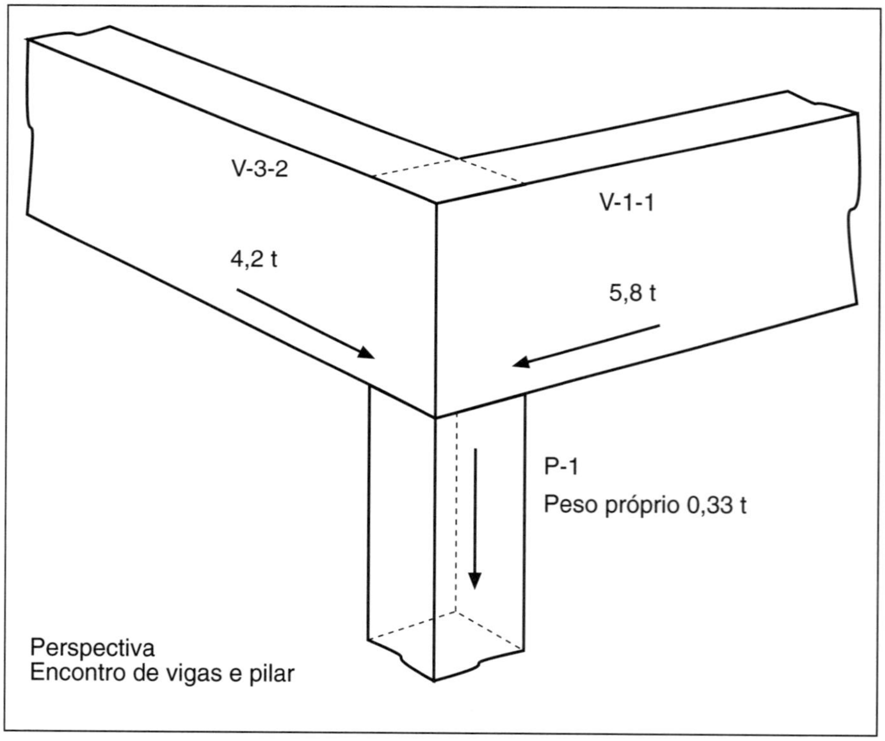

Carga total de dimensionamento

$$4{,}2\ t + 5{,}8\ t + 0{,}33\ t = 10{,}33\ t$$

(ver cálculo detalhado na p. 232 a seguir).

(*) Poderia ser o aço CA25 que tem a metade a resistência do aço CA50.

Consultar o item 18.4.2.2 (p. 136) da norma 6118/2003.

Adotaremos então um pilar 20 x 20 cm e barras longitudinais 4 Ø 10 mm que têm capacidade de 23 t (ver tabela de carga admissível de pilares). A carga de 10,33 t < 23 t. Está resolvido o pilar.

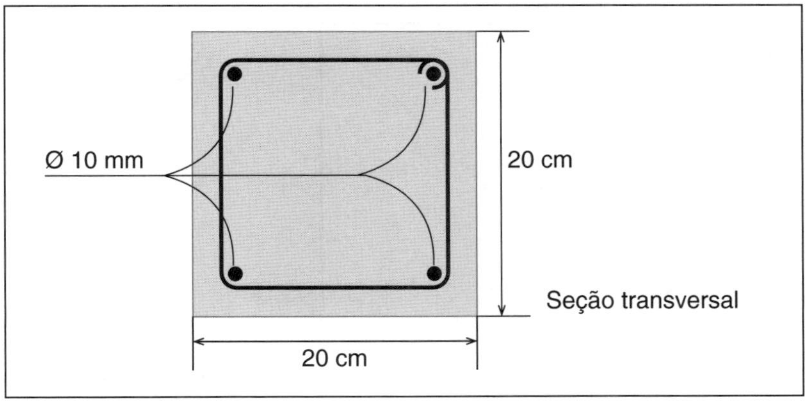

Estribos do pilar

Adotaremos Ø 6 mm com distância de 20 cm(*).

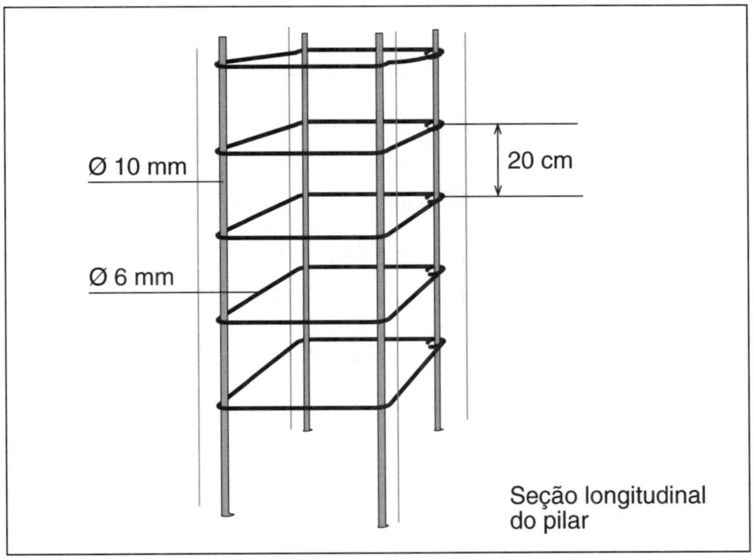

Aqui termina o anteprojeto estrutural. Acreditamos que o leitor, vendo este caminho facilitado de apresentação, esteja agora mais seguro e confiante na compreensão do fundamental e do fenomenológico, podendo, com passos firmes, avançar nos estudos. É o que desejamos.

Sugerimos ler também a Coleção Concreto Armado Eu te Amo, volumes 1, 2 e 3, em preparação. Contatar pelo e-mail:

manoelbotelho@terra.com.br

(*) Como previsto ba norma 6118/2014, item 18.4.3, o espaçamento dos estribos deve ser menor ou igual a 20 cm e no mínimo igual a menor dimensão da peça.

CÁLCULO DE APOIO DO ANTEPROJETO

Cálculo de carga em V-3-2

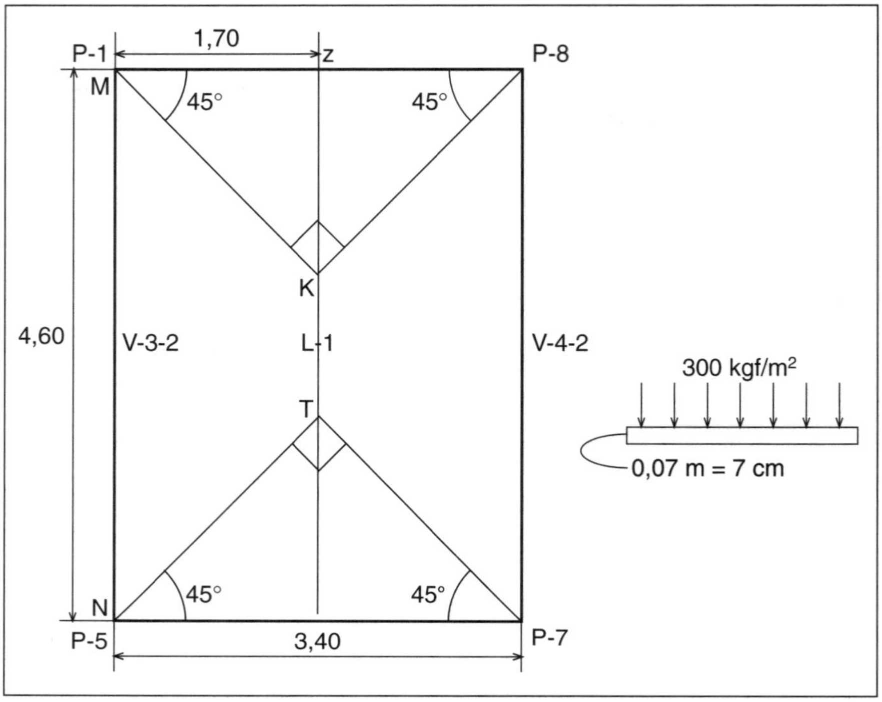

1. Carga de laje L-1

– carga acidental = 300 kgf/m^2

– peso próprio = 0,07 x 2.500 = 175 kg/m^2

carga total = 475 kg/m^2

Área de influência do trecho V-3-2 (figura MKTN)

$$= \left(\frac{3,40 \times 4,60}{2}\right) - \left(2 \times \frac{1,70 \times 1,70}{2}\right)$$

$= \quad 7,82 - 2,89 \cong 5 \text{ m}^2$

Carga total no trecho V-3-2

$= \quad 5 \times 475 \text{ kg/m}^2 = 2.375 \text{ kg/m}^2$

Carga distribuída

$= 2.375/4,60 = 516$ kg/m

2. Cálculo da carga do andar superior

362 + 718

Carga total na viga V-3-2

(peso próprio da laje + carga acidental nível 2,70 m) = 516 kg/m

Carga laje pré-moldada + carga acidental = 362 kg/m

Carga cinta + alvenaria = 718 kg/m

Carga total externa à viga = 1.596 kg/m

Peso próprio da viga V-3-2 = (0,20 x 0,50 x 2.500) = 250 kg/m

Carga de dimensionamneto da viga V-3-2 =

1.596 + 250 = 1.846 kg/m

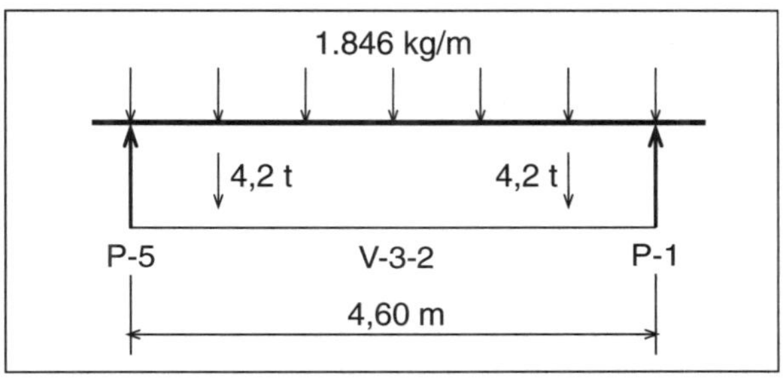

As reações (cargas) em P-5 e P-1 serão:

$$\frac{1.846 \times 4,6}{2} = 4.245 \text{ kg/} \cong 4,2 \text{ t por pilar}$$

Cálculo de carga em V-1-1

Para sabermos a carga no pilar P-1, precisamos saber a carga vindo pela viga V-3-2 e a carga vindo pela V-1-1.

Como a laje pré-moldada descarrega toda sua carga em V-3-2, essa carga e a carga acidental não carregam V-1-1. Temos só as cargas da cinta e da alvenaria.

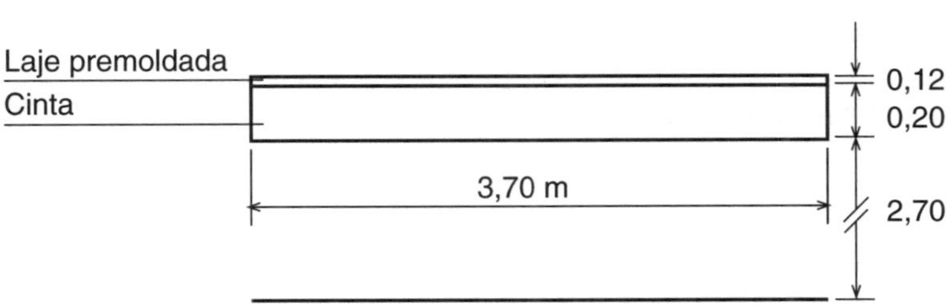

Carga da cinta

$0{,}20 \times 0{,}20 \times 25{,}00 = 100$ kg/m

Peso da alvenaria

$h = (2{,}70 - 0{,}2 - 0{,}12) = 2{,}38$ m

Carga por metro

$2{,}38 \times 1.300 = 3.094$ kg/m

Peso próprio da viga V-1-1 (seção 0,20 × 0,40 m)

$2.500 \text{ kg/m}^3 \times 0{,}08 = 200$ kg/m

Carga total na viga V-1-1

cinta	100 kg/m
alvenaria	3.094 kg/m
peso próprio	200 kg/m
peso total	3.394 kg/m

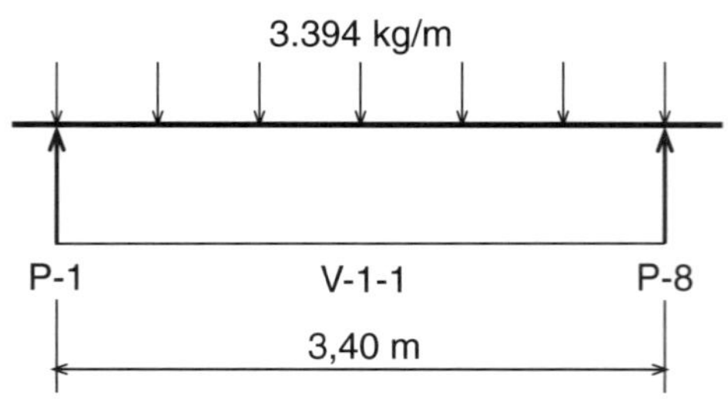

A carga em P-1 que é igual a P-8 transmitida pela viga V-1-1 é

$$\frac{3.394 \times 3{,}40}{2} = 5.769 \text{ kg} \cong 5{,}8 \text{ t}$$

Cálculo de carga no pilar P-1

Carga pela viga V-3-2

4,2 t

Carga pela viga V-1-1

5,8 t

Peso próprio do pilar

$(0{,}20 \times 0{,}30 \times 2{,}70) \times 2.500 \text{ kg/m}^3 = 405 \text{ kgf} = 0{,}405$

Carga total no pilar

$4{,}2 \text{ t} + 5{,}8 \text{ t} + 0{,}405 = 10{,}405 \text{ t}$

52

As cartas dos leitores e as respostas

Carta n. 1, pergunta do Arq. V.B.

Dá para explicar a distribuição de cargas num prédio e a diferença entre carga acidental e carga de serviço, expressões que aparecem em livros e em normas?

Resposta

Referência: NBR 6120 – Cargas para o cálculo de estruturas de edificações.

Seja um prédio de escritórios ou de apartamentos, ou uma casa, ou até um prédio industrial. Sua estrutura será em geral composta de:

- lajes;
- alvenarias;
- escadas;
- vigas;
- pilares;
- fundações.

Para dimensionarmos essa estrutura, teremos que levar em conta:

- o peso próprio da estrutura (peso do concreto armado e da alvenaria).

As normas dão estimativas dessa carga via o uso de pesos específicos (densidades) dos materiais.

- as cargas a serem suportadas e que a norma 6120 chama de **cargas acidentais.**

Agora atenção:

- as cargas acidentais atuam *exclusivamente* sobre as lajes e nas escadas do edifício.

Conhecidas as dimensões (área e espessura) de cada laje, temos a estimativa do seu peso próprio e esse peso próprio e as cargas acidentais sobre as lajes serão suportados pelas vigas. As vigas suportam então:

- o peso próprio das lajes;
- as cargas acidentais sobre as lajes;
- o peso próprio das alvenarias;
- e o peso próprio da própria viga.

A somatória dessas cargas chama-se **carga de serviço** sobre as vigas, e levando em consideração os coeficientes de ponderação (coeficientes de segurança numa linguagem mais comum), sai o dimensionamento completo das vigas.

Ai as vigas descarregam as suas **cargas de serviço** nos pilares.

Os pilares recebem as cargas de serviço das vigas. A essas cargas de serviço transmitidas pelas vigas devemos acrescentar o peso próprio dos pilares e aí nascem as cargas de serviço (de dimensionamento) dos pilares. Pronto, os pilares podem ser dimensionados.

Com a carga de serviço de cada pilar nós a passamos para as fundações.

As fundações são calculadas com a carga de serviço dos pilares e o peso próprio da fundação e essa somatória será o que o solo terá que resistir.

Agora, atenção, atenção e muita atenção.

Um prédio de apartamentos ou um de escritórios, ou até a maioria de prédios industriais, que usam o conceito de "andar tipo", são calculados da seguinte forma

- as lajes de todo o prédio são semelhantes geometricamente, andar por andar, e, além da semelhança geométrica, as cargas acidentais são iguais andar por andar. Logo, as lajes que estão numa mesma vertical tem o mesmo dimensionamento, do andar mais baixo ao andar mais alto. Então não precisamos calcular as lajes andar por andar, pois elas trabalham igualmente e recebem as mesmas cargas.
- igualmente as vigas de uma mesma vertical são iguais andar por andar.

Ou seja, lajes e vigas são consideradas como penduradas nos seus pilares.

Falemos agora dos pilares. Diferentemente de lajes e vigas que andar por andar e estando na mesma vertical são iguais, os pilares, ao receberem as carga de vigas andar por andar, têm diferentes cargas andar por andar e os pilares dos andares superiores têm menos cargas (de serviço) que os pilares de um andar mais baixo subsequente, e esse pilar terá menos carga de outro pilar um andar mais baixo. Logo, as cargas nos pilares de uma mesma vertical vão crescendo andar por andar até chegar ao solo.

Até a década de 1960, a rotina de cálculo dos pilares era calcular cada um, andar por andar e, portanto, um pilar de uma vertical, andar por andar, variava sua forma e a taxa de armadura. Isso dificultava o reúso das formas, pois estas teriam de variar andar por andar.

Hoje, a rotina de cálculo é totalmente diferente.

Mesmo sabendo que andar por andar a carga nos pilares vai crescendo, adota-se uma forma com seção média e a repetimos andar por andar, mas variando andar por andar (ou de dois em dois andares) a taxa de armadura, ou seja, como já explicado, a forma é a aproximação grosseira da solução, e a armadura é a aproximação fina da solução.

Para se saber o peso próprio de uma estrutura de concreto armado usamos, orientado pela norma, o peso específico de 2.500 kgf/m^3.

Assim, uma peça de concreto amado de dimensões 30 cm x 50 cm x 3,10 m terá o peso póprio de P_{esp} = Peso/volume.

No caso, o volume é: 0,3 m x 0,5 m x 3,10 m = 1,085 m^3.

O peso da peça será:

peso = peso específico x volume = 2.500 x 1,085 = 2.712,5 kgf = 2,7125 t.

A adoção do andar tipo tornou mais rápido o cálculo, permitiu um maior reúso de formas (que cada dia se tornam mais caras), economizou mão de obra e acelerou enormemente as obras, e "tempo é dinheiro".

As fotos a seguir mostram uma velha solução com pilares com seção variando, e a nova solução com pilares com seção constante de cima para baixo, apenas variando a taxa de armadura, ou seja, nos andares de cima, com menores cargas, a taxa de armadura é menor, e descendo os pilares nos andares mais baixos, a taxa de armadura chega ao máximo.

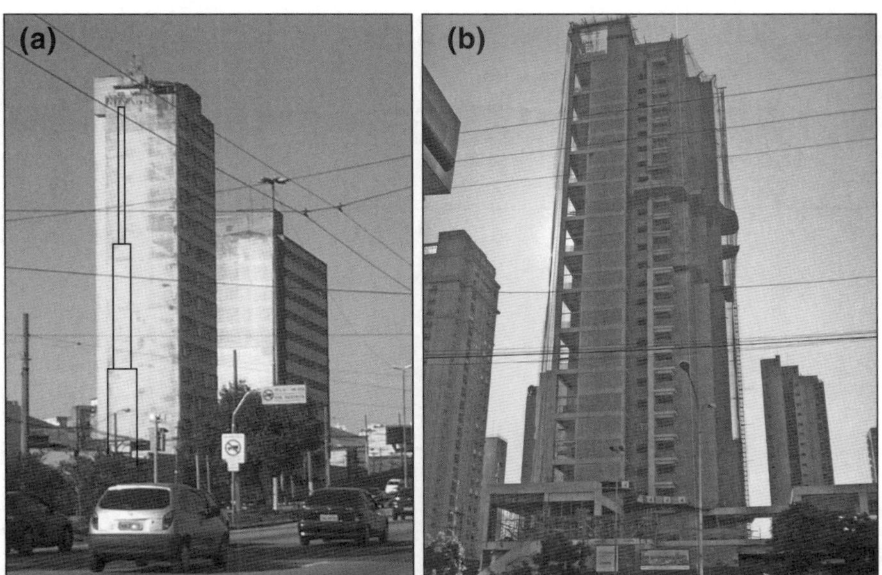

(a) prédio com pilares de seção crescente.
(b) prédio com pilares de seção constante.

Nota: Taxas mínimas e máximas de armadura longitudinal (vertical) de pilares. Ver NBR 6118, item 17.3.53, pg. 132.

Área mínima de aço no pilar = 0,4% da área da seção transversal do concreto.

Área máxima de aço no pilar = 8% da área da seção transversal do concreto

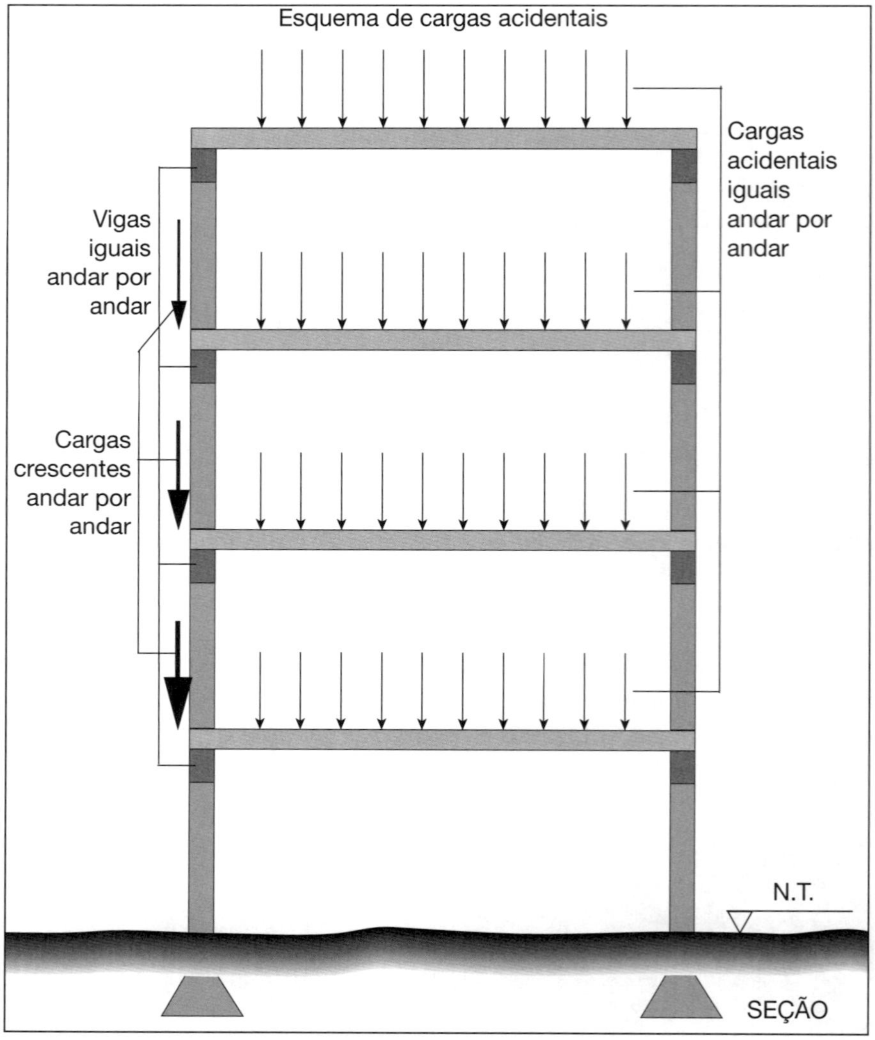

Carta n. 2, pergunta do Arq P.N.

Quem deve prever a amarração da alvenaria com a estrutura de concreto armado?

Resposta

A resposta é simples. Exija que quem faça isso seja o projetista da estrutura de concreto armado. Alvenaria de paredes, alvenarias sobre marquises devem ter sua amarração à estrutura de concreto armado prevista no projeto estrutural.

Para fazer essas amarrações, podem ser usados:

- armaduras imersas nas argamassas da alvenaria, indo depois para a estrutura de concreto armado;
- encunhamento no alto das paredes de alvenaria, usando tijolos maciços inclinados ou uma fiada de tijolos com argamassa expansiva.

Ver o livro *Concreto armado eu te amo*, vol. 2, p. 242 a 244.

Já aconteceu um acidente em São Paulo que no corredor de saída de um estádio de futebol situado a mais de 5 m do chão em que foi usada uma parede de proteção contra quedas com baixa altura de alvenaria, mas sem amarração à nada. Um dia, na saída turbulenta de um jogo de futebol, com esse corredor lotado de gente, essa parede de proteção de alvenaria, não amarrada à nada, se rompeu, com quedas de mais de 5 m de alguns usuários do estádio, que estavam na extremidade do corredor junto a essa parede.

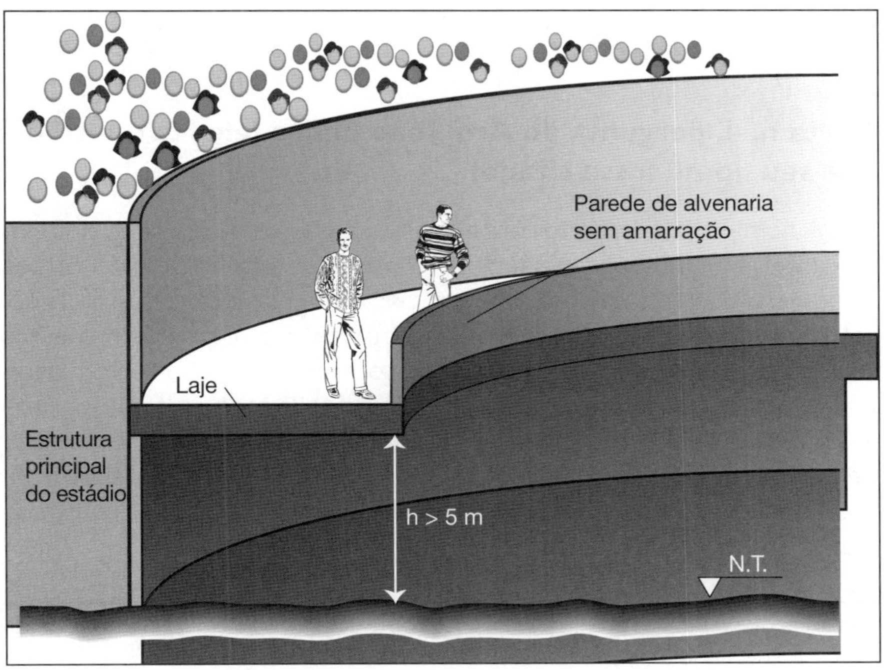

Carta n. 3, pergunta do Arq. P.D.

Por que você diz, nos seus cursos, que no concreto armado a forma é a aproximação grosseira e a armadura é a aproximação fina do dimensionamento?

Resposta

Quando temos um projeto arquitetônico de uma casa ou de um prédio, podemos facilmente e rapidamente estimar, com razoável precisão, a espessura das lajes, seção de vigas e seção de pilares. Aí começamos para valer os cálculos de dimensionamento da estrutura, sejam os cálculos manuais, sejam os cálculos via programa de computador. Notar que, no caso de lajes, elas atendem à várias dimensões do espaço a cobrir, com uma mesma espessura (digamos 7 cm), variando caso a caso a apenas a taxa de armadura. Assim, um espaço de 4 x 4 m poderá ter uma laje de 7 cm de espessura e uma laje de 6 x 6 m também poderá ter essa espessura e o que variará será apenas a taxa de armadura, caso a caso. O mesmo vale para as vigas. Com uma mesma seção pode variar bastante o uso da armadura longitudinal, variando, com isso, sua capacidade de resistência de cargas. No caso de pilares, notar as taxas de armadura longitudinal (a vertical) permitidas pela norma

- mínima taxa de armadura 0,4% da área da seção de concreto.
- máxima taxa de armadura 8% da área da seção de concreto.

Como a armadura é mais resistente que o concreto (da ordem de dez vezes), vê-se que com uma mesma forma, digamos 20 x 40 cm de seção transversal, variando a taxa de armadura, esse pilar poderá resistir a uma grande faixa de cargas.

Assim, a forma é uma aproximação grosseira de uma solução na estrutura de concreto armado e levando em conta essa forma, a armadura será escolhida e o dimensionamento fica completo (aproximação fina).

Carta n. 4, pergunta do Arq. João Pedro (ele fez questão que seu nome fosse citado)

A obra produz concreto para ela para ser usado nas lajes, vigas, pilares e fundações, e uma pequena parte desse concreto é usada para moldar corpos de prova. O concreto da obra sofre transporte interno no canteiro, solavanco, sol, chuva e até urina de cachorro. O concreto dos corpos de prova nos seus moldes de aço fica um dia na obra, com seu topo coberto com pano úmido, e só depois de um dia pode ser transportado para o laboratório, face aos solavancos da perua de transporte. Chegando ao laboratório, os corpos de prova ficam tranquilos em uma câmara úmida por mais 27 dias (1 + 27 = 28 dias) com a atmosfera com umidade no máximo(*). São as condições ideais para ganhar resistência.

(*) Dizem os exagerados que na câmara úmida ouve-se até a gravação de Bach, da música "Jesus, alegria dos homens". Não acreditem..., é exagero.

Diante disso, que é uma realidade, como se pode comparar a resistência do concreto da obra com a resistência dos corpos de prova medidos por sua resistência no teste de compressão na prensa do laboratório?

Resposta

Realmente, a resistência à compressão dos corpos de prova dá valores maiores que a resistência do concreto na obra. Para isso mesmo que temos os coeficientes de ponderação (de segurança) que ligam os resultados otimistas da resistência dos corpos de prova com a realidade da resistência do concreto da obra (sempre inferior).

Em obras grandes pode-se concretar peças de sacrifício que ficam na obra sol a sol e tomando chuva nas mesmas condições do resto do concreto da obra. Depois de 28 dias de vida extraímos, via broca, corpos de prova dessas peças de sacrifício e os rompemos na prensa e comparamos os resultados. Isso só se justifica em grandes obras, como, por exemplo, o caso real do projeto estrutural e obra do Museu de Arte de São Paulo.

Nota: Em todos os testes de laboratório da tecnologia usam-se condições padrão de teste para uniformizar resultados. Para medir o consumo de combustível de um automóvel, o mesmo vai, em dia frio, em pista plana ao nível do mar, com excelente pavimento e velocidade adequada. Nessas condições se mede o consumo teórico de combustível. Isso se pode impor, repetir e medir. Como se pode saber o consumo de combustível nas cidades, com temperaturas variáveis, com ruas com rampas, pavimento de baixa qualidade e uso com velocidades variáveis. Os resultados do teste ideal são sempre melhores que os resultados do dia a dia, mas não há outra possibilidade. O caso do teste do consumo de combustível dos carros explica o assunto relação dos resultados dos corpos de prova na prensa e o concreto na obra.

Só como complemento, lembro as condições padrão do exame de sangue. O interessado tem que fazer o exame no período da manhã e em jejum. Com isso, a refeição noturna anterior pouco interfere no resultado do teste.

Carta n. 5, perguntas do mestre de obras Joãozão

Primeira pergunta do mestre Joãozão

Por que os desenhos de obra de armação são tão conflitantes? Às vezes, eles mandam colocar a armadura embaixo de lajes e em vigas (armadura chamada de positiva) e às vezes mandam colocar a armadura em cima (armadura chamada de negativa). Qual a crítica às armaduras em cima para serem chamadas de negativas?

Resposta

Caro Joãozão

Inicialmente, informo que as expressões armaduras positiva e negativa não dão juízo de valor e apenas distinguem os dois tipos de colocação e posição das armaduras. Poderíamos chamar alternativamente de armadura amarela e armadura verde.

Quanto à alternância de posição, eu explico. O concreto é bom para resistir à compressão e fraco para resistir à tração. Nas posições onde ocorrem trações, pomos armadura e nas posições onde não ocorrem tração só o concreto resiste e sem armaduras.

Nas lajes e vigas colocamos armadura inferior (dita positiva) no meio de vãos de lajes e vigas e colocamos armadura superior (dita negativa) em apoios.

E já que você tocou no assunto de tipos de armaduras, um cuidado especial com as armaduras de marquises. Elas são sempre negativas (vão na parte superior das lajes das marquises) e falta de cuidado com elas podem derrubar essa marquise.

Segunda pergunta do mestre Joaozão

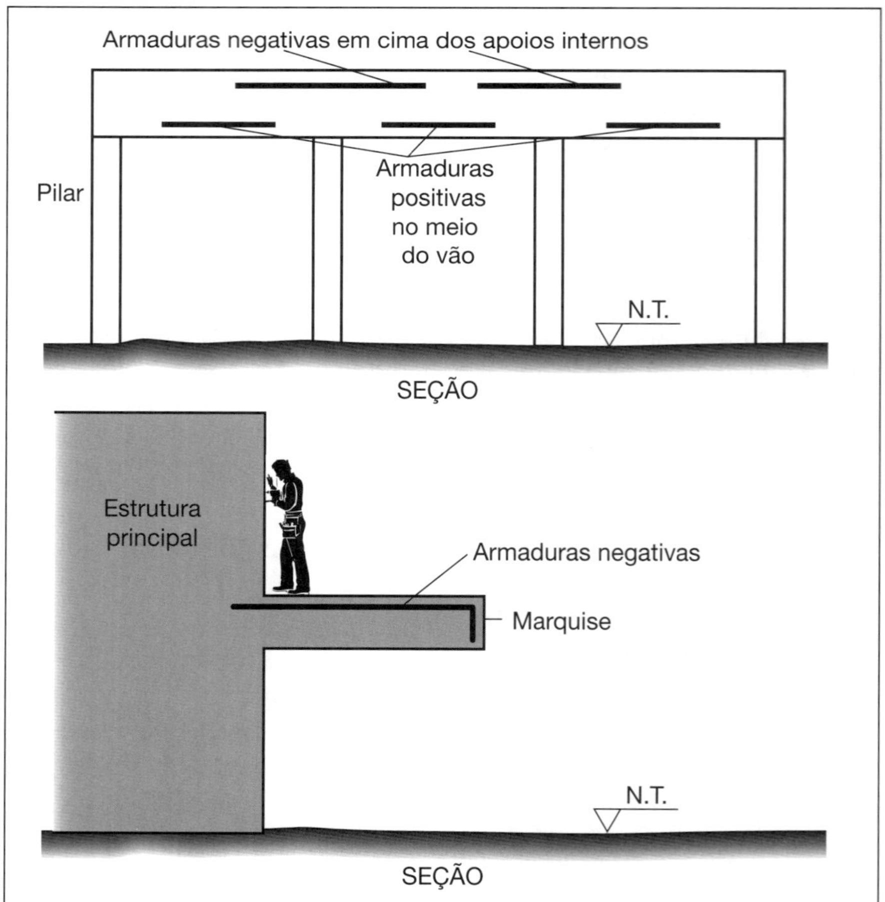

Faço obras pluviais da minha prefeitura e uma das coisas que mais faço é tampa de boca de lobo de captação dessas águas. Uso, para produzir essas tampas, uma forma metálica padrão. Na forma, a armadura vai embaixo. Quando a tampa está concretada e pronta, a superfície debaixo dela está muito bonita, face ao uso da forma metálica, que dá muita uniformidade ao concreto e à superfície de cima; face ao não uso de forma aí, na superfície do concreto há algo irregular, algo rugoso. Posso usar a tampa com a superfície bonita para cima por uma questão de estética????

Resposta

Não, não e não. Se você puser a tampa com a face bonita para cima, a armadura ficará na posição de armadura negativa e a tampa é uma mini-laje sujeita a cargas verticais. Logo, como minilaje, a armadura tem que ser positiva, ou seja, em posição baixa da tampa, mesmo sendo uma solução esteticamente inferior.

Como dizem os filósofos da engenharia: "num caso de conflito entre a estética e a estática, fique com a estática".

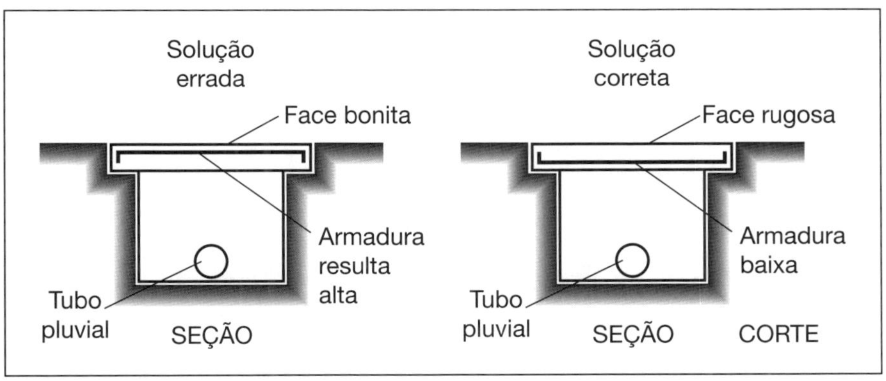

Nota: Um arquiteto que reviu este texto antes de sua publicação fez o seguinte comentário: "Não concordo com isso. Num caso de conflito entre a estética e a estática, que evolua a estática para preservar a estética". Assinado: um arquiteto brasileiro...

Carta n. 6, pergunta do Arq. V.C.

Por que a norma 6118 nada fala de vergas e cintas? Notar que essas duas estruturas são extremamente usadas em pequenas obras.

Resposta

A norma 6118 é principalmente dirigida para obras médias e grandes. Obras pequenas estão órfãs nessa norma.

Cintas que são estruturas típicas de obras pequenas, não têm regulamentação na norma.

Vejamos o assunto vergas que devem ser colocadas nas estruturas em cima de qualquer tipo de aberturas na alvenaria, como janelas e portas. A falta de vergas gera prédios com trincas em quase todas as quinas de janelas e portas. No caso de janelas deve haver vergas (em cima de aberturas) e contravergas abaixo da abertura dessas janelas.

De forma algo difícil de se localizar (está escondidinha), há uma recomendação dessa norma sobre vergas e contravergas.

Ver item 24.6.1, p.185, da NBR 6118, onde se lê:

"Nas aberturas das portas ou janelas devem ser previstas pelo menos duas barras de diâmetro de 10 mm, que se prolongam 50 cm a partir dos ângulos reentrantes."

Carta n. 7, pergunta do Eng. B.G.

Por que o concreto bombeável é mais caro para comprar de uma concreteira que o concreto comum para a mesma resistência (fck)?

Resposta

Consideremos o material: concreto é composto de: pedra 1 e pedra 2, areia, cimento e água, tudo isso devidamente misturado. Consideremos, comparativamente, dois tipos de concretos com a previsão de mesma resistência (fck). O concreto A é o concreto comum (não se prevê o seu bombeamento) e o concreto B será bombeável. O concreto A terá menor *slump* (abatimento) e o concreto B terá que ter maior *slump*. O *slump* é a medida da trabalhabilidade, maior fluidez, e isso é fundamental no seu bombeamento.

Como se consegue dar uma melhor trabalhabilidade (maior *slump*) no concreto? A solução mais comum (mas não a única) é não usar na composição a pedra 2, que é uma pedra de maiores dimensões que a pedra 1. Mas quem substituirá o espaço da pedra 2, agora não existente? Claro que será a mistura de pedra 1 mais cimento e mais areia. Fica claro que teremos que usar mais cimento no concreto B que no concreto A, e como o cimento é o constituinte mais caro da massa do concreto, o concreto B tem que ser mais caro que o concreto A.

Nota: Dados de custo da Revista Guia da Construção n. 118, de maio 2011, p. 84:

- custo de m^3 de concreto comum (não bombeável) (usa brita 1 e brita 2) dosado em central de concreto abatimento (*slump*) 5 ± 1 cm, uso de brita 1, fck 25 MPa – R$ 293,40.
- custo de m^3 de concreto bombeável (só usa brita 1) dosado em central de concreto abatimento (*slump*) 8 ± 1 cm, fck 25 MPa R$ 300,72.

E-mail da colega Dora sobre detalhes das marquises (lajes em balanço):

Dos velhos e sagrados livros foram coletadas as seguintes recomendações:

1 – O desnível entre o piso da laje marquise e o da laje interna que lhe é contínua tem que ter, no mínimo, 5 cm, para evitar a entrada de águas de chuva.

2 – No parapeito da laje marquise não deve haver distância vazada horizontal ou vertical maior que 15 cm. Bebês já despencaram de lajes marquise por causa de aberturas maiores.

3 – A resistência mecânica dos parapeitos deve resistir a, no mínimo, 300 kgf, aplicado em qualquer ponto do parapeito.

4 – As águas de chuva que caírem na marquise, deverão ter destino adequado, sendo coletadas por declividade obrigatória na laje de piso da marquise e por captação de grelhas ou ralos, que deverão descer até o piso térreo carregando essas águas pluviais.

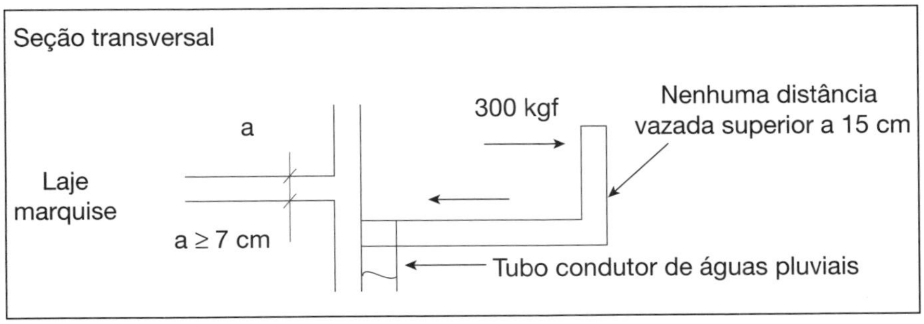

53

Itens da norma

Vejamos itens da norma NBR 6118/2014

Assunto	Item da norma	Página na norma
Classes de agressividade ambiental	6.4.2	17
Cobrimento da armadura	7.4.7.6	19
Classes (fck) do concreto	8.2.1	22
Classes do aço	8.3.1	26
Emenda de barras	9.5.2.4.2	44
Vento (NBR 6123)	11.4.1.2	62
Coeficientes de segurança	12.3.1	70
Dimensões mínimas dos pilares	13.2.3	66 73
Dimensão mínima de lajes maciças	13.2.4.1	74
Laje lisa e laje-cogumelo	13.2.4.1 14.7.8	74 97
Laje nervurada	13.2.4.2 14.7.7	74 97
Contraventamento	15.4.3	103
Mudança de direção de armadura – Armadura de escada	18.2.3	145

Assunto	Item da norma	Página na norma
Viga (condição de não viga-parede)	18.3.1	146
Armadura longitudinal da viga	17.3.5.2.1	130
Pilar – armadura longitudinal	18.4.2.1	151
Pilar – armadura transversal (estribo)	18.4.2.2	151
Lajes: armadura mínima	19.3.3.2	157
Diâmetro mínimo das barras nas lajes	20.1	169
Consolo	22.3.1	180
Superfície do aço	8.3.2	28
Pilar – armaduras mínimas e máximas	17.3.5.3.1 17.3.5.3.2	132

54

O que há para ler: referências

Recomendamos a leitura:

1) Coleção Concreto Armado Eu te Amo, volumes 1 e 2 – Manoel H. C. Botelho e Osvaldemar Marchetti. Editora Blucher.

2) "Apreciação intuitiva das estruturas" – Augusto Carlos de Vasconcelos. Studio Nobel.

3) "Coleção do Prof. Aderson Moreira da Rocha sobre estruturas de concreto armado". **Nota**: Embora essa coleção esteja desatualizada, constitui valioso conjunto de informações de valor permanente.

4) "Acidentes estruturais na Construção Civil", Vol. I e subseqüentes – Albino Joaquim Pimenta da Cunha e outros. Ed. Pini, outubro 1996.

5) "Concreto dosado em central" Associação Brasileira de Empresas de Serviços de Concretagem.

6) "Manual do Construtor" – João Baptista Pianca. Ed. Globo, 1967.

7) "O concreto no Brasil – Pré-fabricação – Monumentos – Fundações" Vol. III – Augusto Carlos de Vasconcelos, Studio Nobel, 2002.

8) "O Prédio Martinelli – A ascensão do imigrante e a verticalização de São Paulo" – Maria Cecília Naclério Homem, Editora Projeto Editores Associados Ltda., 1984.

9) "O concreto no Brasil" – Augusto Carlos de Vasconcelos, Vol I, São Paulo, 1985.

10) "Quatro edifícios, cinco locais de implantação, vinte soluções de fundações" – de Luiz Fernando Meirelles de Carvalho, Manoel H. C. Botelho, Editora Blucher, 2006.

11) "Prática recomendada Ibracon para estruturas de edifícios de nível 1 – Estruturas de pequeno porte", Relatório preparado pelo Comitê Técnico CT 301 Concreto Estrutural. Instituto Brasileiro do Concreto Ibracon.

12) "Roteiro para projetos de estruturas de concreto armado" – Eng. Mario Massaro Jr. (apostila).

13) "A técnica de edificar" – Walid Yasigi, Editora Pini.

14) "Historia da engenharia no Brasil" – Pedro Carlos da Silva Telles. LTC – Livros Técnicos e Científicos Editora S.A., 1984.

15) "Concreto armado" – B. Loeser, 1952.

16) "Desenho prático de concreto armado" – Edevaldo G Santos e outros.

17) "Desenho de concreto armado" – Francisco Xavier Adão, Ediouro, 1980.

18) "Caderno de Muros de Arrimo" – Antonio Moliterno, Editora Blucher.

19) "Pontes Brasileiras – Viadutos e Passarelas notáveis" – Augusto Carlos de Vasconcelos, Ed. Pini, 1993.

20) "Structures or Why things don't fall down" – J. E. Gordon, England, Plenum Press, 1978.

21) "Structure: the essence of architeture" – Forrest Wilson, Studio Vista, England, 1971.

22) "Tratado de Concreto Armado" – A. Guerrin, Hemus Editora, Brasil, Bordas Dunod.

23) "Arquitetura do ferro no Brasil" – Geraldo Gomes da Silva, Livraria Nobel, 1985.

24) "Arquitetura de Terra" – Jean Dethier, colaboração na edição brasileira Arq Marcio Mazza, Avenir Editora.

25) "Castelo" – David Macaulay, Ed. Martins Fontes, agosto 1988.

26) "A Catedral" – David Macaulay, Publicações D. Quixote – Lisboa – Portugal, 1973.

27) "Tratado de construccion. Lo que deve saber el proyectista" – Enrique Podon, Editora Reverté S.A., Barcelona, Espanha, 1979.

28) "Contruções Fabulosas" Vol I, Atlas do Extraordinário, Ediciones del Prado, 1995.

29) "Tecnica y Practica del Hormigón Armado" – Monografia CEAC, Barcelona, Espanha.

30) Artigo na Revista CREA, SP. "Architecto Cristiano Stockler das Neves – O Quixote das Belas Artes".

55

Índice remissivo

56

Dialogando com o autor

O autor muito apreciaria receber comentários dos leitores sobre este trabalho, inclusive sugestões de novos temas.

O formulário a seguir mostra os pontos especiais que o autor deseja que fosse respondidos. Grato.

Eng. Manoel Henrique Campos Botelho

E-mail: manoelbotelho@terra.com.br

Dê, por favor, sua avaliação deste livro, *Concreto armado eu te amo para arquitetos*			
fraco	regular	bom	muito bom
Seus comentários:			
Que outros assuntos um novo livro deve abordar? Isto é muito importante para o autor.			
Agora, por favor, dê os seus dados:			
Nome			Data
Título de graduação			Ano
Tel.: ( )	e-mail:		
End.			
Cidade	UF	CEP	

GRÁFICA PAYM
Tel. [11] 4392-3344
paym@graficapaym.com.br